오늘을 위한 우리역사

저자 **김 인 호**

1963년생. 1997년 고려대에서 "일제의 조선공업정책과 조선인자본의 동향"(1997)으로 박사학위를 받았고, 동경경제대학 객원연구원(2000)을 거쳐 경성대 교양과정부 한국사전공 교수(2001~2005), 목원대학교 인문대학 역사학과 교수(2005~2007)를 역임했고 현재는 한양사이버대학교 교양학부 한국사전공 교수로 재직 중이다.

2004년 이후 대학입학수능고사 사회탐구 기획위원, 출제위원 및 행정·외무고시 출제위원 및 국가고시 출제·면접·선정위원 등을 역임했으며, 주요논문으로 「일제의 남방교역정책과 조선인의 남방활동」「1945년 부산지역의 도시소개 연구」「태평양전쟁기 북방엔블록과 조선간의 경제적 연관」「1940년대 조선공업의 대외적 성격과 조선인자본의 중국침략」 등 다수가 있고, 저서로는 『근대한국 지방사의 이해』(2006), 『사론과 사실을 함께 한 한국의 역사와 문화』(2006), 『역사의 경계를 넘는 격정의 기억』(2006), 『우리 역사와 오늘』(2005), 『침략과 패권의 역사』(2004), 『식민지 조선경제의 종말』(2000), 『태평양전쟁기 조선공업연구』(1998) 등 다수가 있다.

오늘을 위한 우리역사

김 인 호

초판 1쇄 발행 2007년 6월 15일 | **초판 2쇄 발행** 2011년 4월 25일
발행인 임덕호 | **발행처** 한양대학교출판부
주소 133-791 서울 성동구 왕십리로 222
전화 02)2220-1432~4 | **팩스** 02)2220-1435
홈페이지 www.press.hanyang.ac.kr | **전자우편** presshy@hanyang.ac.kr
출판등록 제4-7호(1972년 2월 29일) | **인쇄처** 미르P&P

ISBN 978-89-7218-318-1 03910

오늘을 위한 우리역사

김인호

한양대학교 출판부

한때 〈천국보다 아름다운〉이라는 영화를 보면서 정말 천국보다 아름다운 것이 있을지 생각한 적이 있다. 어떤 사람은 사랑이 그것이라고 하고, 어떤 이는 교회나 절에 열심히 나가면 알 것이라고도 한다. 도대체 천국보다 아름다운 것이 무엇인가. 필자는 그것이 '꿈'이라 본다. 우리의 꿈이 그리는 그곳이 천국이 아닐까.

그런데, 그 문제를 생각하다보면 늘 마음 한 곳에 이상한 의혹이 피어난다. 그것은 우리가 사는 이 세상이 정말 천국보다 아름다울 수는 없는가 하는 점이다. 그래서 남만큼 잘 살지 못한다고 늘 주눅 들어 사는 이 땅의 아버지들에게 한번쯤 용기를 내어 이렇게 여쭤보고 싶었다.

"아버지, 고단한 한평생 지내셨지요. 그래도 또한번 환생해서 멋지게 이 세상 살아보시지 않으렵니까?"

이 질문에 "그래, 다시 한번 더 살고 싶구나!"하고 자신 있게 대답할 이 땅의 아버지가 과연 몇 분 계실지 헤아려 본다. 만약 "한번 더 살고 싶다"는 대답이 많다면 정말 이 세상은 천국보다 아름다운 곳이 아닐까.

하지만 냉정하게 생각하면, 그 같은 대답은 역사를 공부하는 나에게 하나의 희망사항일 것 같다. 오히려 "이렇게 어려운 세상살이 무슨 낙으로 살아가리? 그만, 한번이면 되었다!"라고 손사래를 칠 분이 더 많을 것 같은 마음은 무슨 연유일까. 그런 세상에서 나는 역사학자가 되었고, 역사를 고민했다.

몇 권의 사론적인 저작을 쓰면서도 '역사란 무엇인가'를 묻는 독자의 질문에 여전히 나는 아는 것이 없다고 대답할 수밖에 없었다. 그런데 적어도 하나는 어렴풋이 느낀다. 과거의 진실을 현재의 몸으로 느끼고, 당시의 진실을 새로운 세상을 만드는 교훈으로 삼으며, 나아가 운 좋게도 그러한 노력이 결실을 보아 천국보다 아름다운 이 세상을 만드는데 기여한다면, 바로 그것이 참다운 역사 공부가 아닐까.

어떤 학자는 역사는 그저 과거의 이야기를 있는 그대로 복원하면 그뿐 다른 가치관을 개입시키면 종교처럼 된다고 지적한다. 하지만 짐짓 역사 연구의 출발점에 다가가보면 너무나 알 수 없는 이 세상이기에 한없이 조용한 겸손의 바다를 발견하게 되며, 한편으로는 너무도 합당한 우리 시대의 정의에 대한 잔잔한 기대가 쉽사리 좌절되는 현실의 높은 파도를 실감하게 된다.

역사가 현재의 흥미만으로 설명되어선 안될 것이지만, 사실 필자는 현재의 삶과 연대하는 역사야말로 진정한 역사라는 마음으로 이 책을 지었다. 오늘을 위한 역사는 그래서 살아있는 역사이다.

엘리엇이 “따뜻한 겨울을 비집고, 죽은 땅에서 라일락을 키워내고 추억과 욕망을 뒤섞고 잠든 뿌리를 봄비로 깨운 4월은 참으로 잔인하다”고 한 말을 떠올린다. 잔인한 4월에 어설프나마 이 책의 초고를 마무리하였다. 그리고 꽃 피는 5월에는 자간에 생명을 불어 넣고 제목에 부응한 내용으로 탄생의 기쁨을 맞이했다.

그래서 고민하던 4월은 길었지만 그 힘든 것만큼 이 책을 완성하는 이 순간의 보람은 배가 된다. 현실의 타성에 안주하는 게으른 역사학자의 최소한의 가치인 현실에 대한 고민을 과거라는 그릇에 담아 보다 나은 삶을 만들기 위한 거대한 임상실험에 달려들었다.

레비스트로스는 역사를 '인간 내면성에 비치는 외면성의 그림자'라고 했다. 외면적 실체가 가지는 내면적인 의미를 추구하는 것이 역사라는 것이다. 여기서 그 그림자는 단순한 역사적 사실 자체의 반영이 아니라 그 사실에 대한 각각의 의식과 고민 그리고 다양한 이해관계의 반영이었다.

그래서 다양한 삶의 스펙트럼과 이념이라는 현미경 줌과 실제의 역사적 사실이 광학기계의 초점처럼 합치될 때, 즉 인간사의 실제 있었던 사건과 맞아 들어갈 때 그 순간이 어쩌면 역사의 진실이 아닐까. 그냥 눈으로 본다고 다 역사는 아닐 것이다.

이를 위해선 진실을 향한 다양한 이념과 관점이 과거 사실에 투영되어야 하고, 다양한 색안경들이 모여서 진실에 접근해야 할 것 같다. 다양한 색안경이 바로 우리의 다양한 생각들이며, 특정한 종교적 신념을 반대하는 자유로운 인간의 고양되고 성숙된 자아이다. 그러니 서로 다른 것의 중첩적 합의와 관용 그리고 공존의 이상을 구현함으로써 진정한 역사의 진실을 볼 수 있을지도 모르겠다.

정의와 불의라는 일도양단의 명쾌함보다는 서로 달라도 함께 갈 수 있는 길 그래서 누구나 부족한 어떤 부분에 서로 돕고 힘을 모아 정의를 세우는 것, 그것이 어쩌면 오늘을 위한 진정한 역사공부일지도 모르겠다. 그래서 이 책의 제목을 〈오늘을 위한 우리역사〉라고 지었다.

무상한 우리 삶에 이 책이 조그마한 도움이 되었으면 한다. 특히 힘들고 고달픈 삶의 터전을 진정 천국처럼 느낄 그날을 기다리는 시간에 조그만 청량제라도 되었으면 한다. 역사는 잘나고 멋진 엘리트라고 자부하는 그들만의 문학이 아니라 이 땅에서 살아가는 모든 사람의 희망을 반영한 생명의 저수지여야 한다.

이 책에서 나의 모든 신념을 말할 수 없었다. 하지만 내 마음의 심연은 책 속을 탐험하다보면 조금씩 느끼실 것이다. 왜 고아한 길 대신에 이 길에서 붓을 휘갈기는지, 왜 각주의 노예가 아니라 모든 사람의 역사인식의 축적에 고민했는지, 이 책을 읽으면서 조금이라도 이해해 주셨으면 한다. 특히 우리 한양사이버대학교 9천의 지성인들이 고단한 하루를 마치고 전철 안, 열차 안에서 잠시 시름을 잊을 때 깊은 사랑을 받기 바란다.

이 책 말미에는 부록으로 〈원문으로 보는 한국사의 쟁점〉을 달았다. 평소 우리가 접하기 쉽지 않지만 교양인으로서 한번은 반드시 읽어두어야 할 〈간도협약문〉, 〈한일합방조약문〉, 〈광개토대왕비문〉 등 중요한 사료를 정리한 것이다. 사론史論적인 글과 더불어 약간은 어렵지만 원문을 통하여 우리 역사의 실제 모습을 한번 상상해보길 바란다.

그간 이 책을 만드는데 많은 분들의 도움이 있었다. 필자를 지속가능한 첨단 e-러닝의 상아탑으로 인도해 주신 한양사이버대학교 현병철 학장님께 깊은 감사를 올린다. 그리고 미소가 아름다운 임연욱 교수님, 양영종 교수님, 권기창 교수님, 최선 교수님께 두루 마음의 인사를 보내며,

이 책의 표지를 위해 수준 높은 작품을 흔쾌히 허락해주신 광고홍보학과 김광식 교수님께 감사드린다. 그리고 김중철, 김원열, 임동일, 윤현석, 윤은영, 유영준 교수님의 지도편달에도 깊은 감사를 느낀다. 무엇보다도 본 저작의 모태인 디지털 경성 〈역사와 오늘〉 칼럼이 벌써 5년 세월이 흘렀다. 이렇게 최장수 칼럼을 유지하게 한 데는 우리 디경의 윤정아 기자의 도움이 컸다. 이 자리를 빌어 고맙게 여긴다.

격랑의 세월 앞에서 글을 씀에 스스로 겸손한가 반문하면 자못 두려울 때가 있다. 그래도 〈오늘을 위한 우리 역사〉를 통하여 내 마음을 세상에 알리는 기쁨에 탄생의 5월은 더욱 싱그럽다. 끝으로 이 책을 내어준 한양대학교출판부 임직원 여러분께도 깊은 감사의 말씀을 드린다.

20007년 5월 4일

행당동 한양 동산에서

저자

차례

인간을 편안케 하는 역사

반성해야 할 역사

자연적 우연성을 넘어서

격랑을 헤치고 마음을 달래고

부록 원문으로 보는 한국사의 쟁점

관음 쟁탈의 시대

우리나라 공주 이야기

평강 공주, 선화 공주, 요석 공주, 노국대장 공주

온달과 사랑한 평강공주, 마동薯童이와 사랑한 선화공주, 원효를 사랑한 요석공주 그리고 공민왕을 사랑한 노국대장공주… 우리 역사에서 이만큼 가슴 짠한 공주님들의 러브스토리가 있다는 사실이 참으로 신비롭다. 이들 네 사람의 공주는 결코 잘생기고 힘 있는 남자를 얻고자 자신의 미모나 권력을 교환하지 않았다. 소극적인 삶에 안주하는 온실의 화초같은 여성이 아니라 나름으로 격동의 역사와 연대하려 한 대단한 용기와 의식을 겸비한 인물이었다. 이들 공주들과 사랑한 사람은 대단히 미천하거나 괴이한 남성들이었고, 이들은 자기 남자를 엄격하게 단련하거나 힘이 되어서 훌륭한 일에 나서게 했다.

그런데 네 공주의 가장 큰 공로는 아마도 지체 낮고 독특한 남성과의 연애를 통하여 신분제 사회의 경직성을 풀고 독점사회의 일각을 무너뜨린 것에 있을 것이다. 그녀 모두는 각국 독점귀족들의 시기와 질투의 대상이었으며, 독점에 대한 반발의 당사자였다. 즉, 공주들은 소수의 지배부족과 그 소속 남성만이 모든 권력을 쥐고 죽어서도 극락을 독점하는 시대에 저항하고자 했다.

한국의 어린이들은 대부분 미국과 영국에서 창출한 제국주의적 여성관의 결정체인 백설공주나 신데렐라 이야기에 취해 산다. 미운 오리새끼 이야기도 결국은 노력보다는 씨나 혈통이 중요하다는 괘씸한 부르주아적 동화이다. 이들 이야기를 들으면 늘 공주는 착하고 예쁘며 마음씨도 곱다는 생각을 했고, 백마를 타고 온 왕자님에 의해서 미운오리가 백조의 날개를 달듯 생각하게 만들었다. 자신의 의지와 상관없이 어려울 때

구해 주는 흑기사로 '백마 탄 왕자'가 설정되어 있기 때문에 도대체 공주가 하는 일이라고는 독이 든 사과를 조심하거나 신발 잘 벗거나 혹은 그저 왕자 꽁무니를 잘 따라다니면 된다. 이들과 우리의 공주님을 비교하는 것은 대단히 자존심이 상한다.

그런 백설공주 덕분인지 오늘날에도 여성의 미모는 멋진 왕자를 유혹하는 최고의 무기이자 마치 하늘의 복인 것처럼 뵌다. 결혼 시기가 다가올수록 자신을 왕자인양 착각하고 싶은 부르주아 청년들은 미친듯이 미모를 향한 안테나를 세운다. 그런데 알고 보면 여성의 미모는 그녀의 남자만이 감상하고 아끼기 위한 것이 아니다. 오히려 자기 여자의 미모를 통하여 다른 남성에게 자신의 우월성을 과시하기 위한 수단으로 이용하고 있다는 측면을 생각할 필요가 있다.

그래서 자고로 미인은 박복薄福한 것이다. 우리 속담에서 미인박명美人薄命이나 미인박복美人薄福이란 말은, 미인들이 신데렐라처럼 혹은 춘향이처럼 남자 덕분에 신분을 상승하기는 고사하고, 오히려 이용만 당한 나머지 그 곱던 청춘과 아름다움을 송두리째 잃어버린 비참한 사정을 집약한 말이다.

그런데 역사를 위하여 민중을 위하여 애쓴 우리의 네 공주들도 참으로 박복薄福하였다. 명작동화에 나오는 백설공주와 달리 너무도 힘들었던 우리의 공주들, 같이 박복해도 우리 공주님들은 역사와 나라를 위해 그러한 아픔을 이겼다는 점이 서구 동화 속 공주들과 자못 다르다.

고구려의 평강공주는 아버지 평원왕의 만류에도 요즘 같으면 형편없는 날라리이자 굼뜬 온달과 결혼하였다. 배타적이고 독점적이던 전통 5부족이 권력을 농단하던 고구려 조정에서 그녀의 행동은 참으로 기이했을 것이다. 바보 온달과 결혼함으로써 전통적으로 가졌던 공주로서의 기득권들이 허공으로 날아갔을지도 모른다. 그런데 그보다 더 큰 고통은 어쩌면 한강유역 회복전쟁 당시 아차산성(지금의 서울 소재 워크힐 근처라는 설과 단양 온달산성 근처라는 설이 있다) 싸움에서 남편 온달이 신라군이 쏜 화살에 맞아 죽은 일이다. 공주에 대한 온달의 사랑이 얼마나 간절했으면 공주가 오기 전까지 그의 관이 미동도 하지 않았다는 이야기는 너무도 유명하다.

노국공주(보탑실리)의 비운도 평강공주 못지않다. 고려 말 공민왕은 100여 년에 가까운 몽골지배와 침략에서 벗어나고자 분연히 일어났다. 공민왕은 교묘한 공작으로 쌍성총관부를 공격하고(1356) 고구려 이후 처음으로 요동 땅에 진군하여 고려의 깃발을 꽂았다(1370). 당시 하찮은 서열의 몽골 꼭두각시였던 고려 국왕을 왕답게 만든 사람이 바로 노국공주였다. 비록 혈통은 몽골 여성이었지만 고려의 자주성 회복을 위해 벌인 항몽전쟁을 묵인하고 오히려 배원정책을 지원함으로써 친정인 몽골을 배신했다.

아울러 남편이 제대로 고려왕이 되도록 신흥 개혁세력인 신돈을 연결하여 국내의 모순을 개혁하도록 했다. 따라서 혈통이 다르더라도 우리 역사와 함께 한 노국공주는 우리의 조상인 것이다. 그녀의 요절은 개혁군주 공민왕의 마음과 이상을 황폐하게 만들었고, 기행과 폭음 그리고 온갖 음행을 저지르는 망나니로 전락시켰다. 결국 공민왕은 측근에 의해 암살당한다. 두 사람 사이에 후사가 없었던 것도 참으로 박복한 일이었다. 공민왕은 나중에 신돈의 몸종 출신인 반야般若에게서 우왕을 보게 되지만, 훗날 이성계 일파가 우왕을 신돈의 자식으로 몰아 폐하고 조선왕조 개창을 합리화하는 원인이 되었다.

그리고 신라 진평왕의 딸 선화공주도 그러했다. 그녀는 서동이 지어 퍼뜨린 노래(서동요)를 인연으로 그와 결혼하였다고 한다. 서동은 본래 전북 익산 마룡지 근처에서 가난한 생활을 하던 백제 몰락 왕족의 후예로 보인다. 그런 서동이 어떻게 왕이 되고 선화공주까지 얻게 된 것일까. 하지만 이 이야기는 단순히 신라 공주와 백제 왕자의 사랑이야기는 아니었다. 어쩌면 두 사람의 결혼은 중원 대륙에서 들려오는 새로운 기류, 즉 수나라에 의한 중국 통일과 그 파장에 대비하는 나제羅濟 동맹의 의미가 큰 것이다.

아울러 당시 온달 장군을 중심으로 다시 고구려가 남하하여 한강유역을 놓고 신라와 전투를 벌이던 시점이었다. 그러한 위기 국면에서 익산지역에 정치적 기반을 둔 무왕 그룹이 신라의 지원으로 백제 왕권을 회복한 것으로 추측된다. 이에 선화공주는 조만간 다가올 중원(중국)의 거대한 변화와 고구려의 남진에 대한 공포를 이기기 위해 적국의 왕비자리를 거부하지 않았다. 그의 언니 선덕여왕이 중국을 칭송하고 진덕여왕이 당나라에 태평송〔致唐太平頌〕을 바치는 등 온갖 노력을 아끼지 않았던 것도 같은 맥락이었다.

그런데 수나라가 고구려 침략에 온갖 힘을 다 기울이면서 대외적 위기가 어느정도 해소되자 오히려 백제 무왕(서동)은 공주의 친정인 신라를 수십 번 침략하였다. 선화공주가 보았을 그 고통은 너무도 힘겨웠을 것이다. 그래서 그 아픔을 달래기 위해 미륵사 창건을 무왕에게 요청하였다.

한편 태종무열왕의 누이 요석공주도 특이한 스님 원효와 결혼하여 설총을 낳는 등으로 진골 귀족과 화엄종계나 의상계열 승려들의 거센 비난을 받았을 것이다. 『삼국유사』에 기록된 원효가 어떤 여성이 준 생리대를 빤 물을 멋도 모르고 마셨다는 '낙산사 설화'는 원효와 요석공주의 파계에 대한 당대의 모진 손가락질을 보여준다.

그럼에도 요석공주는 귀족에 의해 독점된 극락을 민중에게 해방한 원효대사를 사랑했다. 그와의 짧은 인연이었지만 원효의 아들인 설총을 낳았고, 그 설총은 이두를 만들어 백성들에게도 문자의 귀족 독점을 해방하였다. 즉, 아버지 원효가 나무아미타불 관세음보살로 귀족만의 극락독점을 깨버린 것같이 아들 설총은 이두를 만들어 귀족의 문자 독점을 깨뜨리고자 했다.

요석공주, 선화공주, 노국대장공주, 평강공주… 우리 역사를 고운 사랑으로 수놓은 이 아름다운 공주들은 어떤 남자를 사랑했다는 이유로 하나같이 슬프고 힘든 인생을 견뎌야 했다. 그래도 이 공주들은 결코 역사와 민중을 외면하거나 거역하지 않았다. 각 나라의 중요한 고비에서 중요한 선택을 거부하지 않았고, 그 선택은 대체로 신데렐라처럼 멋진 왕자를 뽑는 선택이 아니라 국가개혁과 사회적 모순의 타파를 위한 노력이었다. 극락을 민중에게 열게 한 요석공주, 썩은 5부족 독점체제에 반기를 든 평강공주, 나라꼴을 잃은 고려를 재건한 노국공주, 대륙과 북풍 그리고 살육을 잠재운 선화공주 등 우리나라의 고운 공주님들은 비록 개인적으로 박복했지만 소중한 우리 역사의 동반자였다.

이들 공주님들을 보면서, 오늘날에도 남성들의 싸구려 돈다발에 현혹되어 인생의 안일을 택하는 신데렐라보다는 가치 있는 삶에 인생을 투자하는 그런 공주님들이 떵떵거리며 잘 살지는 못할지라도 박복하지나 말았으면 하는 바람이 간절하다. 그래야 역사가 이기는 것 아니겠는가. 정의가 불의에 자꾸 패한다면 누가 진실을 위해 노력하겠는가. 모두들 편한 길로만 가서 살려고 하지…

한사군漢四郡을 어떻게 생각해야 하나

기원전 108년, 한나라 무제가 고조선을 멸망시킨 이유에 대해 여러 주장이 대두되고 있다. 하지만 그중에서 현재까지 가장 설득력 있는 주장은 바로 중개무역 독점설이다. 독점설은 위만의 손자 우거왕 때 고조선 세력이 강화되자, 점차 주변의 여러 정치세력이 한나라와 연계되는 것을 꺼리게 돼 고조선이 중간무역의 이익을 독점하게 됐다는 주장이다. 이 설에 따르면 고조선은 특히 흉노족과의 연계를 통해 만주지역에서 각종 경제적 이익을 확보하고 중국 본토에 대한 견제를 강화했다.

한나라의 당시 상황에서 위만조선과 흉노匈奴가 연합할 경우를 가정해 보면 두 연합체는 대단히 위협적이다. 한나라는 조선이 흉노와 연결되는 것을 막기 위해 기원전 109년, 사신 섭하가 고조선에 의해 살해된 사건을 계기로 대대적인 침공을 시작했다. 한나라 대군은 곧바로 왕검성王儉城(지금의 평양)을 향해 공격했지만 처음 전투에서는 위만조선이 전황을 유리하게 이끌었다.

이후 위만조선 내부는 화 · 전 양파가 대립하고 조선상 역계경이 남쪽으로 망명하면서 결국 분열되었다. 특히 우거왕의 암살을 계기로 위만조선은 3대 7, 80년만에 멸망했고, 한무제는 고조선 고지故地에 낙랑 · 진번 · 임둔 및 현토 등 총 네 곳에 한사군漢四郡을 설치했다.

이렇게 형성된 한 군현은 곧바로 한반도 주민의 저항에 직면하게 됐다. 그래서 한은 기원전 82년까지 진번 · 임둔의 두 군을 폐했고, 그 관할 아래의 현들을 각기 낙랑 · 현토군에 맡겼다.

기원전 75년, 현토군은 신흥 고구려의 압박으로 제2 현토군 지역으로 도읍을 옮겼으며, 낙랑군은 또 몇 개의 현을 더했다. 낙랑군은 최전성기에 25개 현을 거느렸고, 주민은 6만 2,812호에 40만 6,748명 정도였다. 왕망이 중국에서 신新나라를 건국할 즈음, 낙랑군에서는 왕조王調란 자가 반란을 일으켜 서력 30년경에 평정됐다. 그리고 중앙의 직접적인 지배가 약화됐으며 영동 7개 현의 자치가 허락됐다. 이것은 분명 낙랑군의 위세가 한풀 꺾이기 시작한 것을 말한다.

이후 북방에서 고구려가 강력히 대두되고 삼한 지역이 점차 힘을 얻어가자, 낙랑군 치하의 주민들은 계속 지역을 이탈했다. 요동의 공손씨는 이것을 수습하기 위해 204년경에 낙랑군 둔유현 이남에 대방군帶方郡을 설치했다. 그러면서 고구려를 침략해 낙랑군의 위협을 제거하고자 했고, 신흥 백제의 북상을 경계했다.

여기서 잠깐. 낙랑과 고구려와의 관계를 보여주는 이상한 역사적 기록이 하나 있다. 그것은 낙랑공주와 호동왕자의 이야기이다. 『삼국사기』 고구려 대무신왕 15년(32년)의 기록에 의하면, 왕자 호동이 낙랑공주가 자명고를 찢는 사이에 최리의 낙랑에게서 항복을 받았다는 내용이 있다. 그리고 대무신왕 20년(37년)에는 또 한번 낙랑을 습격해 멸망시킨 기록이 있다. 또 7년 뒤에는 한의 광무제가 낙랑을 정벌해 그 땅을 군현으로 만들어 살수 이남이 한나라에 속했다는 기록이 있으며, 고구려 태조왕 4년(56년)에는 고구려의 남쪽 영역이 살수까지 확대됐다는 기록이 있다.

그렇다면 낙랑군이 과연 고구려 대무신왕~태조왕 단계에, 고구려에 의해 멸망당했는가? 그리고 『삼국사기』 기록의 '낙랑'은 한사군 중에 나오는 그 낙랑군이 맞는가. 최근 연구에 의하면 낙랑공주와 호동왕자의 무대는 평양의 낙랑이 아니라, 동예나 옥저 지역의 낙랑이었다. 그리고 처음 설치된 낙랑도 지금 말하는 평양 지역의 낙랑인지 확실하지 않다는 것이다. 그런데 자세히 따져보면 낙랑공주 설화에 나오는 낙랑은 낙랑군 모두가 아니라 그 일부로 추측된다. 즉 이때 고구려는 낙랑군 25현 중의 한 현縣인 최리의 현을 멸망시킨 것이다.

그렇다면 왜 25현 중 겨우 한 현을 멸망시킨 것을 '낙랑 습멸'로 부풀려 말했을까. 사실 당시에는 낙랑의 한 현縣은 삼한의 한 국國과 서로 비슷한 규모였다. 왜냐하면 25현의 현당 평균호수가 2천500여호였는데, 당시 삼한의 각국의 평균호도 2천여호로 나타난다. 신채호의 지적대로 이른바 낙랑 25현은 낙랑 25국이며, 대무신왕은 이중의 한 나라 혹은 한 현을 침공한 사실을 말해준다.

그렇기 때문에 낙랑공주 설화는 낙랑군에 대한 고구려 침공의 기록이며, 낙랑의 한 현을 고구려가 정복하거나 점령한 사실을 말하는 것이다. 아울러 이 설화는 당대 낙랑군의 통치형태를 잘 보여준다. 당시 한 군현은 오늘날처럼 일원적인 중앙집권적 계통으로 지배된 것이 아니라 각 현 지역마다 자치와 독자적인 권력이 있었다는 것이다.

그렇다면 한사군은 어떠한 역사적 의미를 가진 것인가. 일제 강점하 조선총독부와 비슷하게 조선을 지배한 식민지배기구였던가. 아니면 중국과는 다른 한국화韓國化된 중국의 지방정권인가. 또는 일부 국수주의자들의 생각처럼 중국 관내에 있던 그 한사군인가. 적어도 한사군을 생각하면서 말 그대로 한나라가 세운 4개 지방 군현은 분명하지만, 이들 집단을 그저 중국의 식민지배기구로만 보는 데는 문제가 있다. 그래서 중국의 한 역사이면서도 우리의 역사의 일부라는 의견도 있다.

우리 역사의 일부라는 입장은 무슨 의도에서 나온 것인가. 혹시 한사군을 우리 역사로 편입하자는 것인가라는 이야기로 들릴지도 모르겠다. 이런 입장이 대두되는 이유는 비록 낙랑이나 대방군이 한반도에 있던 중국의 지배지역이었기는 하지만 사방의 한반도 주민들과 어떠한 형태로든 '좋은 관계'를 가지고 생존해야만 하는 특별한 위치였다는 점 때문이다. 이들 한의 군현은 비록 고조선을 멸망시킨 중국인 지역이었지만 적어도 한반도 주민들과 지속적으로 평화롭게 교류하지 않으면 존재할 수 없는 섬과도 같은 지역이었다.

그동안 우리의 역사인식은 낙랑·현토 등 한 군현이란 중국이 세운 것이기에 그것과 맞선 고구려는 위대하다는 식이었다. '한사군 = 중국의 지배기구 = 침략기구 = 약탈기구'라는 인식이 하나의 공식이었고, 이는 외세 침략을 맞선 우리 민족의 유구한 저력을 말할 때 자주 인용되어 왔다. 낙랑군, 대방군 등을 식민지 지배기구로 보다보니 낙랑군을 멸망시킨 고구려는 한반도에서 중국세력을 몰아낸 우리 민족의 영웅적인 나라로 여겨지고 있다. 그러나 우리 고대사의 상당한 부분이 한 군현 지역의 높은 수준의 문화 세례를 받았다는 생각을 한다면 어떨까? 아직은 그러한 역사인식을 곱게 보아줄 사람은 별반 없을 것이다.

하지만 냉정하게 보아 한의 군현은 위만조선의 멸망이라는 뼈아픈 역사의 흔적이었지만, 나중에 이어질 고구려·신라·백제, 삼국의 역사 발전을 가져온 토양이기도 하다. 왜냐하면 높은 수준의 한 군현의 문화가 끊임없이 주변 지역에 전파되면서 고조선에 이어 새롭게 발전된 고구려·백제·신라가 등장하기 시작한 것이다.

실제로 낙랑공주와 호동왕자의 사랑이야기는 고구려의 이중적인 낙랑군에 대한 입장을 잘 보여준다. 그저 사랑으로 보이는 그 이야기는 다름이 아니라, 낙랑군에게서 배우고 낙랑군을 동경하는 고구려의 모습이고, 한편으로는 그런 낙랑군을 어떻게든 손에 넣어서 고구려의 발전 동력으로 만들려는 호전적인 침략의식이다. 한의 군현은 한반도 주민에게는 높은 수준의 문화를 전파해주는 통로였고, 한편으로는 침략하여 획득하고픈 먹잇감이었다. 이는 무조건 민족적 의기로 한반도에서 외세의 잔당을 몰아내었다는 등의 관념적인 국난극복사와는 차원이 다른 이야기이다. 고구려를 비롯한 한반도 주민은 낙랑을 끊임없이 괴롭혔지만, 한편으로는 낙랑과의 관계를 통해 상당한 부와 문화를 획득하고 있었다.

그렇다면 313~314년 고구려 미천왕이 낙랑군과 대방군을 멸망시킨 것은 어떻게 보아야 하는가. 그것은 더 이상 한의 군현이 고구려를 비롯한 한반도 지역 국가들의 역사나 문화적인 발전에 기여할 수 없게 된 사정을 말한다. 속된 말로 더 이상 필요가치가 없어졌기 때문이다. 그 단계가 되자 고구려 미천왕은 막강한 화력으로 단숨에 수백년을 연명한 외세의 마지막 숨통을 조였다(313~314). 우리는 낙랑군의 멸망 이야기 속에서 현재 우리가 닥친 수많은 부끄럽고 한심스런 현실에 대한 평가기준을 하나 얻을 수 있다.

그것은 참을 수 없는 한심한 현실이라도 그 현실을 그냥 포기하거나 외면하지 말고 제대로 응용할 방안을 끊임없이 찾아가는 일이다. 어두운 현실에 좌절하지 말고 나의 발전에 기여하는 방향으로 자신의 삶을 재구성하려는 굳은 참을성만 있다면, 탁한 현실은 반드시 자신의 힘으로 걷어낼 수 있을 것이다.

요컨대, 청년학생들은 혼탁한 현실이 있기에 내 자신이 제대로 성장할 기회를 얻는다고 생각할 필요가 있다. 내면의 힘을 기르고 언젠가 이 어두운 현실을 걷어낼 수 있도록 마음의 칼을 가는 것, 그것이 청년의 실사구시實事求是 정신이다.

달마가 동쪽으로 간 까닭은?

한때 산사에서 수도하는 스님 이야기를 다룬 〈달마가 동쪽으로 간 까닭은〉이란 영화가 국내에서 상영된 적이 있다. 이 영화에는 세 명의 스님이 등장하며, 그들은 속세의 인연에서 오는 수많은 번뇌와 싸우면서 득도를 향한 진지한 고민을 한다. 세속의 인연에 방황하면서 마침내 부처님 세계로 든다는 내용이었다. 그런데 정작 이들 세 사람은 세상 인연에 대한 철저한 이별을 하기 위해 입산하고자 했을까? 그리고 달마는 세상 사람과의 이별을 위해 동쪽으로 간 것일까?

정작 이 영화는 달마가 왜 동쪽으로 갔는지에 대한 해석을 영화 속에서 담아내지 못했다. 영화 내내 그저 번민하고 다시 질문하는 독백과 방백의 화법으로 난해한 선문답의 세계로 골치 아픈 국민의 마음을 유인할 뿐이었다. 관념론의 정점에서 말도 안되는 비과학적 세계관을 마치 인생의 리얼리즘인양 선전했다. 하지만, 그것은 대단한 착각이다. 그러한 착각은 마치 득도가 인간현실과 연대하지 않고 이뤄지는 양, 그리고 도도한 자신만의 깨달음인 양 여기는데서 증폭됐다. 사실, 세상사와 단절된 수도생활이란 존재할 수 없다. 왜냐하면, 스님도 먹고살아야 하고 살고 싶으면 일해야 하며 인간생리의 보편적 요소를 그대로 담아 낼 수밖에 없는 인간이기 때문이다.

진정한 '득도得道'는 세상의 비인간적 반민주적 반역사적 세태로부터 이탈할 것을 인간에게 진지하게 요청한 것이지, 세상이야 죽든지 살든지 상관하지 않는 그런 비정함을 말하는 것이 아니다. 부처가 두려워했던 것은 살아있는 역사가 아니라 죽은 신이 살아있는 인간을 목매게 하는 잘못된 세상이었고, 번뇌는 바로 거기서 오는 것이었다. 달마는 역사의 신이 보낸 사자였다. 그가 전파한 교의는 죽은 극락을 산 사람의 극락으로 바꾸라는 부처님의 엄명이었다.

달마의 본래 인도 이름은 보디 다르마(Bodhi-dharma)다. 그는 6세기 초 서역에서 중국의 화북(낙양)에 들어가 선종을 전파한 인물로 소개된다. 그가 중국에 온 것은 교학 중심의 불교 대신, 본래의 청정한 자성自性에 눈떠 성불하라는 사상을 사람들에게 전하기 위해서였다. 이른바 불립문자不立文字, 교외별전敎外別傳(문자, 언어, 경전이 아니라 마음에서 마음으로 전해진다), 직지인심直旨人心, 견성성불見性成佛(자기 마음을 봄으로써 자신이 본래 부처였음을 깨닫는다)이라는 4구절이 그의 교의를 대변할 수 있다.

이러한 어려운 말은 접어두고, 진정 달마가 이러한 선종의 논리를 설파한 것과 스스로 인도를 버리고 동쪽 중국으로 간 것은 서로 무슨 상관관계가 있다는 것인가. 달마의 동쪽행은 단순히 참선을 즐겨하는 선종이 진정한 불교의 본의라는 말을 전하기 위한 것은 아니었다. 자세히 보면, 달마의 동행東行에는 비장한 역사의식이 드러난다.

그는 귀족만이 독점한 극락세계를 민중세계에게도 개방하고자 했다. 당시, 달마의 눈에 보이는 중국의 불교는 이른바 교학불교로 관념과 사변의 늪에서 헤매고 있었다. 권력과 부를 독점한 귀족들만이 난해한 한자로 기록된 불경을 외면서 극락 가는 방법을 독식했다. 그들은 반야심경이 무엇이고 천수경은 무엇이며, 화엄경은 무엇이라고 하면서 난해한 문장을 이리저리 뒤집으며 자신만의 극락을 현실에 제도화했다.

글을 모르는 백성들은 영문 모를 귀족의 독경소리를 구걸하듯 굽실거리며 들어야 극락의 언저리에나마 가까스로 낄 수 있었다. '수리수리 마하 수리'가 무슨 뜻인지도 모른 채 그저 외우는 것만 허락되었고, 민중들이 진정 알고 싶은 신비한 불법은 괴이한 부처의 이적이나 고승의 선문답으로 관념화되었다. 도대체 무슨 소리인지 알 수 없는 법어法語는 그저 믿기만 하면 된다는 괴이한 교리와 선문답을 재생산했다. 아울러 언어와 사상을 독점한 지배계급은 일반 민중들의 삶이 그토록 고달픈 이유가 자기 귀족들 때문이라는 사실을 희석시키고자 또 자신의 가혹한 수탈에 인내하는 순수한 백성으로 만들고자, 불교 교리를 왜곡해 자신을 정당화하고자 했다.

이제 귀족에 목숨 바쳐 충성하는 백성만이 극락 언저리에 가는 3등 열차표 하나를 얻을 수 있게 된 것이다. 극락은 귀족이 백성에게 주는 시혜였으며, 그 시혜를 위해서 백성은 일생동안 뼈가 빠지게 일해야 했다. 달마가 동쪽으로 간 까닭은 영화처럼 속세와의 인간적 관계를 단절하는 것은 아니었다. 만약 그랬다면, 그는 동쪽으로 가지 말고 동굴로 가야했을 것이다. 그의 동행은 역사와 연대하는 불교를 위한 것이었고, 독점과 수구세력이 지배하는 극락세계를 민중에게 되돌리려는 현실의식의 반영이었다.

또한 달마는 극락의 길이 난해한 각주로 신성화된 교학보다 진실한 심성의 수련에서 비롯된다고 함으로써, 불교를 사변이 아닌 진정한 철학으로 거듭나게 하고 싶었다. 이른바 선禪이라고 하는 심성의 수련은 단지 현실과 인간 삶 자체에 대한 열정을 강제적으로 억누르는 관념의 수단으로 전락시키려 한 것이 아니다. 또 세상을 상실함으로써 극락정토의 문고리를 흔들 수 있다는 괴이한 교리를 말하는 것도 아니다. 오히려 선禪이란 권력과 부에 의해 사회적 도의가 왜곡되는 현실에서 철저히 사람과 사람이 화해하고 자비하는 도덕적 사회의 구현을 시도하려는 첫 관문이었다. 상식이 일상의 준칙이 되는 성찰, 그리고 서로 말을 하지 않아도 인간이 인간의 고통을 치유하는 길을 열어갈 수 있다는 믿음이 바로 달마가 전파한 선종이었다.

이처럼 달마가 동쪽으로 간 까닭은 어쩌면 사바세계와의 인연을 더욱 아름답게 하기 위한 노력과 민중에게 극락의 문을 여는 방법을 알려주기 위함인지도 모른다. 그 안에는 민중의 극락과 새로운 도덕적 가치, 즉 사람이 진정 정의로운 세상을 만들기 위한 심대한 고민을 담은 선을 그려내려는 노력이 있었다. 선禪이라는 글자를 파자破字하면 단순하게〔單〕 본다〔示〕는 말이 된다. 하지만 그 단순함은 세상의 고통을 말도 안 되는 관념의 끝자락에 세우고 '번뇌'라는 한마디로 구겨 넣어 단순화하는 것이 아니라, 사회적 모순의 본질을 명쾌하게 생각하고 그것에 대한 명확한 대안을 만든다는 논의일 것이다. 간단히 본다는 것은 정의롭게 세상을 본다는 것이다.

이 순간 수많은 국민들은 또 다른 생존의 지옥과 연옥을 오가고 있지만 권력과 부를 독점한 그들은 이러한 수많은 민중의 역사적인 요구와 대치된 그들만의 극락을 유지하는데 모든 것을 눈물겹게 바치고 있다. 하지만 '그들만의 극락'은 개방되어야 한다. 그들이 '자신만의 극락'을 위해 어떠한 번뇌를 이어가는지 알 수는 없지만, 역사의 신은 결코 그들만의 극락을 용서하지 않을 것이다. 달마는 역사의 신이 보낸 사자였다.

고구려 유리왕의 사랑과 패륜

『삼국사기』를 보면, 고구려 제2대 유리왕琉璃王은 고구려 시조인 동명왕 주몽이 부여에 있을 때 결혼한 예씨 부인이 낳은 아들이며, 주몽이 죽기 몇달 전 정표로 준 부러진 칼을 가지고 와서 돌연 태자로 책봉되었고 곧바로 왕이 되었다고 한다. 그러면서 유리왕의 성이 해解씨라고 했다. 이것을 두고 여러 사람들이 유리왕과 주몽은 친부자지간이 아니라고도 하고, 진짜 고씨가 왕이 된 것은 6대 태조왕 때부터라는 이야기를 지어내기도 했다. 과연 유리왕은 주몽의 아들이었을까.

유리왕은 기원전 19년부터 기원후 18년까지 약 37년을 재위했고, 왕 22년(기원후 2년)에는 도읍을 국내성으로 옮기는 한편, 왕 33년(기원후 13년)에 한漢나라와 싸워서 고구려현을 빼앗았다는 기록이 있다. 유리왕에게는 아들 넷이 있었는데 첫아들 둘째아들 모두 유리왕의 음모나 질책으로 스스로 자결하였고, 넷째도 물에 빠져 죽었으며, 나중에 왕이 된 셋째 아들 대무신왕(이름은 무휼無恤)조차도 왕의 변덕에 조마조마하다 겨우 목숨을 부지할 정도로 유리왕은 아들에게 모진 박해를 가한 왕이었다.

또한 재위기간 중에 사냥에 탐닉하여 정승인 협부로부터 만류를 당하자 그를 한직으로 내치는 등 개국공신에 대한 핍박을 일삼았고, 무엇보다도 황조가黃鳥歌 이야기에서 보듯이 두 여인의 질투와 사랑 속에서 허망한 세월을 보냈다.

일반적으로 황조가는 두 여인을 옆에 둔 유리왕의 낭만적인 사랑이야기로 해석하기 십상이다. 『삼국사기』에 의하면 왕 3년(기원전 17년) 10월에 왕비 송씨가 죽어서 두 여자를 계비로 맞이했는데, 한 여자는 골천 사람의 딸 즉 고구려 여인인 화희禾姬였고, 하나는 한인漢人의 딸 치희雉姬였다고 한다. 아마도 이름에서 보듯이 화희는 농경부족의 딸로 치희는 수렵부족의 딸로 보이지만 자세한 출신성분은 알 수 없다. 두 여자가 사랑을 다투어 서로 화목하지 못하자 왕이 양곡涼谷에 두 궁전을 짓고 각각 살게 했는데 어느 날 화희가 치희에게 "너는 한가漢家의 비첩으로 무례함이 어찌 그리 심한가?"라고 욕을 하니 치희는 부끄럽고 분하여 제 집으로 돌아가 버렸다는 이야기이다.

황조가에 얽힌 이야기는 실제로 사랑의 이야기임에는 틀림없으나 늘 그는 사랑뿐만 아니라 정치적으로도 무척 외로웠다는 점이 은근히 반영된 이야기이다. 그가 왜 적대세력이었던 한나라 여성을 고구려 여성과 대립되는 위치에 놓고 견제하려고 했는지 밝히는 것이 이 사건의 본질이다. 사실 유리왕의 정적에 대한 견제심과 번민이 치희와 화희 이야기로 둔갑된 것이라는 점을 생각한다면, 사랑만으로 묘사된 듯한 황조가는 다시 읽혀야 한다.

물론 유리왕의 주적은 한나라였을 것이지만 적어도 재위 초기에는 굴러들어온 돌이 박힌 돌을 뽑듯 왕이 되긴 되었지만 다음 자신의 왕권을 아직 안정화할 수 없을 만큼 상대적으로 토착세력에 대해서 미약한 존재였다. 이에 토착세력을 저지할 수 있는 힘을 한나라에서 구하고 싶었을 것이고 이는 치희와의 결혼으로 이어진 것이다. 나름의 정치력을 발휘한 것이다.

그런 의미에서 치희는 단순한 한나라 출신 연인이 아니라 유리왕 세력을 뒷받침하는 또 다른 정치적 버팀목이었고, 이에 치희가 화가 나서 한나라로 돌아간 것은 정적으로부터 왕권을 보호하는데 필요한 버팀목을 잃었다는 것이다. 따라서 황조가는 왕권유지에 대한 불안이 점철되면서 이를 사랑의 간절한 아쉬움으로 승화시킨 글이다.

翩翩黃鳥 편편황조　　훨훨나는 저 꾀꼬리
雌雄相依 자웅상의　　암수 서로 정답구나
念我之獨 염아지독　　외로울사 이 내몸은
誰其與歸 수기여귀　　뉘와 함께 돌아갈꼬

그렇다면 그는 왜 두 아들을 모두 죽였을까. 이렇게 힘들게 왕권을 지켰던 유리왕에게는 그 이후로도 최선을 다해 왕권을 지키기 위한 병적인 고통과 노력이 따랐을 것이다.

고주몽과 성이 달랐다는 말은 동명왕의 아들이 아니었다는 뜻이 아니라 고구려 토착세력과 전혀 다른 성격의 세력이었다는 뜻으로 해석해야 한다. 마치 훗날의 귀족 청년 온달을 천민이나 바보로 바라본 것과 같은 이치이다. 유리왕의 행적은 마치 김춘택의 아들이라서 몰아내야 한다는 이인좌의 말에 평생 상처를 받은 영조가 보인 행적과 유사하다.

영조는 숙종의 아들이 아니라 김춘택의 아들이라는 그 묘한 스트레스로 인해 아들인 사도세자를 죽였고, 세자 주변의 측근인사들을 제거하는데 온갖 힘을 다했다. 사도세자의 아들 정조 임금이 왕세손 시절 그렇게 암살의 위기를 느끼며 하루하루 고민하며 『일성록』을 썼던 그 마음처럼, 유리왕의 아들들은 괴팍한 유리왕의 변덕 때문에 늘 고민했고 죽어갔다.

유리왕의 첫째 아들인 도절都切은 계모로부터 참언을 받아 불효막심한 사람으로 낙인찍혀 죽었고, 둘째아들 해명解明은 황룡국과의 외교에서 무례했다는 이유로 자결을 명받아 주변의 만류에도 불구하고 창을 거꾸로 세워서 자결하게 되었다. 넷째 아들 여진如津도 왕이 죽는 해에 물에 빠져 죽었고, 한동안 시신도 수습하지 못했다.

물론 김부식이라는 유교적인 사관을 가진 사람의 마음에서 세 아들의 불운이 충효논리로 각색된 결과겠지만 모든 정황상 유리왕은 괴팍했고, 변덕이 심했으며, 자기 탐닉이 강했고, 사람을 믿지 못했다. 유리왕의 사랑과 패륜은 이처럼 왕권에 대한 과잉집착이 빚어낸 불행이었다. 세상에 스트레스를 홀로 받고 사는 사람들의 일탈에는 그만한 이유가 있는 법이다. 우리 학생들도 미래에 대한 불안과 학업의 스트레스를 잘 해소하는 길을 찾아볼 필요가 있다.

낙산사를 지킨 두개의 꿈

묘하게 낙산사는 관세음보살을 부처님처럼 모시고, 오대산 월정사, 상원사는 문수보살을 부처님처럼 모신다. 관세음보살이 아미타여래의 협시보살로 온 누리에 자비를 베푼다면, 문수보살은 비로자나불의 협시보살로 모든 중생이 지혜롭게 살게 하는 방편을 알려준다. 또 문수보살은 일시적으로 석가모니불을 도와서 중생 교화에도 힘쓴다.

왜 그들 귀족 승려들은 관세음보살에 이어서 문수보살도 필요했을까. 실제로 낙산사는 의상이, 월정사는 자장이 창건했다고 하는데 공교롭게도 모두 당나라 유학파들이고 모두 신라의 최고 골품인 진골 출신이었다. 그러니 당연히 그들은 '왕이 곧 부처요, 모든 것은 하나에서 나온다〔王卽佛 一卽多〕'를 주된 교리로 하는 화엄사상華嚴思想을 종주로 삼고, 엄청난 재원을 들여 전국 방방곡곡에 대사찰을 지었다.

오늘날 그 많은 명산 대사찰들이 대개 의상과 자장을 시조로 하는데, 그 이유는 그 분들의 위대한 공력도 있지만 무엇보다도 당대 모든 권력과 땅을 소유하고 온갖 곡식과 땔감 그리고 노동력을 불사에 동원할 수 있었던 권력을 가졌기 때문이다. 그들이 세운 사찰은 왕실이나 귀족들의 영지였고, 그 영지는 귀족과 왕들이 자신들만의 극락을 만들기 위한 사찰을 유지하는 물적 기반이었다. 그래서인지 돈 있고 힘있는 승려들이 지은 절은 천년이 지나도 화려하고 웅장하다.

부처님 보시기에 그토록 화려하고 현란한 사찰이 진정한 불심과 불법인지, 진정 부처님이 바라는 길인지는 다시금 생각해 볼 부분이다. 그들의 화려한 치장 이면은 이러하다. 화려한 당나라 유학을 마치고 고국으로 되돌아온 그들의 앞에 무언가 납득하기 힘들고 낯선 현실이 존재하고 있었다. 이미 원효와 같은 고승이 민중의 마음에 관세음보살을 퍼뜨리고 있었던 것이다. 민중에게 극락에 가는 법을 알리면서 새로운 마음의 불교를 만들어 가는데 그들이 가진 것은 여전히 우리 풍토와 현실에 맞지 않는 중국식 화엄일 뿐이었다. 어쩌면 6두품의 신분에 불과한 원효에 대한 깊은 멸시감을 포함해 신라 현실의 개혁에 미온적이고 제대로 알 수 없었던 유학파인 그들로선 현실과 연대하는 원효의 불교철학과 경쟁하기 무척 힘들었을 것 같다.

그래서 그들은 열등의식을 보다 화려하고, 보다 웅장한 사찰을 건립하면서 그리고 왕실이나 귀족과 깊은 유대를 키워가면서 해소해보고 싶었을 것이다. 오늘날 와서 정작 민중에게 극락을 준 원효가 세운 사찰은 손에 꼽을 정도로 적지만, 의상과 자장, 범일 같은 해외 유학파 및 진골 승려들이 세운 사찰은 전국에 깔려있다.

의상과 함께 낙산사 이야기의 또 한사람의 주인공은 범일凡一이다. 그는 통일신라 선종 9산파 중에서 굴산파의 수장이었고, 847년 중국 유학을 마치고 굴산사를 창건하였다. 청해진에서 장보고가 활약을 시작할 830년경 무렵 범일은 중국에 있는 개국사開國寺에서 한쪽 귀가 잘린 어린 스님을 만났다. 그때 그 스님은 "자신이 신라 사람이며, 집은 명주(지금의 강릉) 익령 덕기방이니 신라에 가면 꼭 들르라"고 했다.

그러던 중 몇십 년이 흘렀다. 858년 2월 15일 밤, 범일은 개국사開國寺에서 만났던 귀가 잘린 어린 스님 꿈을 꾸었다. 꿈속에서 어린 스님은 "지난 날 당신과 약속했습니다. 찾아오시라 했는데 왜 아직 오지 않으십니까"라고 했다. 꿈에서 깬 다음날 범일은 제자들을 데리고 익령 근처로 찾아갔다. 거기는 낙산사 바로 아래였고, 실제로 덕기라는 이름의 여자가 살고 있었다. 그녀에게는 아들 하나가 있었다. 그 아이는 8살이었는데, 때마침 마을 남쪽 돌다리에서 놀고 있었다.

그 아이는 "제가 함께 노는 아이 중에 금색동자가 있다"고 말했다. 이 말을 들은 범일 국사는 아이가 놀았다는 다리에 가보았는데, 거기 다리 밑 물속에서 석불 하나를 발견했다고 한다. 석불 모습은 꿈에서 본 어린 스님과 같았다. 곧바로 그 석불이 대세지보살의 현신이라고 생각하고 불사를 지었다고 한다. 귀 잘린 아이와 대세지보살은 무슨 인연이 있었을까? 일설에는 범일이 의상의 문하였다고 하는데, 어쩌면 의상이 힘과 권력으로 관세음보살을 쟁취한 다음 아미타불의 또다른 입시보살인 대세지보살조차도 장악하려는 의도가 있었던 것은 아닐런지…

그후 100여 년 지나서 산불이 나서 낙산사가 불탔다. 산불에도 불구하고 유독 관음과 대세지보살을 모신 두 성전은 재앙은 면했다고 한다. 최근의 낙산사 화재로 홍련암과 의상대만 남은 것과 흡사한 큰 화재였다. 그만큼 관세음보살과 대세지보살은 신라인의 마음을 움직이는 중요한 정치적 대상이었다.

한편, 몽골이 침략하자 승려들은 관세음보살과 대세지보살의 보물 인형 두 개를 낙산사로 옮겼다. 그런데 정작 몽골 병이 쳐들어 와서 수많은 고려인이 죽었을 때, 이 두 보물을 지킨 사람은 주지승이 아닌 걸승이라는 사원노비였다.

이야기 줄거리는 그저 어떤 노비의 도움으로 두 보살을 지켰다는 단순한 이야기지만, 정작 본론은 몽골 전쟁에서 30년 동안 고려가 버틸 수 있었던 힘이 노비에게서 나왔다는 말을 하려는 것이다. 노비 걸승의 거사는 당시 몽골과 전쟁을 수행하는 데 당시 지배층으로선 노비계층의 도움이 절실했는가를 보여준다.

낙산사 관련 설화 중에 가장 독자들의 마음을 사로잡은 이야기가 바로 조신의 꿈이다. 일제하에서 이광수 원작의 〈꿈〉이라는 소설로 거듭났고, 최근에는 안성기, 황신혜 주연의 영화로도 만들어졌던 유명한 이야기이다.

여기서 조신은 강릉에 있던 세규사 본사에 근무하던 스님이었다. 그러다가 지금의 영월에 있던 세규사 영지에 책임자로 가게 됐다. 그런데 당시 강릉 태수로 있던 김흔의 딸을 보고 한눈에 반했다. 조신은 낙산사 부처님 앞에 나아가 태수의 딸과 결혼하게 해달라고 기도했다. 하지만 태수는 조신의 마음과는 달리 다른 데로 혼처를 정했다. 이에 조신은 낙산사에 다시 가서 눈물을 흘리며 자기 소원을 들어주지 않았다고 부처님을 원망하다 잠이 들었고 꿈을 꾸게 됐다.

꿈속에서 김씨 아가씨는 조신의 방안으로 들어오며 "저는 일찍부터 그대의 모습을 훔쳐보았습니다. 같이 살고 싶습니다"고 말했다. 조신은 기뻐하면서 고향에 가서 40여 년을 함께 살았다. 그런데 점점 살림이 곤궁해지다 결국 사방팔방으로 입에 풀칠하려고 걸식하기를 10여 년. 그러던 차에 명주(지금의 강릉)의 어떤 고개를 넘다가 열다섯 먹은 큰아들이 굶어 죽었고 이어서 남은 딸도 개한테 물려 죽었다.

태수의 딸과 50년을 살아온 인연에도 불구하고, 이제 춥고 배고프고 쇠약하고 아무도 돌보는 사람 없는 처량한 그들은 긴 사랑의 인연에 종지부를 찍고, 각자 갈 길로 가기로 했다. 한없는 눈물과 함께 이별을 하다 잠을 깨어보니 조신의 수염이며 귀밑머리가 하얗게 변해 있었다.

그제야 조신은 속세에 대한 기대와 태수의 딸에 대한 연모가 사라졌다는 것을 알았다. 그리고는 꿈속에서 죽은 아들을 묻었던 곳에 가서 땅을 파보니 미륵상이 나왔다. 이에 조신은 서라벌로 돌아와 정토사를 창건하고 부지런히 수행했다고 한다.

이 이야기는 '수고로운 인생은 결국 한순간의 꿈'이라는 사실을 중생에게 알리기 위한 교육적 내용이지만, 스님이 부처님께 그것도 정혼한 여자를 취하게 해 달라고 조르는 모습에서 신라인들의 자유분방한 모습이 엿보인다. 신라, 사랑이 무척 자유롭던 시대인 듯하다.

낙산사와 관음보살 쟁탈전

미의 극치, 종이로 만든 관세음이 머무는 원통보전圓通寶殿이 있고, 여섯 개의 팔을 가진 육수六手 관음보살이 모셔진 보타전菩陀殿. 그리고 예종이 아버지 세조를 위해 만들었다는 동종. 의상대사가 처음 관세음보살을 보고 낙산사를 건립했다는 이야기가 전해지는 홍련암紅蓮岩. 그리고 그보다 더 소중한 아름답던 낙산사 소나무, 산짐승들… 예종의 고뇌와 세조의 번뇌를 씻어주던 그 유려한 동종의 소리가 이제는 화마와 함께 역사 속으로 사라졌다는 생각을 하면 참으로 허전하다.

낙산사는 온통 관세음보살 이야기로 가득한 사찰이다. 관세음보살, 일명 보타菩陀 혹은 원통圓通이라고 불리는 이 보살은 이미 부처로 성불할 수 있지만 인간 세상에 남아 힘들고 가난한 사람을 위해 자비를 베푸는 작은 부처님이다. 아미타불 옆에 입시하여 극락정토로 중생을 인도한다. 낙산洛山은 인도의 보타낙가산菩陀洛伽山이라는 '관세음이 강림했던 지역'이라는 뜻에서 따온 말이다. 그래서 중국에 유학을 갔다 온 의상이 동해에 접한 홍련암 밑 동굴에서 관세음을 보았다고 하고, 이에 감화를 받아 낙산사를 창건했다고 한다.

> "옛날 의상법사가 처음으로 당나라에서 돌아왔을 때 부처님의 진신이 이곳 동해안 해변굴 안에 계시다는 말을 들었다. 그래서 낙산洛山이라고 불렀다. 대개 이는 서역에 보타낙가산이 있는데, 소백화小白華 혹은 백의白衣 대사의 진신이 계시는 곳이라 하여 이 이름을 빌린 것이다. 『삼국유사』(탑상)"

처음 의상대사가 관세음을 본 홍련암紅蓮岩은 신비한 바닷가 동굴인데 거기서 의상은 여러 신들에게서 큰 대접을 받았다. 즉, 천룡팔부天龍八部(즉 하늘나라 옥황상제가 거느리는 무서운 신)가 시종하거나 수정 염주나 여의주를 받기도 했다. 의상은 이윽고 자기가 앉아있는 곳 위의 산 정상에 대나무 두 그루가 있는데 그곳에 절을 짓게 된다. 이처럼 낙산사 창건 설화에는 유난히 의상대사의 관세음보살에 대한 강한 집착을 보여준다. 반대로 의상은 당대의 고승 원효에게는 차마 입에 담을 수 없는 힐난을 가한다.

왜 그랬을까? 의상은 가질 것 다 가지고 중국에 유학까지 한 신라 진골 출신의 엘리트 승려였다. 그런데도 온갖 궂은 일을 도맡고 수백 수천의 손으로 중생의 아픔을 어루만진다는 백성을 위한 관세음보살이 왜 필요했을까? 단순히 원효 대사에 대한 경쟁심일까? 아니면 원효와 다른 새로운 극락을 발견해서일까?

그 해답은 원효에게 있었다. 원효는 이미 관세음이 백성의 마음에 있는 줄 알았고, 글 읽는 자만이 독점한 극락(이른바 신라 교종)에서 글을 읽지 못해도 "나무아미타불, 관세음보살"만 외면 누구든지 갈 수 있다는 교의를 전파하고 있었다. 중국에서 유학을 하고 왕실이 주는 거금으로 살면서 누구하나 부럽지 않았던 의상은 이제 조국인 신라로 돌아와 보니 이미 조무래기로 알았던 원효가 극락의 열쇠를 백성들에게 나누어주는 참된 모습에 경악한 듯하다. 자신이 만리타향에서 배운 그 위대한 불전의 자구字句 하나하나보다 더 위대한 원효의 설법에 스스로 무기력하고, 무능력해 보였을 것이다. 그래선지 『삼국유사』 탑상 제4항목에서 원효는 무능력하고 무기력한 사람 혹은 탐욕스런 인물로 묘사되고, 원효를 비웃기 위해 안간힘을 쓰는 모습이 포착된다. 왜냐하면 자신의 먼 옛적 스승인 의상의 무서운 경쟁자였으니까.

이야기인즉, 어느 날 원효가 의상이 창건한 낙산사 관세음보살에게 예를 올리려고 길을 떠났다. 길을 가는데 흰옷 입은 한 여인이 벼를 베고 있었다. 그래서 벼를 좀 달라고 했더니 말라붙은 벼를 주었다고 한다. 또 길을 가다가 생리대 빨래를 하고 있는 한 여인에게 물을 좀 달라고 했더니 더러운 물을 주었고, 그래서 엎어버리고 개울물을 떠서 마셨다고 한다.

첫 번째 이야기에서 말라붙은 벼는 원효는 생산을 할 수 없는 무기력한 존재, 중생을 구제할 수 없는 무능력한 존재라는 암시이다. 그리고 다음 이야기에서 여성이 생리한 물을 떠서 주었다는 이야기는 요석공주와 결혼하고 이윽고 설총이라는 아이까지 두게 된 원효의 파계를 비꼰 것이다.

이어서 또 하나 이야기가 나온다. 원효를 보고 파랑새 한 마리가 "휴제화상"이라고 울었다는 대목이다. 휴제休醍 화상和尙이라는 말은 휴제호 화상의 준말인데 여기서 제호는 '잘난 스님 = 원효대사'를 말한다. 이에 "휴제호 화상"은 "잘난 스님 원효여!… 그만 두시라"라는 뜻이다.

도대체 무엇을 그만 두라는 것일까? 어쩌면 극락과 관세음보살을 신라 백성에게 나누지 말고 그들만의 극락 독점권을 가져보자는 선언일 것이다. 왕이 곧 부처〔王卽佛〕이며, 하나는 모든 것〔一卽多〕에 통한다는 의상의 고뇌는 결국 왕과 귀족을 위한 관세음보살을 만들고자하는 나아가 신라 귀족의 염원을 대변한 것이다. 따라서 제호화상 이야기는 더 이상 원효가 백성들이 극락을 가는 주문(나무아미타불 관세음보살)을 전파하는 일을 그만 두라는 의상 계열과 귀족 불교 신봉자들의 발원이었다.

파랑새의 힐난하는 소리를 들으면서 걸음을 재촉한 원효는 마침내 절에 도착해 관음상이 앉은 자리 아래서 다른 가죽신 한 짝이 있음을 보았다. 원효는 그때서야 앞서 만난 여자들이 바로 관세음보살임을 알게 되고 후회했다는 이야기가 이어진다.

이상의 이야기를 종합하면 『삼국유사』의 저자 일연이 두 가지 사실을 독자들에게 알리고자 한 것을 알 수 있다. 하나는 의상이 동굴 속에서 온갖 신비로운 광경과 선물 그리고 직접 관음보살을 정확히 보았는데 반해, 원효는 관음보살이 변신한 모습을 보고서도 그녀가 관음보살인지 알아채지 못했다는 사실이다. 그렇다면 일연 스님은 왜 이렇게 의상을 두둔하는 이야기를 남겼을까. 그것은 역시 『삼국유사』를 읽을 수 있는 사람이 일반 고려 백성이 아니라 당대의 귀족이었다는 사실과도 연관될 것이다.

낙산사 관음보살을 보러 오다 원효가 당한 그 수모는 정작 원효의 위대함을 따돌리고 왜곡하려는 의상 계열 사람들의 위작이다. 의도적이면서 교활한 인물로 원효를 설정한 낙산사 설화를 통하여 민중에게 극락을 알려 준 원효에 대한 귀족 불교측의 원망이 얼마나 절절했는지 보여준다.

세상을 어둡게 하는 큰 어리석음이 있다. 그것은 무식한 사람이 높은 자리를 차지하여 내려오지 않는 것이며, 무식한 자가 소신을 굽히지 않고 힘없는 사람을 희롱하는 것이며, 무식한 자가 부지런하게 인간을 조종하며 세상을 흐리는 것이다.

의상은 원효의 공력이 무서웠고, 어떻게든 원효를 이기고 싶어했다. 그래서 온갖 궁리를 다해 그를 협박했고, 전국에 수많은 사찰을 세우며 돈과 모든 권력을 다 누렸고 관세음보살을 본듯이 상징조작을 했지만, 정작 관세음보살은 신라 백성과 함께하고 있었다.

오대산, 자장과 문수보살이 만든 성지

『삼국유사』를 자세히 보면 자장과 의상이 각각 문수보살과 관세음보살을 통해 자신의 교세를 어떻게 확장하려고 했고, 그 과정에서 민중의 지지를 받는 원효와 어떠한 경쟁을 하려했는지 알 수 있다. 새로운 불교, 민중의 극락과 대비되면서 자신의 권력과 위신에 대한 무한한 자부심에 상처를 입었던 그들은 왕실과 결탁하는 불교를 외치면서, 그들 자신의 유려한 문장력으로 자신들을 합리화 하는 다양한 설화를 고안해냈다.

실제로 오대산 월정사나 상원사 근처는 대체로 문수보살에 대한 이야기가 유난히 많다. 낙산사가 관음보살을 주로 말한다는 것과 비교하면 대조적이다. 왜 문수보살을 그토록 앙망仰望한 것인가. 그리고 왜 오대산일까?

신라 선덕여왕 때인 636년 자장법사가 중국 오대산의 문수진신(문수보살)을 뵙고자 하여 중국에 들어가 경건히 7일간 기도를 드렸는데, 문득 꿈에 부처가 나타나 게偈(노래)를 주었다고 한다. 산스크리트어〔梵語〕로 쓰인 관계로 어떻게 해독할지 몰랐는데, 이튿날 한 승려가 붉은 비단에 금점이 박힌 가사 한 벌과 부처의 바리 하나 그리고 부처의 머리뼈 한 조각을 가지고 와서는 자장에게 와서 물었다.

그 승려는 산스크리트어를 해석하면서 석가모니가 쓰신 도구이니 세 가지를 잘 보관하라는 당부를 남기고 사라졌다. 그 후, 용이 나타나 "지난번 노래를 번역해주던 승려가 바로 문수보살의 진신입니다. 그리고 신라의 명주 북쪽 경계에 오대산이 있는데 그곳에 1만 명의 문수보살이 계십니다."라고 알렸다. 이에 자장은 643년에 신라 오대산으로 돌아와서 문수를 뵙고, 이곳에 정암사라는 절을 창건했다. 이곳이 오늘날의 월정

사이다. 이처럼 자장이 월정사를 지은 것은 문수보살을 통해 무언가 얻고자 했다는 사실을 말해준다.

그것이 무엇일까? 당시 640년대 신라는 신흥세력인 김춘추와 김유신 그룹이 기왕의 성골 지배세력인 진덕여왕, 알천공, 비담과 염종 세력 등과 경쟁하고 있었다. 그러한 복잡한 정세 아래서 자장은 자신의 입지를 어떻게 세워야 하는지 고민했을 것이고, 자연히 그의 복잡한 심경은 비로자나불의 협시보살로서 세상을 지혜롭게 사는 방법을 알려주는 현명한 문수보살에게 쏠렸을 것이 분명하다.

그리고 그러한 문수보살의 혜안은 자연히 신문왕과 그 두 아들 이야기로 발전하고 있었다. 『삼국유사』를 보면, 신라 신문왕의 두 아들인 보천과 효명태자가 어느 날 속세를 떠날 약속을 하고 오대산으로 들어갔다고 한다.

과연 그들이 진정 세상을 등졌던가는 의문이다. 자장이나 의상 등의 진골 출신이 거대한 불사를 하고, 각종 설화를 유포하는 등 여전히 권력 일선과 손을 닿고 있었다는 당시의 정황을 미루어 볼 때, 태자들의 불교 귀의 사실을 지나치게 세상과의 단절 행위 일변도로 파악해서는 역사를 제대로 볼 수 없다. 불교에 귀의한다는 것은 왕자와 귀족의 또 다른 입신출세의 길이었다. 여기에서 오대산五臺山을 왜 오대산이라고 하는지 그 이유가 나온다. 두 태자는 오대산의 다섯 봉우리에 올라 예불을 올렸다고 한다.

오대산은 다섯 개의 대가 있다는 뜻이다. “동대는 만월산인데 1만 명의 관음 진신이 있고, 남대는 기린산인데 8명의 큰 보살을 우두머리로 하는 1만 명의 지장보살이 있다”. 여기서 관세음은 속세에 사는 중생들의 고통을 돌보는 보살이고, 지장보살은 죽은 자의 명복을 살피는 보살이다.

“서대는 장령산인데 무량수여래를 우두머리로 1만 명의 대세지보살이,

북대는 상왕산인데 석가여래를 우두머리로 500명의 대아라한이, 중대는 풍로산 또는 지로산인데 비로자나불을 우두머리로 하는 1만 명의 문수보살이 있다"고 한다. 그리고 매일 아침마다 문수보살이 지금의 상원사에 36가지 모습으로 변해 나타난다고 한다.

태자들이 오대산에서 보살을 친견하는 것은 신문왕은 늘 구래의 귀족들로부터 정치적 위협을 당할지도 모른다는 고민 때문에 번민했을 것이다. 그래서 태자들을 일단 불사로 피신시켜 정치적인 어려움에서 벗어나게 한 것으로 보인다. 나아가 모든 부처를 대신한 각종 보살과 연대함으로써 종교가 가진 강력한 정치적 영향력을 확보하려 했다.

그 결과 신문왕이 죽자 둘째 아들인 효명이 곧바로 왕으로 추대됐고, 이가 바로 성덕왕이었다. 통일신라 전성기를 구가하던 성덕왕은 705년에 상원사에 진여원을 다시 짓고 문수보살의 초상화를 걸어두었으며, 화엄경을 독송케 하고 나아가 화엄사華嚴社를 결성하는 등 왕권강화에 화엄종파를 적극적으로 이용했다.

한편, 왕위에서 밀려난 형인 보천태자는 늘그막에 공중부양해 울진 장천굴에 갔고, 거기서 굴의 신을 만났다. 보천태자는 굴의 신이 다라니경을 읽는 것을 보고, 그에게 보살계를 주었다고 한다. 그리고는 오대산 신성굴에 돌아와 50년을 수련했는데 도리천의 신이 하루 세 번에 걸쳐 그의 설법을 들었고, 정거천의 무리들이 그에게 차를 끓여 바쳤으며, 40명의 성인들은 10척〔3m 가량〕을 공중부양하면서 그를 지켜주었다고 한다.

대체로 성덕왕 대의 오대산과 관련한 이야기에는 태자들의 활약과 문수보살의 출현 그리고 굴신이나 각종 신들의 현신 등에 대한 이야기가 많다. 여기서 당시 아미타 신앙, 즉 극락정토를 기대하는 신라인의 염원을 읽을 수 있으며, 문수보살의 지혜를 통해 난세를 이기고자 하는 심정도 볼 수 있다.

문수보살과 화엄종…, 여기서 왕권을 강화하는데 기여하고 정치적 번민을 지혜롭게 이기는 비법을 알려주는 문수보살과 왕이 곧 부처라고 하여 왕실 중심의 극락을 설파하는 화엄사상은 서로 뗄 수 없는 관계이다.

우리는 세상에 마음껏 자비를 베풀려는 위대한 부처의 노력과는 별개로 늘 종교가 정치적 이해의 대상이 되는 현실을 발견하게 된다. 오히려 부처의 대자대비하심은 화려한 문화재 속에 갇혀서 세상과 단절되고 있다. 무지한 사람이 늘 세상의 이치를 독점할 때, 그것은 형식과 관념에 갇힌 또 다른 삶의 왜곡을 낳는 법이다.

진정 종교란 자신의 인생을 바른 삶과 정의로운 역사와 연대하려던 인간의 노력이며, 과학이 없던 시절 과학을 대체한 인간 진화의 이론적 토대였다. 그런데 이런 종교가 오히려 계급을 고착화하고, 자연적 사회적 우연성의 폭압을 더욱 조장하는 데 기여할 뿐 아니라 뻔한 교리에 백성의 모든 것을 쏟아 붓게 만드는 광신적인 종교관을 전파하는 일은 역사를 거역하는 것이고, 하느님의 뜻을 거스르는 것이다.

종교를 가진 자가 진정 고민해야 할 것은 무조건 절대자를 믿어서 천국에 홀로 가는 것에 있는 것이 아니라 '내 이웃을 내 몸같이 사랑하고, 그것을 실천하는데 있다는 것 그리고 그래야만 진정한 극락이 있고 천국이 있다는 사실을 아는 것이다. 청년학도여, 역사는 문화재에서만 발견할 수 있는 것이 아니다!

고려인의 아내 사랑

옛말에 "거지가 재상이 되면 나라 살림이 거덜 난다"는 말이 있다. 이 말을 오해하면 '가난하면 다 도둑이 된다'는 말로 들리지만 사실은 높은 자리에서 청빈하기 어렵다는 이야기이지 가난한 사람이 다 도둑이 된다는 뜻이 아니다. 어쩌면 가난을 보는 재상된 자의 마음이 얼마나 정의로워야 하는 것인가에 본뜻이 있는 듯하다. 역사 속에서 가난하고 힘없는 사람이 높은 관직에 진출하고 자신의 청렴을 지켜나가는 모습을 보면 참으로 경의감이 넘친다. 그리고 그 청렴의 이면에는 역시 남보다 특출한 개성이 있는데, 그것은 바로 사람에 대한 사랑과 사회에 대한 정의감이다.

왜 가족이 존재하는지 묻는다면 사람이 혼자 살 수 없기 때문이라는 답이 가장 현답이다. 수많은 범죄가 가족을 먹여 살리기 위해 합리화되는 현실 속에서 그러한 부정부패의 유혹을 뿌리치기란 사실 대단히 어렵다. 그런데 『고려사』에 나오는 재상 권수평權守平은 무척 가난한 인물이었지만 높은 관직에 오르고 평생 청렴과 가족 사랑을 지켜낸 명재상이었다. 고려라는 문벌 사회에서 가난뱅이가 성장하여 재상이 되었다는 사실도 놀라운 것인데, 거기에 청렴과 결백으로 세상의 모범이 된 것은 출세에 희망을 두고 공부하는 모든 청년학도들이 반드시 본받아야 할 모델이다.

권수평은 경상도 안동 출신으로 출신 가문이 무척 한미했다. 더구나 자신의 족보마저도 모르는 사람이었다. 물론 안동 권씨 집안이라는 개연성은 높은 것으로 보인다. 기록에 의하면, 그는 가난을 딛고 열심히 학문을 익혀 과거로 입사했다고 한다. 과거로 뽑힌 인재가 그렇듯이 음서로 출세한 귀족의 자세와는 근본적으로 의식이 달랐다. 과거로 처음 벼슬을 받아 대정大正이 되었지만 생활은 무척 빈한했다. 그때의 일이었다. 당시 낭중郎中 벼슬을 하던 복장한卜章漢이란 사람이 있었는데 귀양을 가게 되었다. 권수평이 당시 워낙 가난하다보니 이 사람이 귀향 가는 시기에 그 사람에게 부탁하여 논밭을 빌려 썼다.

훗날 복장한이 사면이 되어 돌아왔다. 권수평이 빌어서 사용하던 논밭은 물론 전조 장부마저도 되돌려주었다. 그러자 복장한은 "내가 귀양 갔을 때 당신이 사용하지 않았더라면 다른 사람이 그 재산들을 모두 집어삼켰을 것인데, 그대가 이제 밭을 돌려주는 것뿐만 아니라 어찌 전조田租까지 돌려주는가?"라고 말했다.

전조는 소유권에 기초하여 소작하는 농민에게서 받은 소작료이다. 즉, 그는 땅 문서는 물론이고 그동안 먹고 산 소작료 내역을 정리하여 복장한에게 고스란히 알려주고 빚을 갚은 것이다. 그러자 권수평은 "남의 어려움을 틈타 그 밭을 갈아먹는 것도 오히려 의롭지 못한 일인데 이미 그대가 돌아왔거늘 어찌 계속 먹으리"하면서 장부를 그에게 던졌다. 그런데 복장한은 그 전조 장부를 받지 않으려고 문을 닫고 들어가 버렸다. 하지만, 권수평은 장부를 돌에 매어 던져서 결국 돌려주고 갔다. 그래서 당시 사람들이 그 소문을 듣고 "요사이 재물을 서로 쟁탈하는 것이 일상사요, 풍습인데 이와 같은 사람을 볼 줄은 생각지도 못했다"고 감탄했다고 한다.

당시 견룡牽龍이라는 벼슬은 직위는 낮아도 임금의 총애를 받는 중요한 직책이었다. 그래서 권세가의 자제들은 누구나 임금을 곁에서 모시는 견룡이 되길 고대했다. 권수평은 대정을 경유하여 능력을 인정받아 견룡 임무를 부여받았지만 자신의 집이 빈한하다는 핑계를 대면서 사양했다. 집이 빈한하다는 말은 자칫 임금 옆에서 충언을 드리지 못하고 이익만 구할 것이라는 충심에서 나온 말이었다. 이 말을 들은 친구들은 '집이 빈한하다는 핑계는 아내의 재산이 없어서 그런 것이며 나중에 뇌물 바칠 걱정이 되어서 그런 것'이라고 그를 오해했다. 그래서 친구들은 "이렇게 견룡이 되는 것은 대단한 영전이다. 견룡이 되면 많은 사람들은 신분이 낮은 아내를 새로 바꿔서 부귀영화를 꾀하는데, 당신도 부잣집에 다시 장가가려 한다면 어느 집인들 새로운 아내를 주길 거절할 리 있을까?"라며 재혼할 것을 권유했다.

당시 아내의 재산은 출세의 중요한 토대였다. 그 이유는 당시에는 음서蔭敍가 처가나 외가의 핏줄도 적용되었기 때문이다. 그래서 부잣집 아내를 얻는 일은 힘들이지 않고 출세하는 지름길을 얻는 것과 같았다. 그렇기에 권력일선에 나가면 법적으로는 일부일처제라고 해도 백주에 조강지처를 버리고 새 아내를 맞이해 새로 연을 맺은 처가와 공동의 이익을 구가하는 경우도 많았다. 하지만 권수평은 "빈부는 하늘에 달려 있는 것인데 어찌 20년 조강지처糟糠之妻를 버리고 부유한 새로운 아내를 구하리오"라며 끝내 친구들의 요청을 사양했다. 그러자 모두들 부끄러워 여기고 탄복했다고 한다. 그는 나중에 추밀원부사樞密院副使까지 이르렀다가 고종 말년에 죽었다.

사랑은 지극히 어려운 가운데서 그 빛을 발하는 법이고, 이러한 이치는 어려울 적 나를 도운 사람에게 평생 그 은혜를 다한다는 우리의 자랑스러운 미풍양속과 맥락을 같이 한다. 자본주의 사회가 난숙해지고 신자유주의가 넘치면서 부부의 성스러운 인연마저도 계산된 이해관계를 통해 만들어지는 요즘 세대이다. 역사가는 관념적인 사랑 이야기류를 입에 담지 않지만, 가난한 이유가 남편의 무능 때문이라고 믿는 철없는 아내들, 또 아내의 재산이 없다는 이유와 처가에서 도우지 않는다는 이유로 조강지처를 구박하는 남편에게 고려의 명재상 권수평은 씁쓸한 허소를 역사에 남기고 있다.

충성과 혁명의 기로에서

조선왕조가 500년을 간 저력

태평양전쟁 때 일본 수상 도조 히데키는 2600년간 일본 역사상 외국에 패한 적이 없다고 하면서 자살 특공대인 가미가제를 출격시켰다. 우리 국민도 을지문덕 장군이 수나라 100만 대군을 살수에서 수장시켰다는 사실을 자랑하기도 한다. 또한 뉴라이트 역사학에서는 일본이 우리나라보다 이미 에도시대부터 생산력이 앞서 있었으며, 그 힘이 임진왜란에서 조명 연합군을 대적하는 동력이 되었다고 한다. 모든 역사의 자존심이 국가주의적 침략과 패권에 있는 듯한 언술이다. 과연 그런가.

사실 우리가 아는 부국강병 즉 국부와 군사력을 국가 간의 경쟁무기로 삼은 것은 근대 이후의 일이다. 우리 역사에서도 근대 이전에는 비록 생산력을 높이기 위한 노력이 없진 않았지만 중요한 과제는 이른바 부국강병이 아니라 이도편민以道便民(도로서 백성을 편하게 살게 하는 것)이었다. 백성들이 배불리 먹고 사는 것 바로 그것이 국가적 목표였던 조선 정부는 수탈의 최소화를 기하면서 최대한의 정치적 안정을 꾀하는 전략으로 임했다. 그냥 이러한 측면만 보면 조선왕조는 참으로 무력했던 것 같다. 하지만 세계사에 자랑할 만한 우리 역사의 자랑거리는 전혀 딴 곳에 있었다.

적어도 조선의 한성(도성)은 일본의 동경성이나 중국의 자금성과는 달리 해자(성 둘레의 물구덩이)가 없었다. 그래서 격쟁擊錚이라 하여 백성들 가운데 힘들고 억울한 사람은 궁궐 담벼락에 올라가서 꽹과리를 치면 승지들이 나와서 그들의 아픔을 기록하고 임금에게 고했다. 어느 나라에서 백성이 임금님 궁궐 담벽에 기어 올라가서 자기주장을 할 수 있었을까.

균역법 때 군포를 두필에서 한필로 감하면서 부족한 세원은 왕실이 소유한 소금, 고기, 선박이나 선무군관포로 대신하게 하였다. 어느 나라에서 자기 백성들의 부담을 줄이기 위해 왕실의 재산을 내놓는 나라가 있었을까. 그리고 글자를 만들면서 백성을 위하여 혹은 백성의 필요에 이롭다는 정치철학을 말한 사람이 누가 있었을까.

또한 조선 초기 과전법이 시행될 시기에 백성의 부담을 보면, 평균 토지 1결(300말 소출의 토지)로 잡아 1/10세인 30말을 거두고 공납인 별공과 진상, 그밖에 군역(수자리), 부역 등 모두 합쳐서 1결당 100말 정도는 세금으로 내어야 했다. 하지만 조선후기에 오면 전세는 1결당 4말, 공물은 대동법이 실시되어 16말, 군포는 1필이었다. 그나마 모든 세금도 통합되어 1결당 30말로 정해지고, 대동전이나 각종 화폐로 통일하였다.

이처럼 백성의 부담을 가능한 줄이는 데 치국의 이념이 있었고, 여러 가지 어려운 사정에도 불구하고 이러한 원칙은 가능한 지켜졌다. 그러니 아무리 관료 및 양반의 전횡이 있고, 지주의 수탈이 컸어도 조선왕조는 500년을 갔던 것이다.

혹자는 조선 사람들이 왜 5천년 동안 중국에 흡수되지 않고, 산이 많고 척박한 조선 땅에서 독립을 유지하면서 겨우 겨우 살아 왔을까 의문을 표하는 경우가 많다. 어떤 사람은 한술 더 떠서 조선이 중국이나 일본에서 쓸모가 없었기 때문이라는 해괴한 주장을 하기도 한다. 과연 그럴까.

먼저 중국은 무궁무진한 대평원이 있어 농업에 유리했고, 일본은 기온이 따뜻하여 농사에 좋은 지형이었지만, 정작 조선은 그다지 비옥한 땅이 없었다. 이것만 보면 조선이 동북아 삼국 중에서 가장 환경적인 요인에서 불리한 것처럼 보인다. 하지만 중국에서는 메뚜기 떼가 한번 기승을 부리면 사방 몇 천리에 풀 한포기 나무 한그루 살아남을 수없는 광활한 죽음의 평원으로 변한다. 그래서 사람 고기〔人肉〕를 먹는 일이 비일비

재했고, 양각육(다리 둘 달린 고기)이라고 하여 인육을 상품화하기도 했다.

일본의 경우는 비옥한 영토를 가졌지만 각 지역 다이묘들은 나와바리(영역) 다툼을 위해 백성에게 무차별적으로 생산물의 공납을 요구했다. 백성들은 살기 위해서라도 생산력을 높였고 바쳤다. 그 결과가 에도시대 전후하여 일본이 조선을 생산 측면에서 앞지른 것이다.

물론 일본의 강요된 농업생산은 백성이 아니라 다이묘나 사무라이 차지였고, 어떤 다이묘는 살인면허증을 교부하여 무사들의 칼이 녹슬지 않도록 마음대로 백성들을 죽일 수 있게 했다. 그래선지 오늘날에도 국가는 부자라도 백성은 가난한 것이 일본이다. 국회의원 낙선운동이 일본에서 실패하는 이유도 거기서 찾아진다.

조선에서도 가뭄이 들며 많은 참변이 있었고, 인육을 먹은 일이 없진 않았으나 중국과 일본과는 차원이 다른 고통을 겪었다. 조선 땅에서 적어도 평소에는 생산에 지장을 많이 주었던 산山이나 강江이 가뭄을 당해서는 그나마 풀뿌리 나무껍질로 백성들이 연명하게 하는 피난처가 되었다.

적어도 일본처럼 백성을 마음대로 죽이는 일이 없었다. 그래서 조선은 비록 정부의 재정이 열악하고 백성이 호의호식은 못했지만 크게 강요된 삶을 누리지 않았으며 궁궐 담벼락에 올라서 꽹과리를 두들기며 백성의 한恨을 풀 수 있는 그런 문화를 만들어왔다.

우리 역사에서도 어두운 면이 많지만 그럼에도 5천년을 이어온 저력에는 백성의 부담을 가능한 줄이려는 지배층의 노력과 백성의 아픔을 받아주려는 사회적 제도가 있었다. 그것이 상실되는 19세기에 조선왕조가 명운을 다한 것도 다 그 때문이다. 백성의 생존 원칙이 학문적 이상인 자유 평등의 원칙보다 우선된다는 생각에 젖으니 역사가 새삼 달라 보인다. 진실된 역사는 결코 통계만으로 알 수 없는 것이다.

세종대왕이 본 입시문제

요즘 서울의 모 대학에서 대학입시에 통합 논술을 실시하겠다고 하자 일각에서 이것은 또 다른 본고사 부활 음모라고 하고, 결국 엄청난 과외 열풍을 일으킬 것이고 교육의 평등성을 침해할 것이라는 우려를 표하였다. 하지만 일부에서는 21세기 국가경쟁력 강화를 위해 지금과 같은 평등주의 교육체계로는 국가적 요구나 시장의 요구에 적응할 수 없고 우수한 인재를 육성하기 어렵다고 하면서 무엇보다도 대학의 자율적인 학생 선발권을 요구하고 있다.

이 같은 대조적인 입시 논리 속에서 역사를 아끼는 우리 청년학도들은 어떤 생각을 해야 하는가. 대학의 자율성을 강화하자는 측은 21세기 대학이 살아남기 위해서는 실용주의적 경영마인드를 가진 사람이 대학 총장이 되어야 하고 학생선발권도 대학의 자율에 기초해야만 한다고 말한다. 그들은 또, 지금까지 본고사 금지, 기여 입학 금지, 고교 등급제 금지 등 이른바 3불 정책에 기초한 교육의 평등주의는 결국 대학이 우수한 인재를 효과적으로 수급할 수 없게 하고, 특히 '내신성적 부풀리기'가 일선 학교에서 엄연한 이상 우수한 학생을 제대로 변별하기 위해서는 통합형 논술을 반드시 실시해야 한다고 주장한다.

그런데 아이러니하게도 진정한 교육의 자율과 입시의 해방을 외치는 그들이 한편으로는 정부 보조금 한 푼이라도 더 얻어내기 위한 자신들의 어용화 노력을 거세게 펼치고 있다. 국가 돈으로 운영되는 특정 단체의 돈지갑에 현혹되어 모든 대학이 연지 찍고 곤지 찍는 모습을 보면서, 역사학자인 나는 나도 몰랐던 '우리 안의 파시즘'을 느낀다. 그나마 공신력 있고 권위 있는 등재 학술지에 1년 동안 논문 한 편 제대로 싣지 못하면서도 학생에게는 대가大家인 체하는 우리의 자화상을 보면서, '그래도 좋은 제자는 뽑고 싶은 모양이지'라는 항간의 조롱에서 뉘라서 쉽게 벗어나겠는가.

맹자삼락孟子三樂 중에도 천하의 영재를 얻어서 교육하는 것이 손꼽는 즐거움인 것은 인지상정이겠다. 하지만 자세히 살펴보면 우수한 제자는 우수한 스승 밑에서 나오는 법이다. 대학입학 성적이 모든 우수한 인재를 만드는 것이라면 그 똑똑하던 사람들은 다 어디에 있으며 한국의 모든 지도층이 한결 같이 어느 특정 대학 출신이어야 할텐데 그렇지 않은 이유는 무엇일까. 다시 말하지만, 진정한 인재양성은 본고사나 대입수능시험이나 내신에 있는 것이 아니다. 대학의 자유로운 학문의 공기를 쐬고서 감추었던 날개를 펴고 굳었던 머리가 트이는 청년학생이 얼마나 많이 나오는가에 달려있다.

역사학자이자 대학입학수능고사의 출제자로서 느끼는 감정은 '과연 논술시험만으로, 대학수학능력시험만으로, 내신만으로 21세기형 인재를 기를 수 있을까'하는 의구심이다. '훌륭한 교수 아래 매섭고 영롱한 제자가 양산되는 법'은 만고의 진리이다. 물론 지능과 관련이 없는 것은 아니지만 각 전문 분야에서는 영어·수학으로 평가할 수 없었던 나아가 교사의 눈에 보이지 않았던 귀한 인재들이 얼마나 많은지 모른다. 물론 앞으로 구상될 통합형 논술의 내용이 또 다른 본고사인지 특기적성을 따져서 적재적소에 학생을 선발할 수 있게 하는 도깨비 방망이인지 모르지만, 적어도 우리는 이 시점에서 그러한 발상들이 얼마나 반역사적反歷史的인가를 이해할 필요가 있다.

교육의 평등주의는 모든 국민이 우리나라에서 살면서 기본적으로 익혀야 할 국민의 기본적인 교양과 최소한의 직업 능력을 얻도록 하는 공교육의 기본정신이며, 그 이외 개별적으로 진행되는 사교육은 개인의 개성과 다양성을 높이거나 나름의 전문성이나 삶의 활력소를 위해 추가되는 영역으로 공교육의 틀 속에서 자율적으로 진행돼야 한다.

지금 대학교육은 1960~70년대와는 다르게 사실상 공교육화되고 있으며, 역사적인 요구는 그러한 공교육의 틀 속에서 다양한 사교육이 존재하길 바라고 있다. 특별한 것을 배우고 싶은 사람들에게 공교육이 그것을 하지마라고 강조할 수는 없다. 사교육은 전문화·고급화돼야 하고, 그것도 개인의 개성과 열정을 쏟을 수 있는 특별한 공간으로 발전해야 한다. 특별히 공교육 분야 이외에 배우고 싶은 분야가 있다면, 보다 심화학습을 하고 싶다면 자신의 모든 재정적 능력과 정열을 바쳐서 배울 필요가 있다. 그것은 호사가가 말하듯 단순한 시장논리에서 설명되는 것이 아니라 배우고자 하는 사람의 철학이며 열정이고 삶이기에 소중한 것이다. 그래서 사교육은 해악이 아니다.

그런데 문제는 전문화되고 특수화돼야 할 사교육이 보편적인 모습으로 공교육을 대체하고 있다는 점에 있다. 물론 공교육 분야와 사교육 분야의 구분은 어쩌면 우리 역사의 발전 수준에 따라 달라질 수 있다. 10년 전에는 사교육에 의존하던 것들이 지금은 실용주의나 대학현실론 앞에서 새로운 교과목으로 재편되고 있다. 물론 그것은 대학의 전문학교화를 가중시키고 있지만 달리 변통할 뾰족한 묘안이 없는 실정이다. 나아가 사회에서 구체적으로 요구하는 인재, 소위 맞춤형 인재를 보내달라는 논리에서 자유로운 대학이 없어진지 오래다.

그런데 '사회는 구체적인 것을 요구하는데 대학은 고리타분한 옛 것을 고수한다'는 비판 앞에서, 여지없이 무너지는 대학의 비인기학과를 본다. 그런데 이제는 몇몇 세계화의 돌격대를 만들기 위해 새로운 인재를 만든다는 명분 아래 일부 명문대 학생을 제외한 모든 이들을 사회적 소외인으로 내몰고 있다. 그런데 명문대 안에서도 또 90%는 소외된다.

혹자는 말한다. 우수한 학생이 모이는 일류 대학은 있는 것이 좋은 것이라고… 하지만 일류대학을 양산한 결과, 다시 명문대 내에서 90% 이상의 우수한 인재를 소외인으로 내몰고 그중 몇 집단만이 자신들의 기득권을 계승하는 집단으로 대물림하고 있다.

진정 우수한 인재는 우수하게 키워져야 한다고 말들 하지만, 그것은 그들을 한 곳에 몰아서 교육해야 된다는 논리와는 다르다. 그들 인재들 가운데는 그러한 인재들의 풀에 빠지지 않았더라면 오히려 더욱 빛나는 인재가 되었을 법한 이도 많았을 것이다.

우수한 인재는 좀 둔하지만 순수하거나 덜 떨어진 둔재와도 교감할 수 있을 때 진정 그 능력을 인정받게 될 것이다. 엘리트가 엘리트 속에서 엘리트로 다시 인정받는 것은 또 다른 소모이며, 그들만의 경쟁은 엘리트의 이기심을 더욱 조장하고 만다. 우리 사회에 퍼진 비관론의 핵심은 비능률적인 정치권력구조나 떨어지는 경제성장률에 있는 것이 아니라, 사회적으로 상승할 수 없는 그들만의 세상을 배타적으로 소유하는 기득권 계급이 더욱 사회적으로 치밀하게 자신의 철옹성을 쌓고 있는 현실에 있다.

강남과 일부 지역에 편중된 엄청난 학원들은 결국 그들의 부와 권세를 자식들에게 계승하고 싶은 간절한 부유층들의 소망이 모인 결과이고, 그들에게는 언제나 교육평등주의는 자신들의 욕망을 가로막는 공공의 적일뿐이다. 그들이 이 사회를 움직이는 한, 그들만의 철옹성을 지켜줄 새로운 인재들을 요구하는 것이 무리도 아니다.

서울대 폐지론은 단순히 비서울대 출신의 시기심으로 받아들이면 곤란하다. 권력은 한 곳에 집중하면 망하고 나눌 때 커지듯이 진정한 인재는 골고루 분산되어 각지에서 자신만의 빛으로 새로운 생존 양식을 개발하고 주위의 수많은 평범한 인생들에게 감동을 줄 때 의미가 있다. 보수적이고 고리타분한 스승들과 친일 인맥이 운집한 곳에 처음 어깨에 힘주고 들어가서 우수한 제자를 희망해 보지만 나올 때 그 모습은 참으로 허전한 경우를 자주 본다.

국제화 시대라고 해서 무조건 세계화 혹은 적자생존의 신자유주의에 놀아날 이유는 없다. 중요한 것은 스스로 무슨 색깔을 만드는 대학이며, 모든 것을 다 잘하는 백화점식 대학이 아니라 전문화되고 어떤 분야만큼은 최고라는 자부심으로 사는 대학이다.

하지만 정부의 조처에 대해서도 역사학자는 할 말이 있다. 이번 서울 모대학의 통합형 논술 시행방침에 대해 정부와 여당이 숨 돌릴 틈도 없이 반격하는 모습 또한 참으로 안타깝다. 늘 현 정부는 명분이 분명하고 역사의 길과 합치되는 정책을 자주 추진한다는 긍정적 측면에도 불구하고 공표되는 정부측 언술을 보면 국민의 마음을 감동시키는 데는 무척 인색하고 무능하다.

아무리 국민의 입장에서 용서할 수 없는 모대학 총장의 언사라고 할지라도 정부가 함부로 내뱉는 말들이 오히려 그들 수구 세력의 논리를 대중화하고 정당화되는 빌미가 된다는 역사적 교훈을 잊지 말아야 한다. 대통령은 링컨의 철학을 본받을 것이 아니라 오히려 세종대왕의 철학을 본받아야 한다. 현 정부가 새겨야할 고사가 있다. 다름 아닌 세종의 입시 고민이다.

당시 세종도 입시 문제에 무척 고민이 많았던 것 같다. 오죽했으면 당시 예조판서 김종서가 신하들이 나서서 하는 시험에 너무 부정이 많고 잘못이 많아 하급 신료들이 주관하는 진사시와 생원시를 없애고 다른 공공성 있는 국가고시로 대체하자는 진언을 올렸다.

그러자 세종은 이렇게 말한다. "과거科擧는 참으로 국가의 큰일이다. 내가 즉위한 뒤에 부정이 많다는 말이 자주 들리니, 경卿의 말이 옳다" 하지만…

"비록 옛말에 전시殿試(임금 앞에서 하는 최종 과거 시험)에도 임금이 친히 나가서 감독할 필요가 없다고 하였는데, 하물며 진사나 생원시에 어찌 신하들을 믿지 않고 친히 스스로 문제를 낼 수 있으며, 모든 일을 신하를 믿지 않고서 어떻게 일일이 친히 하겠는가"

이 말은 신하들을 믿고 그들이 충분한 논의를 하도록 촉구한 것이다. 아무리 과거라는 국가행사에 큰 문제가 있어도 차근차근 신하들을 믿고 그들이 충분히 논의할 때까지 기다려주라는 세종의 현명한 철학을, 오늘날 정부는 명심해야 할 것이다.

세종이 한글을 창제하고도 3년을 묵혀서 반포한 이유를 안다면, 수구세력을 이롭게 하는 어설픈 언사는 조심할 필요가 있다. 그것은 대통령이 바라는 그 역사적 진실이 뜻하지 않게 왜곡되는 이유이기 때문이다. 아무쪼록 21세기 최초의 정권다운 세련미를 보여주길 바랄 뿐이다.

성삼문과 신숙주 누가 충신인가

요즘 우리 한국적 가치, 아시아적 가치에 대한 국민들의 관심이 남다른 것을 느낀다. 그리고 그러한 한국적 가치의 표본을 들라고 한다면 단연 선비와 그 정신을 드는 경우가 많을 것이다. 선비정신을 한마디로 규정할 수 없지만 근대주의적 인상에서 평가한다면 '보수적이고 봉건적인 소양을 철저히 견지한 지배계급 생산의 저수지' 정도로 생각할 수 있다. 하지만 좀더 한국적 가치를 생각하는 사람에게 선비정신은 부정과 불의에 대해서 자신의 목숨도 아까워하지 않고 살신성인, 멸사봉공한다는 의미로 받아들여진다.

무엇이 진정한 충성이고, 무엇이 진정한 선비정신일까. 선비정신하면 역시 세조 때 죽임을 당한 사육신을 떠올리는 경우가 많다. 사실 그들의 죽음을 살펴보면, 유학자라서 저절로 체득한 절개보다는 정의와 명분을 소중하게 생각하는 우리 민족의 전통 속에서 바라볼 필요를 느낀다. 역사 속에서 유학자만이 절의와 명분을 소중하게 본 것은 아니었다. 백제의 계백 장군이 그랬고, 화랑 관창이 그랬으며 도이장가의 주인공 신숭겸 장군도 그랬다. 바꿔 말해 민족의 정서와 절의가 연결되지 못하고 그저 '성리학자 = 선비'라는 등식으로 그 뜻을 논하는 것은 옳지 않다.

역사의 충신으로서 사육신을 대표하는 성삼문과 변절자로 낙인찍힌 신숙주 중에서 누가 더 충신일까? 많은 사람들은 '충신忠臣은 불사이군不事二君'이기에 성삼문을 더 충신이라고 한다. 또 한편으로 죽음으로 나라의 발전이 보장되는 것이 아니고, 정의가 바로서지 않는다면 살아서 정의를 세우고, 국가발전을 도모하는 일이 바로 충忠일 수 있다는 해석도 있다. 누가 더 충신인가?

성삼문과 신숙주는 한때 친한 동무였고 둘 다 세종시절 집현전 학사를 시작으로 벼슬길에 나갔으며 세종의 총애를 함께 받았으며, 한글 창제에도 크게 기여했다. 두 사람은 1442년 요동에 유배되어 있던 명나라 한림학사 황찬을 열세번이나 찾아가서 직접 우리나라 말의 음가를 교정받고 돌아오는 등 매사에 협력했다. 두 사람은 세종 말년에 명나라 사신을 접대했는데 신숙주는 통역을 하고 성삼문은 시를 지어 상대했다. 이때 사신이 두 사람에게 감동하여 서로 의형제를 맺었다고 한다.

하지만 두 사람의 관계는 세조의 왕위 찬탈로 인해 금이 갔다. 1453년 수양대군(세조)은 한명회와 권람의 도움을 받아 쿠데타(계유정란)를 일으키고 김종서, 황보인 등 권신들을 제거한 다음 단종을 협박하여 마침내 1455년 왕위를 빼앗았다. 당시 성삼문은 아이러니하게도 세조가 등극하는 날 예방승지로서 옥쇄를 수양에게 전달해야만 했다. 이에 격분한 친구 박팽년이 경회루에 몸을 던지려하자 애써 만류한 다음 차근차근 단종복위운동을 벌여나갔다.

1456년 성삼문은 거사 일을 명나라 사신 환영잔치 날로 정했다. 다행히 성삼문의 아버지 성승이 유응부와 함께 당시 무장호위(별운검)를 맡게 되면서 거사는 무르익었지만 이들 별운검이 환영식장에 들어오지 못하고 결국 거사는 실패했다. 모진 고문 속에서도 성삼문은 지조를 지키며 끝내 세조를 전하라고 부르지 않았다. 능지처참을 당해 찢기고 잘린 그의 시체가 저잣거리에 전시된 것은 또 다른 역쿠데타를 막겠다는 세조의 의지였지만 결과적으로 세조의 정치력에 대한 커다란 국민적 실망을 가져왔다. 오죽했으면 속리산 소나무를 정이품까지 하사하면서 자신의 왕권이 하늘로부터 주어진 것이라는 상징조작을 하려고 했을까. 당시 소나무는 왕권의 상징이었다.

반대로 신숙주는 세조가 "당 태종에게는 위징이 있고, 나에게는 숙주가 있다"고 할 정도로 총애를 받았다. 신숙주와 수양대군의 인연은 수양이 명나라에 사신으로 갈 때 서장관으로 동행한 것이 기화였으며, 이미 집현전 시절 그의 유창한 중국어 실력 때문에 수양이 쿠데타를 위해 중국을 입막음할 때도 큰 힘을 발휘했다. 사실 계유정란의 역사적 의미는 세종에게 사대외교를 견제하고 자주적 외교를 간언한 김종서 등 자주파에 대한 친명 집단의 반역이고 쿠데타였다는 점이다. 명나라와 긴밀한 관계를 통하여 권력 찬탈을 용의주도하게 준비한 일등공신이 바로 신숙주였다.

노련한 외교가 신숙주가 왜 그러한 반민족적 거사의 주역인 세조를 도왔을까? 그것은 바로 수양대군이 대세를 읽는 현실주의자이자 냉철한 현실 분석력을 소유한 사람으로 믿었기 때문이었다. 즉, 수양이 그를 선택한 것이 아니라 신숙주가 수양을 선택한 것이다.

그리고 성삼문이 불사이군을 말할 때 신숙주는 명나라와 소원해지는 현실에서 조선을 구제하는 것이 진정한 충성이라고 생각한 듯하다. '절대왕권의 안정 = 국민 생활의 안정'이라는 의식으로 무장함으로써 충신은 불사이군이라는 단 하나의 자기 최면만으로 죽음을 쉽게 여기는 그런 절의나 충성과는 분명한 선을 그은 것이다.

나중에 성종이 즉위한 뒤 세조의 조카 구성군이 왕위 찬탈 기도를 하였을 때는 오히려 그를 제거함으로써 왕권의 안정을 도모했다. 결국 세조의 왕위찬탈을 지원한 것은 나쁘게 보면 자신의 영달을 위해 간에 붙고 쓸개에 붙고 한 것이지만, 크게 보면 양반 귀족이 자신의 독점적 권력을 이용하여 무차별적으로 백성을 수탈하는 것보다는 한사람에 의한 만인 수탈이 보다 기동력 있는 역사를 만들어 낼 수 있다고 판단한 결과였다.

우리는 과연 무엇이 진정한 충성인지 고민해 본다. 신숙주처럼 강인하게 살아남아 조선의 발전을 도모한 신하도 또 다른 충신일 수 있다. 그것은 나라의 주인이 비록 임금이지만 백성의 삶도 중요했고, 국가의 운명도 중요하기 때문이다. 모든 사람에게 존재하지 않는 오직 하나의 명분만으로 선비정신이라 치켜세우거나 하나의 이론만을 정의의 잣대라고 보는 태도는 어쩌면 외고집을 절의라고 오해하는 결과를 가져온다. 뜨거운 열정만큼이나 냉철한 것도 절의이며 충성인 것이다.

어쩌면 오늘날 학원 민주화라는 거대한 담론에 경도된 채 그 하나의 명분을 위하여 수많은 날밤을 소모하는 것을 보는데 이것은 진정한 민주화 노력이라고 보기 어렵다. 그것은 오히려 구석구석 학교 구성원의 삶의 황폐함을 망각하는 것이다. 재주가 있는 사람이 효율적으로 그 뜻을 펼치고 재주가 없는 사람도 함께 배려되는 학교 그리고 나만의 세상을 독점하지 않고 함께 세상의 어려움을 헤쳐가려는 길을 고민하는 학교, 그것이 21세기적인 학원 민주화인 것이다.

우리는 참으로 복잡한 현대 사회에 산다. 하나의 명분에 모든 것을 투입하는 그런 열정보다는 현실을 하나하나 짚으면서 최선을 찾지 못하더라도 차선을 찾고 고민하는 것, 그런 모습도 또 다른 충성일 수 있다. 그것을 아는 것이 바로 청년학생들의 절의 정신일 것이다. 무릇 역사란 큰 강에 물 한방울 떨어뜨리는 것이 아니라 작은 방울이 모여 큰 강을 만들어낸다는 믿음의 학문이다.

단종을 지킨 사람들, 지방을 지킨 사람들

세종은 물론 그 아들 문종도 자신의 사후 단종이 즉위한다면 인척 및 귀족 세력이 발호할 것을 우려하였다. 그래서 당대 김종서와 황보인에게 어린 단종을 보호하도록 고명을 했고, 이를 위하여 의정부서사제를 실시했다. 이 제도는 국무를 의정부에서 결정할 권한을 부여함으로써 왕이 독주할 때 나타나는 주변 정적들에 대한 견제나 민심이반을 막기 위한 수단이었다. 그런데 의정부서사제가 점차 의정부 대신의 권한을 키웠고, 왕실과 신권간의 경쟁을 격화시키면서 마침내 1453년 양녕대군과 손잡은 수양대군(세조)이 한명회, 신숙주, 권람 등과 쿠데타를 일으켜 정권을 잡게 했다(계유정란).

이후 수양대군은 영의정부사가 되어 집현전을 혁파하고, 의정부서사제를 육조직계제로 전환하는 한편, 과전을 폐지하고 현직 관료에게만 지급하는 직전법을 실시하였다. 또한 진관체제를 구축하여 군정수를 백만으로 늘렸다. 정란으로 상왕이 된 단종은 숙부인 금성대군의 복위사건에 연루되어 노산군으로 격하되어 강원도 영월의 청령포에 위리안치되었다. 그때 단종이 매죽루梅竹樓라는 곳에 올라 시 한수를 읊었다고 하는데,

一自怨禽出帝宮 일 자 원 금 출 제 궁	원통한 새가 되어 궁궐에서 나오니
孤身雙影碧山中 고 신 쌍 영 벽 산 중	짝 잃은 외로운 몸 깊은 산중에 있구나.
暇眠夜夜眠無假 가 면 야 야 면 무 가	밤마다 잠들려 해도 그럴 겨를이 없으니
窮限年年恨不窮 궁 한 년 년 한 불 궁	수없이 해가 가도 끝없을 이 한恨이여.
聲斷曉岑殘月白 성 단 효 잠 잔 월 백	두견새 소리 멎은 새벽 뫼엔 조각달만 밝은데

血淚春谷落花紅
혈 루 춘 곡 락 화 홍
天聾尙未聞哀訴
천 롱 상 미 문 애 소
何奈愁人耳獨聰
하 내 수 인 이 독 총

피눈물 나는 봄, 골짜기엔 낙화만 붉었구나.
하늘도 귀가 먹어 슬픈 사연 못 듣는데
어찌하여 수심 많은 사람의 귀에만 홀로 밝게 들리는가.

여기서 '두견새'나 '목에 피가 나도록 울어' 혹은 '피눈물 나는 봄' 등의 표현은 그의 애절한 심정을 대변하고 있으며, '억지로 잠들지 못한'에서 세조 찬탈에 대한 분노를, 그리고 '귀만 밝게 하는가'라는 대목에서 당시 단종추종 세력의 활발한 복위 움직임을 읽을 수 있다. 여기서 귀만 밝게 한 사람들, 즉 단종추종 세력이라고 하는 사람들은 누구였을까? 물론 사육신은 이미 세조에게 탄압을 받은 후였기에 그들의 측근을 생각할 수도 있지만 정작 그 세력은 다른 쪽에 있었다.

사육신死六臣 사건으로 세조는 단종을 사사하고 시신을 동강에 던졌다. 그러면서 단종을 보호하면 삼족을 멸한다는 엄명을 내렸다. 그런 엄명에도 불구하고 당시 영월 지역의 호장이었던 엄흥도는 자신의 선산에 암장을 하였다. 왜 그는 삼족이 멸망당할 위험을 안고도 단종의 시신을 수습했을까? 충군애국정신일까, 인간적 의리일까?

당시 영월 제천 지역은 후대 사족들의 세력이 강했던 곳이었다. 이웃 단양 지역에는 역동易東선생 우탁을 비롯하여 제천에서는 구한말에도 유인석과 같은 의병이 활동하였다. 제천의 의림지義林池라는 연못은 지주양반의 근거지를 특징짓는 물줄기가 있다는 사실을 말하며, 그래서 6·25 시기 이 지역의 농산자원이 안동의 전투지역으로 호송되는 등 많은 일화가 있다.

단종을 위리안치했던 세조정권은 당시로서는 아직 이 지역에 대한 완전한 지배권을 획득하지 못했다. 그래서 세조는 이 지역 사족(신흥사대부)과 연계하여 집권체제를 강화하기 위한 다방면의 노력을 기울이며 단종의 유폐를 시도한 것으로 보인다. 이에 법주사 앞의 정이품송 이야기를 비롯하여 법주사 및 충북 일원의 잦은 세조의 순행은 세조의 그러한 정치적 '의도'와 '기대'를 대변하고 있다.

이러한 '집권화' 기도에 맞서서 호장으로 대변되는 당시 충북의 재지 향촌세력(지방세력)은 위협을 느꼈을 것이다. 중앙권력이 시시각각 지방권력을 제압하는 과정에서 자신의 기득권이 박탈당할 상황에 처한 지방세력들의 고민이 바로 단종에 대한 애도나 관심으로 드러난 것이다. 그럼에도 이후 역사는 재지세력을 염원을 넘어 조선을 하나로 통합했고, 중앙의 권력을 지방곳곳에 심었다. 이후 사림정권이 들어서면서 다시 집권화된 국가체계는 지방분권화 경향을 보였다. 특히 인조반정(1623)이 일어나자 경상도 지역의 북인이나 남인 계열은 크게 위축되었고, 정권에서 탈락한 이들은 자기 출신지로 낙향하여 그곳에서 잃은 권력욕을 만회하고자 가족과 노비에게 극히 엄격한 태도를 취하였다. 집집마다 예절이 달라지고 가부장의 문화가 커졌다.

오늘날에도 경상도만큼 가장권을 내세우고 집안마다 자신의 법도를 강조하는 경우도 없을 것이다. 그래서인지 정도전이 평가한 '경상도는 태산준령泰山峻嶺'이라는 이름값을 톡톡히 했다. 중앙에서 나라의 모든 것을 해먹는다는 울분은 서원書院에서 재지사림을 모아 정부를 비판하거나 각종 이권에 손대면서 백성을 고단하게 했다.

중앙에 대한 맹목적인 반대는 결국 중앙과의 유기적 연관을 어렵게 했고, 국제정세의 노련한 파악을 어렵게 했으며, 중앙에 반대하는 또다른 적을 부르는데 기여했다. 모든 부가 모이고 권력을 향한 치열한 경쟁이 있는 중앙 그 반면 중앙에서 소외된 지방의 역사가 서로 얽히면서 오랜 세월 지방행정제도가 곧 신분제도로 기능했다. 어느 지역에 산다는 이유로 결혼도 외면당하고 어떤 지역에 산다는 이유로 능력과 실력 이면의 지방색이나 여러 가지 차별을 감당해야 하는 경우가 많았다.

오늘날 ○○소, ○○부곡 하는 지명은 대개 신분제적인 지방제도의 흔적을 보여주는 것이다. 그때 중앙은 지방을 휘하의 계서조직에 질서정연하게 편제시켜서 신분적 질서를 강요하면서 그 모든 권력을 누려왔다. 오늘날에도 경부선을 타고 내려갈수록 집값의 서열화가 강해지는 모습을 보면서 전근대사회의 모순이 여전히 죽지 않고 살아있음을 확인하게 된다.

중앙과 지방 그 애욕의 역사를 벗어던지려면 '지방의 중앙화'와 '중앙의 지방화'를 가속화해야 한다. 부와 권력을 지방에 분산하는 것이야말로 그런 차별의 역사를 그치게 하는 것이다. 출신지역과 혈연 그리고 계급이 출세에 영향을 주고, 인간 차별이 시정되지 않는 곳에서 자유와 평등 그리고 박애의 구호는 한낱 공염불일 뿐이다.

연산군이 장녹수를 사랑한 이유?

『열국지』, 『삼국지』 등 중국사서를 열독하다보면 나라를 망친 남자의 뒤에는 반드시 요부나 정신나간 여성이 있는 것으로 묘사된다. 모든 망국의 원인을 여성에게 돌리는 것은 한말 명성황후에게서 망국의 원인을 찾는 것과 비슷한데, 오늘날에도 여성은 안 된다는 그런 오랜 세월의 망령은 좀처럼 사라지지 않고 있다.

장녹수 하면 대개 조선조 연산군의 애첩이자 미모 하나로 재물을 쓸어 모으고 권력을 농단하며 온갖 악행을 일삼던 파렴치한 요녀로 기억하는 사람이 많다. 물론 오늘 같은 자본주의 사회에서 여성의 미모가 어느 정도 입신출세에 영향을 주는 현실을 인정하다보면, 돈들이지 않고 부모로부터 물려받은 소수의 미모 여성은 복을 타고난 셈이다.

원래 장녹수는 조선 예종의 아들인 제안대군의 노비였다. 그녀는 어려서부터 영리하고 사람들의 비위를 잘 맞추었으며, 노래와 춤을 잘 하였는데, 입술을 움직이지 않고 부르는 소리가 맑아 들을만했고, 당시의 여자 나이로는 한창 때를 넘긴 서른 살이 되었으나 얼굴이 열여섯 아이 같았다고 한다. 이러한 장녹수에 대한 소문을 듣고 연산군은 그녀를 궁에 불러들이고 급기야 내명부 종3품 숙용의 직첩을 내리는 등 무척 총애했다고 한다.

하지만 장녹수가 미모 하나로 권력을 잡았거니 연산군을 패륜아로 만들었거니 생각하는 것은 역사적 사실과는 거리가 먼 생각이다. 실제로 연산군의 애첩이었던 전향과 수근비 등은 장녹수보다 훨씬 미인이었다.

그런데 『실록』에 따르면 연산군의 악행 뒤에는 늘 장녹수라는 여인이 있었다. 즉, 연산군은 호색하여 채청사, 채홍사 따위를 채용하여 흥청과 운평, 계평 등의 미희를 모아 유희를 일삼고, 경복궁 경회루에 천태만상의 만세산을 조성해놓고 혼자 황룡주를 타고 흥청들에게 처용무를 추게 하는가 하면, 사대부나 고관대작의 부인을 연산군이 능욕했다고 하는데, 이런 모든 일을 꾸민 사람이 장녹수라는 것이다. 이것이 사실이라면 장녹수의 악행은 도덕적으로 용서받기 힘들다. 과연 그런 것일까?

결론적으로 말해 장녹수의 악행 관련 기록은 조선 사회의 경직성과 보수 지배계급의 횡포에 대한 당시 민중의 분노와 밀접한 연관이 있으며, 중종반정을 성공한 보수 귀족들이 연산군의 폐위를 정당화하기 위한 사실 조작 가능성도 크다. 연산군의 폐위는 항간에서 오해하듯이 온갖 음행이나 패륜 그리고 폭력과 같은 개인적인 광기에서만 비롯된 것이 아니었다.

실질적인 이유는 조선조 초기 왕자의 난, 계유정난 등 잦은 난리로 공신이 많이 배출되면서 이들이 권력을 빙자해서 갖은 불법으로 대토지를 소유하는 한편, 느슨한 양천제적 신분제가 경직된 반상제적 신분제로 전환하는 등 일반농민들의 사회적 지위와 삶의 질이 크게 추락한 상황에서 비롯되었다. 이에 그동안 왕권의 신장을 꾀했던 연산군이 불법으로 점유한 훈구 귀족들의 토지를 압수하고 과전법체제를 회복하려는 조치를 취하자 위기의식을 느낀 귀족세력이 사적인 원한을 가진 박원종 일파를 앞세워 연산군을 제거한 것이다.

연산군이 장녹수를 사랑한 것은 어쩌면 개인적으로는 폐비로 사약을 받은 어머니에 대한 향수일 수 있고, 그녀의 아름다움에 취한 덕도 있겠다. 하지만 보다 근본적인 원인은 장녹수의 모습에서 고달픈 민중사회의 현실을 발견했다는 점이다.

세종 시절만 해도 장영실 같은 천민이 양반이 되고 경자유전(농사짓는 사람만이 농토를 소유할 수 있다는 지배원리)의 원칙이 지켜지면서 자영농이

증가하고, 계급질서의 안정도 이룩되고 있었다. 당시 백성들은 양반이든 평민이든 다 같이 양인으로 취급되었고, 세금은 국법에 기초하여 1/10세가 지켜지고 있었다. 하지만 15세기 말부터 권문귀족이 배타적으로 관직과 부를 독점하는 한편, 반상제라는 신분제의 경직성을 더해가면서 민중사회는 요동쳤으며, 그 가운데서 여성 노비 장녹수가 겪었던 온갖 삶의 모멸은 지배계급에 대한 분노를 일으키기에 충분했다.

그래서 장녹수는 실력보다는 가문이 우선되고 양심보다는 편법이 우선되는 세상 그리고 민중의 아픔이 외면되고 모든 사회적 이권이 소수의 기득권계급에 독점되는 현실에 대한 분노를 풀기 위해 왜곡되고 탈선적인 복수의 칼을 지배계급에게 들이대었다.

당시 최고의 엘리트로 자부되던 양반 귀족들은 매년 전염병과 가뭄으로 가여운 수만 수십만의 백성이 죽어가는데 그들은 여전히 우주에 기氣가 있느니 리理가 있느니 하는(이른바 주리설 주기설) 관념의 세계에 젖어 있었다. 이에 민중의 불만이 더이상 조선왕조 차원에서 수렴할 수 없게 되자 그 아우성은 임꺽정의 반란으로 나타났고, 정여립의 '신사회 건설론'으로 확대되었다.

장녹수의 악행은 역사적으로 합리화될 수 없겠으나 오늘날 우리 사회에서 일어나는 각종 탈사회적 아노미 현상들의 이면에는 반드시 그런 일탈을 초래할만한 사회적 경직성이 존재하고 있다는 점, 그리고 그 해결책도 일부 계층에 독점되어 있다는 사실을 청년학생들은 알아 둘 필요가 있다. 여성이라고 안될 것은 없음에도 우리 속에 우리를 옭아매는 그 많은 편견에 대해서 진정 자유로울 때, 남성도 진정 현실의 비정非情에서 해방될 것이다.

이황 선생은 '애처가'였다

늘 퇴계 이황 선생이라 하면 엄격하게 사대부 법도를 따지고 권위와 위엄으로 가족과 제자에 군림하며, 귀신 씨나락 까먹는 소리로 군자의 도와 성인의 도를 따지며, 우주의 원리가 마치 리理이자 기氣라는 고담준론高談峻論의 유학자라고 생각한다. 과연 그럴까?

정작 퇴계가 위대한 이유는 무엇일까? 어려운 한문책 혹은 심오한 우주에 관한 인생철학을 담은 저서 때문인가? 아니면 천 원짜리 지폐에 도안되어 너무 잘 알려져서일까? 게다가 이황 선생을 학자라고 부르지 않고 '애처가'라고 부른다면 많은 사람들은 무척 낯설게 느낄 것이다. 이황 선생에게 전혀 어울리지 않을 것 같은 애처가라는 말이 진정 사실이라면 대단한 이야깃거리이다.

실제로 이황은 자신의 신념에는 완고하고 원칙적이었지만 아내에게는 인간미 넘치는 남편이었고, 겉으로 무뚝뚝하지만 속은 연약한 사람이었다. 어쩌면 퇴계의 주리설은 인간의 본성을 중시하는 논리로서 교언영색巧言令色을 싫어하는 경상도 사람들의 인간관과 밀접한 관련이 있다. 바꿔 말해, 이 지역 사람의 기질이 퇴계 이황의 위대한 우주관인 주리설을 만든 일등공신이라는 것이다. 말보다 본심을 사랑하고, 처세보다 원칙을 중시하며, 겉은 무뚝뚝하지만 속은 여린 경상도 지역의 미풍양속이 인간 본성의 소중함을 일깨우려한 퇴계의 주리설을 만들었다.

어쩌면 퇴계의 주리설은 하늘에 도가 있는지 없는지의 의문에서 고담준론하는 것이 아니라 불의에 항거하고 혹은 인간의 본성에 맞게 살아가는 것이 진정한 유교적 도의라고 생각한데서 나온 것이다. 그래서 우리는 퇴계를 인간의 얼굴로 다시 보게 된다.

인간의 얼굴을 한 퇴계의 모습은 바로 부인과의 도타운 사랑이야기에서 엿볼 수 있다. 퇴계는 원래 스물한 살의 나이에 허찬許瓚이라는 부자집 양반 가문의 딸인 허씨 부인과 결혼했고, 결혼 생활도 알콩달콩 즐거웠다. 그러다 허씨 부인이 둘째 아이를 낳고 산후조리를 잘못해서 그만 세상을 뜨고 말았고, 나중에 동네 사람의 중매로 퇴계는 최씨 집안의 규수와 재혼하게 됐다.

재혼한 최씨 부인은 대단히 활달한 사람이었다. 최씨 부인은 좌중을 의식하지 않으면서 때와 장소를 가리지 않고 자기가 원하는 것을 하려고 했다. 대단히 눈치가 없는 사람이었다. 평소 퇴계 집안은 유명한 유학자 가문이었기에 제삿날에는 내로라하는 벼슬아치들이 객으로 모이기 일쑤였다. 그런데 어느 날 제사를 지내려는 차에 최씨 부인이 제상祭床 머리에 나타났다. "제상에 괴어 놓은 저 밤 좀 주시오"

이 어이없는 최씨 부인의 요구에 그날 참석한 손님들은 아연실색啞然失色했다. 법도와 체통을 목숨처럼 여겨야하는 명문가의 안주인이 제상 앞에서 밤을 먹겠다고 졸라대니 참으로 어이없는 형국이었다.

그렇지만 퇴계는 서슴지 않고 생밤 한 움큼을 쥐어 부인에게 주었다. 이를 본 많은 손님들이 말하기를 "아니 조상님이 잡수시기도 전에 어찌 제사 물건에 손을 댈 수가 있단 말이오?" 그러자 퇴계는 "자손이 맛있게 먹는 모습을 보면 조상님도 기뻐하실게요"라고 응수하면서 어려움을 넘겼다.

푼수 부인의 실수는 이것만이 아니었다. 어느 날 다림질하다가 퇴계의 관복을 그만 태워버렸다. 이에 최씨는 이왕 태운 것 곱게 깁자는 생각에 흰 도포에 빨간 헝겊을 대고 기웠다. 별 생각 없이 부인이 준 도포를 입고 조정에 나간 퇴계는 주위에서 큰 망신을 당했다.

그러자 퇴계는 "고전 비결에 의하면 불에 태운 옷은 붉은 헝겊으로 기워야 액운을 막는다 하오"라고 하면서 부인의 잘못을 해학으로 넘겼다. 퇴계가 부인을 아끼는 마음은 늘 그랬다. 이 정도 부인이라면 남편이 충분히 철학자가 되고도 남음이 있으리란 생각이다. 소크라테스처럼…

한편, 퇴계와 율곡은 나이가 많이 차이가 나지만, 둘 다 뭇 선비들의 추앙을 받는 학자였다. 그런데 하루는 퇴계의 제자와 율곡의 제자가 한자리에 모여서 두 스승의 부부생활 이야기를 나눴다. 대학자들은 어떻게 부부생활을 할까? 제자들은 평소 언행을 올바르게 하는 것을 중요시하는 두 스승은 다른 사람과 다른 특별한 비법이 있을 것이라고 여겼다.

제자들은 두 패로 나뉘어 율곡과 퇴계 집에서 몰래 밤 생활을 감시했다. 율곡 집으로 답사한 제자들은 창 밖에서 창호지를 뚫고 부부생활을 엿보았는데 참으로 예의 바르고 절도가 있었다. 그런데 퇴계 집으로 답사한 제자들은 부부간의 금슬이 지나쳐 제자들이 보기에 난잡할 지경이었다. 엿보기를 마친 제자들은 어느 쪽이 옳은지 난상토론을 펼친 결과, 부부생활에 대한 퇴계 선생의 이야기를 청취하자고 결정했다. 이 이야기를 들은 퇴계는 "허허, 숙헌(율곡의 자)은 그 뒤가 적막할거야"라고 말했다.

제자가 "적막하다는 말씀이 무엇입니까?"라고 되묻자, 퇴계는 "남녀간에 서로 화합하는 것은 음양이 서로 통하는 것이다. 너희들은 구름도 없고 바람도 없는 별이 뜨는 날에 비가 오는 것을 보았느냐. 비가 내리려면 번개가 치고 검은 구름이 모여들고 바람도 불어야 한다"고 답했다.

그는 덧붙여 "우리 부부가 너무 난잡하지 않느냐고 묻겠지만 모두 비를 내리기 위해 필요한 것이 아니겠는가? 그런데 율곡이 그렇게 담담하고 점잖게 일을 치룬다면 음양 상생의 이치에 어긋나므로 그 사람은 후손이 없지 않을까 염려되네…"라고 도리어 율곡을 걱정했다. 이 이야기가 야담이라 사실인지 아닌지 확인하기 어렵지만, 정작 중요한 교훈을 우리에게 남긴다.

퇴계의 말에는 세상을 살아가는데 주위를 의식하고 눈치를 살피고 격식만 따져서는 제대로 살 수 없다는 뜻이 담겨 있다. 즉, 세상을 뜨겁게 그리고 자연스럽게 사는 것이 진정한 하늘의 이치라는 말이다. 사람이 사는 법을 아무리 어려운 한문을 섞어 규율을 정하고 법도를 정해 만든다고 해도 결국 인간의 상식에 맞춰 사는 것이 순리다.

퇴계의 주리설은 참으로 어렵고 심오한 사상이다. 하지만 그것을 가장 인간적으로 풀어내면 바로 자신의 옆에 있는 사람에게 뜨거운 가슴으로 사랑을 베푸는 것 그래서 자신의 열정을 마음으로 상대방에게 전달하는 것이다.

하늘 아래 새로운 것은 없다. 애써 삶을 윤색潤色하기보단 현재 주어진 내 삶의 목표를 위해 열심히 최선을 다하는 것, 그것이야말로 퇴계 이황이 우리에게 던져주는 소중한 메시지이다. 요컨대 퇴계의 주리설은 사는데 지나치게 잔머리를 굴리지 말고 세상을 있는 그대로 느끼고 진솔한 마음으로 살아가라는 인생철학이다.

작지만 큰 전투 벽파진碧波津 해전

한산대첩, 명량대첩 등 이순신장군이 쟁취한 승리는 임진왜란의 명운을 좌우하는 큰 해전이었다. 그런데 이순신의 수많은 해전 중에서도 벽파진 해전은 당시 수군의 재건은 물론이고 어려운 시절을 사는 우리에게 큰 위안과 희망을 주는 중요한 교훈의 일전이었다.

벽파진 해전은 1597년 음력 8월 30일 어란포於蘭浦에서 있었던 소규모 해전에 뒤이어 왜군의 소규모 함대를 진도 벽파진 근처에서 격퇴한 해전이다. 이 해전은 칠천량漆川梁 패전(7월 7일~17일) 이후 극도로 무기력해진 조선 수군의 전력을 회복시키는 중요한 계기가 되었고, 명량대첩의 전초전前哨戰적 의미를 가지게 되었다.

사실 조선수군을 궤멸 사태로 몰고 간 칠천량 해전은 당시 통제사 원균의 지휘 아래 268척 조선함대가 모두 동원된 대규모 부산포 진공작전

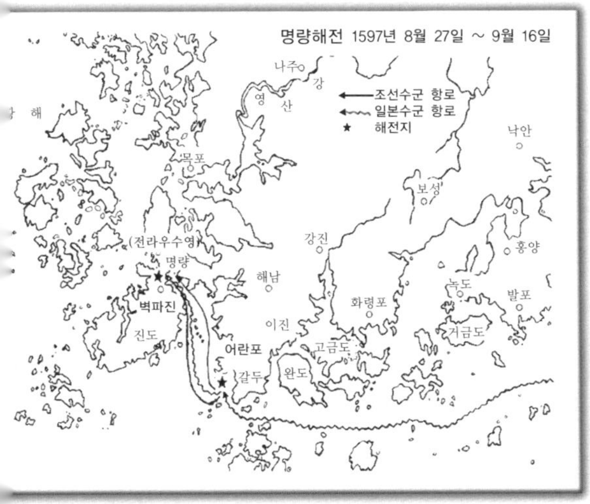

의 결과였다. 같은 수군제독으로 원균은 이순신의 현실론에 대해 이해하고 있었지만, 도원수 권율의 문책을 받아 곤장을 당하는 등 떠밀리다시피 부산포 진공작전을 수행할 수밖에 없었다.

풍랑과 부산에 이르는 각지 요새에 든든한 방비

를 꾸리고 있던 왜군은 대규모 조선수군 함대에 치고빠지는 타격을 가해서 전열을 흩트리고 마침내 다대포와 거제도 북방의 칠천량에서 풍랑을 피해 정박해 있던 수군함대를 고립시켜 전멸시켰다. 전라우수사 이억기를 비롯해서 1만 여명의 수군이 몰살했지만 미리 겁을 먹은 경상우수사 배설의 12척만 전라도 화령포쪽으로 줄행랑을 놓고 말았다. 이순신이 적선 수천 척의 발을 묶기 위해 겨우겨우 유지한 전함대가 파괴당한 뼈아픈 패전이었다.

백의종군 이후 이순신은 초계에서 다시 삼도수군통제사를 제수 받고 천리장정을 다한 끝에 만난 조선수군은 만신창이였다. 구구히 그 내용을 말하지 않더라도 종전의 1/10도 채 되지 않는 수군의 전력으로 파죽지세로 밀고 오는 300여 척의 적선을 향해 필승의 대책을 마련하는 것은 일단 기술적으로나 전력면에서 볼 때 무리였다.

『난중일기』를 보면 이때 이순신은 심한 병을 앓았다고 하는데 어쩌면 이 험난한 상황을 어떻게 이겨낼 것인지 아득한 마음이 병을 불렀을 것이다. 하지만 그 신병은 어쩌면 인간적인 감정의 소모와 허탈감의 결과가 아니라 수군 재건과 일본군 서진을 막기 위한 비책을 만들기 위한 고통의 축적에 의한 것으로 보인다.

배설이 빼돌린 12척의 조선함대를 화령포에서 인수하는 과정에서 느꼈던 추락한 조선수군의 실상은 무엇이며, 어떻게 재건하고 그것을 위해 무엇을 준비하고, 우리가 선택할 길이 무엇인가 등등 인간이 할 수 있는 영역과 신이 할 수 있는 영역의 한 가운데에서 번민하면서 그토록 힘든 시간을 보낸 것이다. 그래서 그의 신병은 그저 신병身病이 아니라 신병神病이었다. 그렇다면 이제 이순신은 극도로 악화된 조선수군의 전력을 끌어올리고 자신감을 복구할 기회를 찾아야 했다. 묘수는 어디에 있을까?

벽파진 해전은 이순신이 삼도수군통제사로 복귀한 후 어란포 해전에 이은 2번째 해전이었다. 그날은 8월 그믐이었다. 서쪽으로 이동하던 왜

선 55척 중 호위 적선 13척이 진도 벽파진 해상에 나타난 것이다. 그믐이었기에 이순신은 적들의 야습이 있을 것으로 예상하고 조심스럽게 적의 동태를 살폈다. 실제로 일본군이 한밤에 기습해 왔으며 불화살과 신기전으로 적을 제압하면서 이내 일본군을 격퇴하였다. 물론 이 전투로 왜군은 조선수군이 확실히 13척에 불과하다는 것을 알게 되었고, 전면적인 일본수군의 진공을 시작하게 된 계기이기도 했다.

하지만 벽파진 해전을 전개하면서 이순신은 아군의 전력이 노출되더라도 어쩌면 주어진 현실적 조건을 인정하면서 위기를 정면으로 극복하기 위한 비책을 고민했던 것 같다. 그 길은 역시 수군 내부의 인간적인 신뢰의 회복을 통해 수군을 단합시키는 것이었다. 그래서 작은 승리를 통한 장병들의 자신감을 높이고 승리의 자신감을 세우기 위해 동이 틀 무렵 유리한 조건 아래서 적의 소규모 함대를 토끼몰이하며 물리침으로써 장병들에게 승리의 기쁨을 얻게 해준 것이다. 이것이 바로 벽파진 해전의 현실적 의미이다. 칠천량의 비극을 이기고 지휘관에 대한 신뢰를 얻게 하는 것을 통하여 이후 닥칠 적의 대대적인 내습에 부하들의 최선을 독려할 수 있도록 하는 전략이었다.

요컨대 벽파진 해전은 말로서 힘을 기르자는 실력양성의 구호만 남발했던 당대 정치인들의 무능이 무엇인지를 여실히 보였고, 이해관계에 얽힌 조직이나 현실주의 일변도의 언술로 치장하지 않으면서도 스스로의 능력을 보여줌으로써 승리에 대한 자신감과 인간적 감동과 신뢰를 심어준 전투였다. 그리고 승리를 위해 무엇을 해야 하는지 수군 운영상의 우선성의 원칙을 정확히 이해하고 개별적 불안을 공동체의 합심으로 변환하면서 전력을 극대화시킨 전투였다. 마지막으로 이순신의 탁월한 통찰력으로 적의 내습에 대한 구체적인 대응을 위한 치밀한 준비를 이룸으로써 극단적인 시간싸움의 전투였던 명량해전의 대승을 이끈 작지만 큰 전투였다.

오달제의 절의와 신념이 말하는 것

진정한 의리는 무엇이며, 진실을 수호한다는 것은 무엇인가. 오늘은 병자호란 때 끌려가 죽은 조선의 삼학사 중 한 사람인 오달제에 관해 이야기 하고자 한다. 병자호란 당시 오달제는 강력하게 주전론을 주장하면서 청나라와의 화의를 거부했다. 격렬한 상소와 존명배청의 기치는 당시 청의 침략을 받은 많은 사람들에게서 지지를 받았다. 하지만 힘없는 나라에서 그를 지켜주는 것은 한계가 있었다. 결국 주전의 기치를 전해들은 청나라는 오달제, 윤집, 홍익한 등을 심양으로 압송했다. 도착 직후 병자호란의 원흉 청의 장수 용골대가 황제의 말이라고 하면서 삼학사에게 물었다.

"그대들이 화친을 단절하자는 의논을 앞장서 외쳐 두 나라의 틈이 생기게 했으니 그 죄가 매우 중하다. 죽여야 하겠지만 특별히 인명이 지중하여 살려주고자 하니 너희들은 처자를 거느리고 이곳에 들어와서 살겠는가?"

그러자 오달제는 다음과 같이 말했다.

"내가 참고 여기까지 온 것은 만에 하나라도 살아서 돌아가면 우리 임금과 노모를 다시 보려는 것이었다. 다시 고국에 돌아갈 수 없다면 사는 것이 죽는 것만 못하다. 속히 나를 죽여라"

그러자 용골대는 "저 놈이 황제께서 저를 살리고자 하는 은혜를 생각하지 않고 그 따위로 말하니 더 이상 용서할 수 없다"고 하면서 죽이려고 했다. 이때 옆에 있던 청나라 관리들이 "나이 젊은 사람이라 다만 임금과 어버이를 사모하는 마음만 간절하여 함부로 생각했던 것을 말한 것이니 아무쪼록 그를 용서해 주시오"하면서 살려주길 요청했다.

그러면서 오달제에게 말하기를 "그대는 어머니에게 그대가 살아있다는 말을 듣게 하는 것이 이역만리에서 죽었다고 전해 듣는 것보다 나을 것인데 차라리 용장군의 말을 들어 목숨을 부지하는 것이 낫지 않은가?" 하지만 오달제는 대답하지 않고 다만 눈물만 흘릴 뿐이었다. 그것은 죽을지언정 청나라의 노예가 되어서 살 수는 없다는 눈물이었다.

결국 청나라는 그를 끌어다가 즉시 심양 고궁 서문 밖에서 죽였다. 그때 오달제가 끌려가면서 시 한수를 지어 그의 어머니에게 보냈다고 하는데 그 내용은 다음과 같다.

외로운 신하 의리 바르니 부끄럽지 않고
성주聖主(인조임금)의 깊으신 은혜 죽음 또한 가벼워라
이 생에서 가장 슬픈 일이 있다면
홀로 계신 어머님 두고 가는 거라오

여기서 "외로운 신하 의리 바르니 성스런 군주의 깊으신 은혜 죽음 또한 가벼워라"라는 대목은 간절한 군주에 대한 충성심을 말하며, "이 생에 가장 슬픈 일… 홀로 계신 어머님 두고 가는 것"이라는 것은 불효에 대한 비통함의 표현이었다. 성삼문의 절명시와 함께 이만큼 유교적 이상을 구현하면서도 인간적이고, 자신의 신념을 차곡차곡 단명한 어구로 지어낸 글은 본적이 없다.

하지만 곰곰이 오늘날의 시점에서 오달제의 절의와 죽음에 대하여 다시금 생각한다. 과연 오달제의 절의는 정의로운 절의인가, 또 다른 모습의 사대주의적 신념인가. 대개 기존의 오달제의 절의에 대한 이해는 명분과 의리를 목숨같이 여기면서 임진왜란 때 재조지은再祚之恩(다시 나라를 일으키게 한 은혜)을 준 명나라에 대한 의리를 지켰다는 높은 평가가 대부분이다. 그러면서 그의 절의 속에는 동방의 문명국 조선을 멸시하던 후금 오랑캐에 대한 한없는 분노와 외적의 침략에 맞선 불퇴전의 저항정신이 담겨있다.

하지만 자세히 보면, 오달제의 절의에는 후금 오랑캐의 침략에 반대하는 반침략정신과 명나라에 의리를 지킨다는 친명배금의 사대주의적 논리가 혼재하고 있다. 사실 적과 무조건 싸우고 적대하는 것이 만사의 근본이라면 그것은 바른 정치나 역사 공부를 하는 목적에 맞지 아니할 것이다. 따라서 진정한 조선에 대한 충성은 청나라와의 명분, 의리에 입각해 무조건 적대하는 것이 아니라 국가의 안위나 현실적 국가적 위기 탈출 방향(민생안정책이나 북학론)을 모색하는 것이다.

따라서 우리 역사의 상당수의 일화들이 관념적인 모화, 사대사상을 맹목적으로 신봉하고 잘못된 사상을 절의로 포장했다는 점을 곰곰이 생각할 필요가 있다. 현실을 고민하는 사람은 속되다고 욕을 먹고, 공상과 명분에 사로잡힌 원리주의와 이상주의자만이 인정받는 시대는 어쩌면 중세시대 광신적 종교 신념으로, 모든 사람을 획일적인 인격으로 몰아가는 그런 모습과 다를 것이 없다.

그렇기에 절의나 명분은 현실의 실체나 진실 앞에서 늘 검증받아야 하고, 무엇이 사람의 생명을 부지하고 바람직한 공동체를 건설하는데 그리고 평화롭게 사는데 도움이 되는지 고민하는 데서 온다. 오달제는 어쩌면 당대의 충신이요, 절의의 선비로서 국가와 민족의 존엄성을 죽음으로 사수하고자 한 참으로 훌륭한 우리의 조상이자 민족정신의 발로이다. 그리고 불의하고 잘못된 국제 관계에 대한 자주적 항거를 보인 몇 안되는 조선의 정치가요, 지성이었다.

그런데 진정 오늘날 우리가 본받아야 할 오달제의 절의는 단순한 왕에 대한 충성이나 자기 학문 혹은 성리학적 사고에 대한 맹목적 충성만이 아니다. 불의하고 부패한 사회관계나 인간관계 그리고 잘못된 국제관계에 대한 분노를 말하고 바꾸려고 노려할 줄 알아야 진정한 절의인 것이다. 그러면서 자기 신념과 반하는 존재가 있더라도 함께 공존할 수 있다는 관용이 있어야 한다. 왜냐하면 개인의 신념은 지극히 미약하고 불완전하기 때문에 늘 공존과 비판은 함께해야 하는 것이다.

조선통신사 이야기

조선통신사를 보는 많은 한국인의 관심은 아마도 '자랑스런 조선 문화의 일본 전파' 혹은 중국을 제외한 '조선 사회의 거의 유일한 자랑스런 대외 활동'이라는 의미 부여에 집중되는 듯하다. 그리고 역사적으로도 조선통신사를 통해서 대륙의 선진문화 혹은 한국의 전통문화가 흘러감으로써 근대 이행기에 달한 일본에서 국학운동을 일으키고 일본의 개항에 커다란 힘을 불어넣었다고 여기는 사람이 많다. 이러한 인식에는 사실 일본의 식민지 지배와 수탈적 근대화로 상처 입은 조선의 자존심을 만회하기 위한 역사적 자긍심 고양의 결과이기도 하다. 즉, 여기에는 '일본에 한 수 가르친 조선통신사'라는 관점을 지향한 한국인의 '탈 열등'의 고민이 들어있다.

반면 많은 일본인들은 당시 조선이 조선통신사를 통하여 일본의 수준 높은 서구 문화 수용 상황을 보게 되면서 그동안 중국 문화에 일방적으로 종속된 굴레에서 벗어나려는 운동을 벌이는데 기여했다는 점을 강조한다. 즉, 조선통신사의 문화적 업적이 과장되었다는 점을 강조하고 사실 통신사는 일본의 정치적 정략의 산물일 뿐이며, 이미 16세기 이후 일본의 경제력이나 문화 수준은 조선의 그것을 능가했고 서구의 근대 문물을 충분히 소화할 능력을 확보하고 있었다는 것이다.

이러한 조선통신사에 대한 양국의 엇갈린 시각에도 불구하고 조선통신사는 세월이 흐를수록 큰 의미를 가진 역사적 사건으로 이해될 것은 자명하다. 즉, 중국의 패권과 세계관이 강요되던 중세 동북아의 두 지역(조선과 일본)에서 통신사 교환을 통하여 서로 자랑하고 교류할만한 자국 문화에 대한 끊임없는 고민이 가능해졌다는 점이다. 에밀 뒤르켐의 말처럼 '무릇 인간사회는 문화의 교환과 복합을 통하여 동물계와 다른 새로운 사회적 열정과 희망으로 재생산'하는 법이다. 바꿔 말해 단순히 자신만의 문화적 자긍심을 상대에게 강요하려는 것이 아니라 좀더 나은 자국 사회를 구축하려는 양국의 국가적 국민적 열망이 조선통신사라는 매개를 통하여 분출되었다. 실제로 그것은 양국 역사와 문화적 발전에 큰 기여를 했다. 그것은 교환의 내용이 단순한 정치적 이해뿐만 아니라 각기 지역에서 오랜 세월 형성된 의미있는 역사적·문화적 축적물의 교환이라는 점에서 더욱 그러하다.

바로 이 점이 조선통신사가 오늘날 우리에게 던지는 중요한 현재적 의미이다. 많은 사람들은 왜 인간을 끝없는 경쟁으로 내몰고 소외시키고 일부가 세상을 독점하게 만드는 자본주의가 세상을 공평하게 하고 계급을 철폐하려는 과학적 사회주의를 붕괴시켰는지 궁금해 한다. 어떤 이는 그 승리의 요인이 자유민주주의의 우월성 때문이라고 말하기도 하지만 정작 문화적이고 사회적인 원인에 대해선 제대로 언급하지 못한다. 그런데 사회주의를 이긴 자유민주주의는 우리가 오늘날 한국 사회에서 접하는 그 자유민주주의가 아니다.

오늘날의 한국내 '유사' 자유주의는 반공과 반북으로 뭉쳐진 배타적인 이념의 자유민주주의와 해양문화 중심론을 바탕으로 한다. 그래서 한국의 친미·반공적 정체성의 틀에서 세계를 '내 것과 아닌 것'을 구분하는 이분법적 문화우월주의를 탄생시켰다. 그러한 논리는 우리의 경제적 성공을 해양(미국)문화를 선택한 한국의 작품이라 생각하고 특별한 소수의 엘리트(소위 근대화 그룹)의 지도력을 높이 보는가 하면, 친일청산이나 과거사 문제와 같은 사회적 개혁을 수반한 역사바로세우기를 거부한 채 공상적인 고토회복론 등 대륙문화를 적대시하는 여러 가지 문화갈등 이론을 지속적으로 생산한다.

그러한 '속내'들이 모여 이제는 북한 문화를 대륙문화의 변종으로 파악하고 충돌해야 할 대상으로 설정하는 한편, 남한만의 민족주의 창도를 당면과제인 듯 주장하기도 한다. 그러니 여전히 북한은 적대 대상이며 자유민주주의의 가치를 모르는 백성 굶기는 정권 정도로 치부한다. 그리고 북한과 대화와 공존을 주장하는 이들을 좌파로, 친일척결을 주장하는 자는 사회주의자로 몰아붙인다. 과거의 어떠한 악행에도 불구하고 그동안 쌓아올린 경제적 업적과 성공담을 띄우기에 여념이 없으며, 대한민국의 반공적 정체성의 정당화에 모든 것을 걸기도 한다.

이러한 사이비 자유주의자들의 문화충돌론적 문명관은 바로 제국주의 시대부터 세상을 문명과 야만으로 일도양단했던 초기 문화인류학적 문명관과 최근의 헌팅턴 류의 문화충돌론이 품어내는 냉전시대의 이분법론의 연장일 뿐이다. 선진 유럽 문화와 야만의 아시아 · 아프리카 문화의 충돌을 '문화인류학'의 가치로 이해한 것처럼 냉전시대에는 해양문화와 대륙문화간의 문화충돌을 통하여 자본주의적 기독교적 해양문화가 우월하고, 사회주의적 대륙문화가 열등하다는 점을 대비하고자 했다.

진정한 자유민주주의는 서로 다른 것을 인정하는 '다양성, 공존의 논리'와 비록 다른 의식과 세계관으로 서로 충돌할지라도 '중첩적으로 공존할 수 있다는 다원적 방법의 존재 및 중첩적인 합의 가능성'을 이해하는 것이다. 말리노프스키는 자신이 야만이라고 부르던 세계에서 놀랍게도 음왈리와 술라바를 통하여 이웃과 교류하고 문화를 교환함으로써 전쟁을 피하고 평화로운 문화적 공존을 유지하는 트로브리안드 섬사람의 지혜를 발견했다.

서로 다른 구성원간의 공존 가능성과 자유로운 교환 그리고 다양한 교류야말로 오늘날의 자유민주주의가 사회주의에 앞서게 된 결정적 이유였다. 따라서 조선통신사를 '선진 조선 문화의 전수' 혹은 일본 측의 전략적 이용이나 '반反중국문명의 등대'와 같은 국가주의적 논의로 파악하는 것은 결국 이분법적이고 문화충돌론적인 관점의 연장이며 기존의 아전인수식의 과잉 역사해석을 불가피하게 할 것이다.

조선통신사는 말 그대로 신뢰를 나누고 통하는 '공존의 해양루트'였다. 오랜 전란에서 조선과 일본의 양심과 교훈이 모여서 서로 공존하고 교류하여 평화로운 동북아의 국제관계를 만드는 것이 그 목적이었다. 그리고 국가적 열정과 희망을 상실하여 문화적 발전의 동력을 상실할 때 양국은 서로 통신사를 통하여 새로운 국가적 열망을 부채질 할 '문명간 대화'를 시도했고, 거기서 양국만의 문화의 복합과 포용이 발생하여 두 지역을 발전시켰다.

우리는 서로에게서 배웠다는 사실에 부끄러울 필요가 없다. 조선통신사는 한국인의 자존심이나 일본인의 전략이 만나서 생긴 것이 아니라 교환을 통한 양국에서의 '사회적 열정'의 재정립을 위해 발생한 것이다. 그리고 그 열정의 지향은 보다 나은 사회 개혁이었다. 실제로 우리 한국 사회의 많은 부분이 일본과 일본인이 전파한 문화와 과학에 의존하고 있으며, 반대로 일본의 갇혀진 지역 문화의 탄력성을 높이는데 한국 문화가 기여했다.

오늘날에도 한류는 그러한 문화의 교류와 교환을 통하여 상호 공존의 문화를 위한 문화 복합을 실현하는 중요한 통로로 이해되고 있다. 혹시 한류를 일방적인 한국 문화의 일본 전수라는 차원에서 이해한다면 그 한류는 오래갈 수 없을 뿐만 아니라 국제성을 상실할 것이다. 그러한 일방성은 오히려 반反한류와 혐嫌한류를 창출하여 문화 복합을 저해하고 문명의 교환을 어렵게 하는 요인이 된다. 그러므로 늘 공존이란 무엇인가를 고민하는 한류가 되어야 한다.

조선통신사는 자극을 받지 못하던 조선 문화가 일본이라는 새로운 대상을 앞에 놓고 보다 고양된 조선 문화로 발전하는 중요한 힘이 되었다. 가르침을 통해서 배우는 교사처럼 대상이었던 일본의 수준 높은 문화가 있었기에 조선통신사가 200년을 이어가면서 일본과의 교류를 이어간 것이다.

통신사 교환으로 고양된 양국의 문화는 서로 근대를 목전에 둔 채 여러 가지 고난의 행군을 떠날 때 중요한 문화적 경험과 교훈을 주었다. 자주적으로 근대화에 성공한 일본 문화는 일면 인간적 감동을 중시하는 한국적 인간관계와 아시아적 가치에 대한 충실한 고민을 바탕으로 이룩된 것이다.

조선통신사 연구의 외형은 그동안 일본과 조선의 자존심 대결이나 정치적 목적에 대한 관심으로 심히 국가주의적 연구 경향을 넘지 못한 듯하다. 하지만 실은 탄력성을 잃은 중세 조선과 일본의 문명지체가 새로운 문화에 대한 기대감과 존경심을 기다릴 때 나타난 역사적 사건이라는 점을 생각해야 한다. 그리고 그 안에는 조선이나 일본이 아니라 조선과 일본을 함께 고양시키는 거대한 힘이 존재하며 그것에 대한 숭배와 공경이 오늘날 한류로 승화되고 있다는 점을 확인할 필요가 있다.

요컨대, 조선통신사 문제를 고민할 때 가져야 할 중요한 가치는 단순한 자존심이나 문화적 우월감의 재생산이 아니라 공존하기 위해선 서로 나눠야 하고, 자기를 높이기 위해선 상대를 높여야 한다는 문화 복합의 고민과 공존의 이상을 무장하는 일이다.

인간을 편안는 역사

병인양요와 인삼人蔘

"만약 대원군의 노력이 위엄이 있지 않았다면 개화를 막고 전통을 고수할 수는 없을 것이고, 만약 대원군이 아니었다면 후일 또한 옛것을 고집하면서 개화로 나아가는 일이 어려웠을 것이다"

〔근세조선정감近世朝鮮政鑑〕

병인양요하면 대체로 1866년 프랑스 육전대가 강화도에 쳐들어와 통상을 요구하면서 온갖 노략질을 다하고, 그것도 모자라 소중한 우리의 문화유산마저 강탈해간 사건으로 기억하고 있다. 그리고 그 원인을 단연 대원군 정권의 천주교 탄압이나 쇄국정책에서 찾고 있다. 과연 그럴까?

물론 일정하게 천주교 문제와 병인양요는 관련이 있다. 천주교는 대원군의 집정 이전에 이미 유교적 전통에 반항하는 사교로 규정되어 순조 원년(1801)의 신유사옥, 헌종 5년(1839)의 기해사옥과 같은 박해를 받았다. 그래도 철종 재위 때에는 리델(Redel)을 비롯한 프랑스 신부 12명이 입국해 전도를 시작하면서 천주교는 다시 활기를 띠었다. 그 결과 고종 원년(1864)에는 2만을 상회하는 교도가 확보됐다. 대원군은 불우한 시절에 남인계 인사들과의 친분으로 천주교를 알고 있었고 그의 부인이나 고종의 유모도 천주교를 믿거나 영세를 받았기에 처음에는 천주교에 무척 관대했다.

실제로 대원군은 러시아의 남하를 알아차리고 이를 저지하려는 방도로 천주교를 이용하기로 작정하고 그 대가로 포교의 자유를 인정하려 했다. 이에 남종삼 등으로 하여금 베르누(Berneux) 주교에게 간접적으로 교섭해 프랑스 세력을 끌어들이기도 했다. 그러나 선교사들은 타협을 거부했고, 남종삼조차 대원군을 배신함으로써 대원군은 영상 조두순 등의 배외정책에 이끌려 천주교도를 대대적으로 탄압했다. 이것이 고종 3년(1866)의 병인사옥이다. 이로 인해 9명의 프랑스 선교사 및 수천 명의 국내 신도가 처형됐다. 이처럼 천주교를 탄압하고 쇄국정책을 표방하자, 대원군과는 평화적인 교섭과 통상개국이 불가능하다고 판단한 프랑스는 무력을 통해 통상관계를 맺으려 했다. 이에 병인사옥이 도화선이 되어 프랑스와 병인양요가 일어났다는 설이 일반적이다.

대체로 이상의 구도로 병인양요를 바라보지만, 정작 병인양요(조불전쟁)의 원인은 또 하나 있었다. 그것은 바로 인삼이었다. 오늘날도 우리 인삼은 세계에서 각광받는 중요한 수출품이고, 일찍이 고려 태조 때 증포소를 만들어 홍삼을 제조한 이래, 홍삼은 각종 질병을 치유하고 원기를 돋게 하는 중요한 약재로 사용됐다. 난데없이 병인양요라는 전쟁과 인삼은 무슨 연관이 있는 것일까? 당시 프랑스는 베트남 경영에 이어 동남아 일대에서 인삼교역권을 독점하면서 대량으로 중국산 인삼을 팔아 막대한 이윤을 올리고 있었다.

하지만 재미있는 것은 당시 대원군이 이러한 프랑스의 인삼독점권을 위협하면서 고려인삼의 동남아 진출을 확대했다는 점이다. 그리고 그 재원으로 왕권을 강화하고 군사력을 육성하고 있었다는 점이다. 그러한 인삼 장사는 어쩌면 대원군이 정권을 잡기 전에 시장통에서 전전긍긍하던 시절 장돌뱅이들과의 교분 속에서 배운 것으로 추정된다.

품질 좋고 약효 좋은 고려인삼이 동남아로 진출하면서 프랑스의 인삼독점권은 크게 위협 당했고, 인삼교역을 둘러싼 이윤의 감소는 프랑스에게 조선이 곱지 않게 보이는 빌미가 됐다. 급기야 프랑스 선교사 9명이 처형당하는 병인사옥을 핑계로 잠식당하는 인삼시장에 대한 대대적인 복구에 나선 것이 바로 병인양요인 셈이다.

전쟁의 경과를 보면, 프랑스 동양함대 사령관 P.G 로즈가 프랑스 선교사 살해의 책임을 묻는다는 명분으로 일단 1866년 10월 11일 병력 약 1000명·군함 7척·대포 10문과 리델신부를 대동하고 강화도로 침략했다. 강화도가 함락되자 대원군은 순무영巡撫營을 설치하고 이경하를 대장으로 하여 이용희, 양헌수를 출진시켰다. 문수산성 전투에서 조선군이 패하자 프랑스 군대는 크게 고무됐고, 그러한 의기양양한 모습에서 허점을 발견한 양헌수는 군대를 이끌고 덕포에서 비밀리에 강화해협을 넘어 정족산성을 점거했다.

조선군이 정족산성에 도달하자, 11월 9일 올리비에 대령이 이끈 프랑스 육전대와 정족산성에서 전투를 벌였고, 전투의 결과 프랑스군은 전사자 6명을 포함해 60~70명의 사상자를 냈으며, 조선군은 전사자 1명, 부상자 4명이 나왔다. 재래식 무기를 무장한 조선군이 당대 나폴레옹 3세가 이끄는 세계 최고의 육전대를 격파한 사건은 실로 서구 제국주의에 투쟁한 자랑스러운 조선의 승리였다. 프랑스 군대는 패배의 쓴잔을 마신 후, 철저히 강화도의 문화유적을 파헤치고 문화재를 반출하는 만행을 저질렀다.

이러한 경과로 한 달간의 전투는 조선측의 승리로 끝났지만, 이 전쟁은 대원군의 쇄국양이정책을 더욱 강화하고, 서구의 약탈적 모습을 조선 민중의 가슴에 심기에 충분했으며, 이후 조선이 반서구, 반개항의 움직임을 강화하는 계기가 됐다. 그런데 정작 대원군은 그러한 프랑스와 전쟁을 정치적으로 쇄국을 이끄는 단서로 제공하면서도 일면 동남아 일대는 물론 북경 지역에까지 인삼교역을 확대하는 등 적극적으로 경제적 측면에서의 실용주의 노선을 채택했다.

늘 대원군하면 쇄국정책의 수호자로 알고 있고, 고루하고 시세에 뒤지는 고집불통의 늙은 정객 정도로 보기도 한다. 그러나 그의 정책은 봉건적인 체제를 유지하려는 것이지만 그 안에는 왕권강화를 통한 절대주의적 국가건설에 대한 희망을 간직하고 있었다. 시장통에서의 경험을 살려 중상주의적 무역활동을 전개해 억상말본의 논리를 스스로 붕괴시킴으로써 봉건적인 것과 결별하는 자세를 보였다. 그리고 적극적으로 군사력을 육성해 외적을 몰아내고자 했고, 그 힘이 민중의 정서와 맞아 들어가 병인양요는 물론 신미양요 등 두 차례의 양요를 승리로 마감했다.

알고 보면 역사는 참으로 묘한 것이다. 늘 우리가 믿고 있는 진실이 모두인 것 같지만 그렇지 않다. 늘 대장금처럼 착하거나 원균처럼 용감한 사람이 승리하는 것 같지만, 정작 진정 역사적인 위인들은 집념이 강하고 독선적이었다. 그렇지만 정작 차이가 나는 것은 수많은 욕을 얻어먹어도 기존에 있는 것만 지키려고 고루하거나 고집을 부렸던 것은 아니었다. 집념과 독선이 강하더라도 비록 그것이 여러 사람을 힘들게 하더라도 정당한 역사적 진행 방향과 함께 할 때 영웅이 되었다. 그 안에는 대원군이 있었고, 이순신 장군도 있었다.

한국사회에 하나의 병폐가 있다면 그것은 잘못을 보고도 주위의 눈치를 보고, 복지부동하면서 자기만의 안일을 위해 숨죽이는 사람이 오히려 귀여움을 받는다는 사실이다. 그저 조용하게 문제없이 눈에 띄지 않게 숨죽이고 사는 것, 적절히 아부하면서 시세에 영합하여 자신의 안일에 누가 안되는 범위에서 일하는 것이 무척 오랫동안 전승된 소인들의 처세술이다. 그래서 아무 것도 이룬 것이 없어도 그저 편한 눈웃음으로 상대에게 평화를 주는 사람에게 기회는 더욱 커진다는 것이다.

대원군은 바로 그러한 복지부동한 조선의 고질병을 은근히 바꾸려던 사람이었다. 그가 추진한 쇄국정책은 어쩌면 개혁에서 오는 진통을 노련한 쇄국의 언술로 뒤집어 여론의 화살을 피해간 것일 수도 있다. 그 덕분에 조선은 한동안 서구에 대해 자신감을 갖게 됐다.

신미양요,
알고 보면 전쟁의 승패는 딴 곳에 있었다

대원군이 추진한 정책에 대한 평가는 지금까지 상반된 두 견해가 있다. 하나는 그의 개혁은 근대화와 관계없는 보수적이고 시대착오적 정책이며, 일부 긍정적 측면도 민란의 전리품일 뿐 안동김씨 세도정치에 이은 봉건적 배외주의적 반동정권일 뿐이라는 견해이다.

또 하나는 대외적인 민족 위기에 즈음하여 민족의 주체성과 국가의 자주성을 견지하기 위해 과단성 있게 대응한 정책이며, 내적으로는 상품경제를 자극하는 등 근대적 국정개혁의 단초를 열었다는 견해이다. 이렇게 본다면 대원군 정권은 오히려 민족주의적이며 진보적인 정권이었다는 결론이다.

그렇다면 대원군을 어떻게 보아야 할 것인가. 물론 그의 개혁이 근대국가를 실현하기 위한 것이었다고는 볼 수 없지만 일방적으로 대원군이 국제정세에 어두웠다거나 역사의식이 보수·반동적이었다고 보는 것은 단견이다. 그는 이미 집권하기 이전부터 연합군의 북경점령 등의 국제정세에 능통했고, 천주교 세력과도 나름의 인간관계를 구축하는 등 열강의 침략에 대비한 소양을 가지고 있었다.

열강의 침략 앞에서 과연 정권의 내일을 불투명하게 할 개항이 최선인가는 다시금 생각되어야 한다. 이 문제는 한국의 근대성이 무엇인가라는 근본적인 질문에 해당하는 것으로 쇄국은 악, 개국은 선이라는 단선적인 도식은 '실제의 역사'를 반영한 것이 아니다. 적어도 1870년대라는 제국주의 시대에 대원군이 개항에 성공하려면 안으로부터 그것을 가능하게 하는 자본주의적 발전 혹은 개화인식의 보편화가 필요했다. 과연 그것이 조선 자체에 있었다고 할지 의문이다.

요컨대 대원군에게 왜 쇄국을 했느냐를 묻는 것은 자주적 근대화의 실패를 흥선군 한 사람에게 전가하려는 잘못된 인식이다.

1871년, 조선은 미국과 전쟁을 벌였다. 이 전쟁은 1866년 평양감사 박규수와 여러 백성들이 합세해 평양 대동강에서 노략질을 하던 제너럴셔먼호를 불사른 사건에 대해 미국이 조선에 그 책임을 묻는다고 하여 벌인 전쟁이다. 그런데 전쟁 도발의 속뜻은 동북방에서 남하하는 러시아를 막고 대륙에 미국의 영향력을 세우기 위한 것이었다. 즉, 미국이 제너럴셔먼호 사건 이후 5년이나 지나서 조선을 침공한 데는 남북전쟁이나 동남아 경영 등으로 시간이 없었던 것 때문이기도 하지만, 이 사건을 빌미로 본격적으로 대륙 일각에 미국의 영향력을 남겨 개혁의 길(양무운동)로 나아가는 중국을 누르고, 러시아의 남하를 저지할 필요가 있었기 때문이다.

제너럴셔먼호 사건이 알려지자 미국은 주청미국공사 로우(Law, F.F.)에게 전권을 위임하는 한편, 아시아함대 사령관 로저스에게 기함 콜로라도호(Colorado)를 비롯해 군함 5척, 수해병 1천 230명, 함재대포 85문을 적재하고 1871년 5월 16일 조선을 침략하도록 했다. 하지만, 미국도 오랜 세월 외세의 침략을 이겨내고 독립을 유지해 온 조선을 만만한 상대로 볼 수 없었다. 이미 조불전쟁(병인양요)에서 당대 최고의 육전대라고 불리던 프랑스군을 물리쳤던 조선군에 대한 미국의 두려움은 대단했다. 당시 미군들 사이에 '조선인의 힘은 헤라클레스와 같은 괴력을 가졌다', '윌리암 텔처럼 백발백중의 사격술을 지녔다'는 등의 소문이 나돌았다.

그리하여 미국은 일본 나가사키에서 약 보름 동안 해상 기동훈련을 실시했지만, 여전히 불안감을 떨칠 수 없었다. 포함 2척과 기정 4척으로 구성된 탐측대(미군)가 강화해협을 천천히 거슬러 올라오던 순간, 갑자기 손돌목 포대에서 엄청난 양의 포탄이 날아왔다. 남북전쟁에도 참전했던 탐측대장 블레이크가 뒷날 "그렇게 좁은 곳에서, 그렇게 짧은 시간에 치열한 포격을 당해 본 일은 처음"이라고 회고할 정도로 탐측대는 집중포화를 받았다. 손돌목 포격사건을 계기로 미국은 대대적인 강화도 침공작전을 감행했다. 미국은 압도적인 무력을 바탕으로 초지진을 함포로 초토화시킨 다음, 초지진과 덕진진을 점거하고 광성보로 쳐들어갔다.

강화수로의 가장 중요한 근거지이자 난공불락의 자연 요새로 알려진 광성보에는 어재연이 이끄는 최정예 부대가 있었지만, 수륙 양면에서 한 시간 이상 동안 포격을 당하고 난 후 쳐들어온 미군에게는 속수무책이었다. 전투가 끝난 뒤, 손돌목 돈대에 높이 휘날리던 '장수 수帥'자가 새겨진 수자기帥字旗가 내려지고 성조기가 걸렸다. 수자기를 비롯한 50개의 군기와 대포 481문은 현재 아나폴리스에 있는 해군사관학교 박물관에 보관되어 있다. 이 전쟁으로 조선군의 피해는 전사자 350명, 부상자 20명이었고 미군은 전사자 3명, 중상자 5명, 경상자 5명이었다. 한・미 양국간 최초의 전쟁이었던 신미양요는 군사적으로 미군의 일방적인 승리로 끝났다. 그런데 전쟁의 결과를 보면, 치열한 전쟁을 했고 수많은 사상자가 있었음에도 불구하고 서로에게는 잃은 것만 있었고 남은 것은 없었다.

실제로 광성보 전투가 있었던 그날 국왕 고종은 '패전'을 인정하기는커녕 "서양 오랑캐가 화친하려는 것이 무엇 때문인지 모르지만, 수 천년 동안 예의의 나라〔禮義之邦〕가 어찌 짐승〔犬羊〕과 화친할 수 있겠는가. 비록 몇 년을 서로 버티더라도 반드시 통절痛絕할 것이다"라고 쇄국양이鎖國洋夷를 표방하며 전국의 주요 도시에 척화비를 세웠다. 또 미국인은 서양귀신〔洋醜〕이자 서양깡패〔洋匪〕, 심지어 성불능자를 의미하는 검둥이 고자〔黑鼓子〕로 불려졌다. 따라서 미군의 군사력에 압도당한 조선정부가 저자세로 개항 교섭에 나설 것이라는 로저스의 예상은 완전히 빗나갔다. 결국 로저스는 3주간을 기다려도 아무 반응이 없자 그냥 일본으로 돌아가고 말았다.

미 해군부에서도 "승리는 승리였으나 누구 한 사람 그다지 자랑할 것도 못되며, 누구 한 사람 기억하고 싶지도 않은 무의미한 승리였다"고 이 전쟁의 의미를 말하기도 했다. 오히려 신미양요는 조선에서 미국에 대한 배외감정을 고조시키는 부정적인 결과를 초래했다. 이처럼 이 전쟁은 조미 양국의 불신과 대립을 초래했다. 그러한 불신의 이면에는 병인양요, 제너럴셔먼호 사건, 오페르트의 남연군묘 도굴사건 등 서양제국의 제국주의적 만행이 자리하고 있었다. 서양 제국에 대한 조선인의 반감이 커지면서 결과적으로 조선은 국제정세를 올바로 파악하지 못하고 제대로 대처할 수 없게 되었다.

그러면서 미국은 조선의 무서운 항전의지를 발견하게 되었고, 더 이상 무력으로 조선을 목적대로 장악할 수 없다는 인식을 갖게 되었다. 폭력과 무력으로 해결할 수 있는 세상의 진실이란 별반 없다. 하지만 조선이 적을 앞에 놓고도 무력을 쓰지 않고 저자세로 지냈다면, 필리핀이나 류큐의 운명을 벗어나지 못했을 것이다. 조선의 상황을 무시한 채 개항을 강요하며, 무력적 자세로 전통적인 포함외교를 강행한 미국의 제국주의적 요구는 모든 근대사를 왜곡되게 한 근원이었다.

따라서 신미양요는 조선의 자주성을 지키기 위한 당연한 전쟁이고, 초강대국 미국과 싸운 조선인의 자랑스런 민족적 전통이었다. 특히 근대식 군함으로 무장한 미군함대에 맞서 사력을 다한 재래식 조선 군인들의 용기는 오늘날 이라크 게릴라들이 공상과학 영화에 나올 만큼의 중무장을 하고 있는 미군에 죽음을 불사하고 항전하는 모습, 그 이상의 감동을 낳는다. 신미양요 후 미국에게는 잠시 보이는 승리가 있었을 뿐, 남은 것이 없었다. 미국에 대한 조선인의 적개심은 그후 오랫동안 미국이 조선 땅을 밟지 못하게 만들었다.

갑신정변, 달라도 함께 가는 미덕을

우리는 늘 꿈을 꾸는 것 같다. 꿈에서 깨고 나면 아쉽지만 현실에 돌아와도 그 꿈속의 세상은 기억으로 그리움으로 남는다. 꿈만 꾸고 살 수 없지만 꿈이 없으면 희망도 없을 것이다. 그래서 역사학자는 늘 모든 약한 자가 편안하게 살 수 있을 것이라는 꿈이 있기에 냉정한 역사의 현실을 그려가는 것이다.

1884년 우정국 낙성식을 기화로 발생된 갑신정변은 기존 기득권을 인정하고 온건한 개화를 주장하던 '시무개화파(온건개화파)'와 급진적인 근대화정책을 추진하고자 했던 '변법개화파(급진개화파)'간의 투쟁결과였다. 같은 꿈을 꾸는 사람들이 다른 길을 가게 된 것이다. 갑신정변의 주역이었던 김옥균, 박영효 등 20대 청년들로 구성된 변법개화파는 중인과 승려까지 포함한 개화집단으로서 일본의 메이지유신을 모델로 체제변혁을 주장하고, 집권수구파와 대결해서 군권을 장악하는 한편 변법을 지향하고 유교적 소양에서도 도道나 기器보다도 허와 실의 문제를 중시하면서 기독교 수용에도 관대하였다.

그런 근대로의 꿈들은 1882년 임오군란 이후 좌절되기 시작한다. 이후 조선 정부는 친청親淸 노선을 분명히 하였고, 청국에게 정치상 상업상의 특권을 양여하는 등 자주적 개화에 역진하는 정책을 폈다. 그런 어려움 속에서도 김옥균 등의 개화당이 국왕을 사적으로 알현할 수 있는 '별입시別入侍'의 특권을 이용하여 근대적 개혁운동을 구현하고자 했다. 즉, 신식 군대 양성과 유학생 파견, 근대적 신문 『한성순보』 창간 및 치도국治道局과 순경국巡警局 설치 등이 그것이다. 그리고 물론 실패했지만 국정개혁자금을 얻기 위해 김옥균 등이 일본정부로부터 재정 차관을 도입하고자 했다.

1884년 청불전쟁에서 청의 패색이 짙어지자 일본 제국주의자들은 개화당을 이용하여 조선에게 청국세력을 축출하고 일본세력을 부각시킬 수 있는 좋은 기회로 판단하였다. 이리하여 개화당(변법개화파)은 청불전쟁으로 서울에 주둔한 3천여 명의 청국군 가운데 약 절반 정도가 본국으로 철수하는 틈을 타서 5백여 명의 개화당 지지 군인과 일본공사관의 일본군 1백 50명을 빌려 거사를 도모했다.

12월 4일에 우정국 개설축하연을 기화로 무장정변을 일으킨 개화당들은 신정권을 수립하고 12월 6일에는 '갑신정강'을 발표하였다. 그러나 개화당 정부는 청군의 간섭으로 3일만에 끝나고 홍영식, 박영교 등 많은 인사들이 희생되었다. 국가적 위기 앞에 서로 다른 대안과 현실인식을 가졌던 두 개화파 세력이 정치적 생명을 걸고 투쟁하면서 좌와 우가 함께 공존하면서 추진하던 개화정책에 큰 상처를 남겼다. 개화파끼리 골육상쟁한 근본적 이유는 구체제에 대한 관점의 차이와 근대화 모델에 대한 감각차이 혹은 외세이용 방법을 둘러싼 이견 등에서 구할 수 있을 것이다.

전통적으로 갑신정변은 조선 사회가 가지는 내재적 발전의 토대를 바탕으로 봉건제도의 부패와 민족적 위기를 해결하고자 한 진보적인 근대 부르주아 개혁 또는 부르주아 혁명의 최초 시도였다고 평가했다. 하지만 그들의 인식이 민중의 반외세론과 연대하지 못한 채 외세에 의존하여 국가개혁을 이루려는 점은 대단한 문제로 지적되기도 했다. 실제로 개화당들은 일본이 조선정부에 수구파를 축출하고 김옥균 친일정권을 수립하려고 책동했다는 사실을 모르고 있었다.

이렇게 볼 때 갑신정변의 거사는 우리 시대의 양식있는 인사들이 가져야 할 중요한 교훈을 남긴다. 그것은 아무리 미래의 대안과 현실의 모순을 걱정하더라도 사회적 모순은 일정하게 대중의 지지를 바탕으로 하지 않으면 안 된다는 것이다. 갑신정변이 그 주관적 의도와 동기가 아무리 긍정적이라고 하더라도 그 방법과 수단의 미숙, 특히 국민대중에 의거하지 않은 채 '외세 의존'을 통해서 그 꿈을 앞당기려 했다. 진정한 현실주의는 오히려 이상만을 외친 변법개화파의 구호에서 비롯된 것이 아니라 전통을 지키고 외국의 문물을 받아들여야 한다는 시무개화파들의 노력에 의해서 진행된 것도 많았다.

이상적인 개화정책은 아니었지만 시무개화파들은 갑오개혁(1894)을 실현했고, 중추원을 개조하여 의회개원(1898) 직전까지 이르기도 했으며, 징병제와 보통학교 의무교육제 등을 구현하고자 했다. 물론 대한제국의 수구세력에 의해서 좌절되기는 했지만 작은 개혁이 모이면서 큰 개혁이 되었다.

사람들은 우리의 꿈이 하루빨리 당겨지기를 바란다. 하지만 꿈이 현실이 되기 위한 충분한 노력이 바탕이 되지 않는다면 그 꿈은 몽상이 되고 현실의 희망을 좌절시킬 것이다. 우리 근대사 100여년을 끌어온 끊임없는 서로에 대한 부정과 배격의 전통 때문에 외세의 침략 앞에서 무력할 수밖에 없었고, 외세의 힘을 빌려서라도 상대를 넘어뜨리는데 온힘을 쏟았다.

과연 이긴 자가 누구이든 남는 것은 조국의 식민지화였고, 전쟁터였으며, 가난과 궁핍의 세월이었다. 함께 갈 수 있어야 했던 길에 그들은 공존을 거부하고 원수보다 더 큰 원수가 되어 서로에 칼을 겨누게 된 것에서 한국사의 비극은 시작되고 있었다. 진보를 표방하는 사람들은 보수세력의 냉정한 현실인식에 대한 겸손한 경청이 있어야 하고, 보수를 주장하는 세력은 진보세력이 그렇게 가슴 아프게 고민한 것을 서툰 현실이라는 이름 아래 폄하해서는 안 될 것이다.

일제가 전통한의학을 보존한 이유

우리는 일제말기 특히 중일전쟁·태평양전쟁 전후의 식민지 지배정책을 민족말살정책시기라고 부른다. 그렇게 배워왔고 그런 생각이 여전히 크게 변하지 않고 있다. 사실 민족말살이란 우리 민족의 성씨를 없애고, 일본인과 마찬가지로 천황에게만 충성하는 그런 총독부의 간악한 내선일체의 모습을 대변하는 말이다.

하지만 그런 생각을 하다가 사료를 뒤적이다 보면 의외의 역사적 사실들이 밝혀진다. 일제말기에 오히려 조선학이 강화되고, 단군, 장보고, 이순신과 같은 우리 민족의 영웅들이 "매일신보"나 각종 언론매체에 소설이나 문학 형식으로 소개되고, 청록파 시인이 조선사회의 아름다움을 노래하기도 하며, 한단고기 등 민족사학이 널리 알려지게 되었다.

특히 우리 전통 민족문화의 정수라고 할 한의학 및 한의서, 한약재 등에 대한 대대적인 조사와 발굴 그리고 응용 등의 사업이 일어난다. 도대체 민족말살정책 아래서 우리 전통 민족문화가 이렇게 보존 육성되는 이유는 무엇일까.

중일전쟁이 일어나자 총독부는 시국대책조사회(1938.8)를 소집하여 일본본토의 계획에 준해서 물자동원계획을 세웠다. 골자는 생산력 확충(증산)과 물자통제였다. 하나는 증산을 통해서 물자를 동원하고, 하나는 물자통제를 통해서 내핍생활을 강요하면서 남은 물자를 동원하려는 것이었다. 이 와중에 유럽전쟁(독소전쟁)으로 유럽산 의약품 수입이 크게 줄었고, 연합국의 대일금수로 일본발 약재 수입이 약화되자 총독부는 심각한 의약품 부족상황에 빠지게 된 것이다.

그러자 총독부는 1938년부터 한약개발 5개년 계획을 추진하여 식물종, 동물종, 광물종별로 조선의 전통 한약재 개발을 강화하고, 수입산 한약에 대해선 일본본토의 공정가격보다 높게 책정함으로써 조선산 한약재 생산과 소비를 늘리고자 했다. 나아가 우리 민족의 최고 한의학 관련 의서인 『향약집성방』과 『의방유취』를 중간重刊하였다.

그런데 주목할 것은 『향약집성방』 중간본의 서문을 최남선이, 해제는 미키 사카에 박사가 썼는데, 여기서 그들은 이 책의 발간을 "조선 민족의 위대한 문화유산의 계승"으로 말하고 있다는 점이다. 이는 친일 조선인들이나 총독부 관계자들이 종전까지 자주 "조선 민족은 열등하고 야만적이니 근대적인 인간으로 바뀌어야 한다"는 주장, 즉 종래의 민족개조론과는 판이한 평가였다. 민족개조론이 아니라 오히려 조선민족은 유구한 민족적 전통을 가진 아시아 1등 민족이라는 입장인 것이다.

그와 더불어 한약 자급정책은 그림에서 보는 것처럼 약초채취운동으로 나타나기도 했다. 이산 저산 방방곡곡에 아이들을 동원하고 농민들을 동원하여 약초 자급자족을 위한 채취운동을 전개했다.

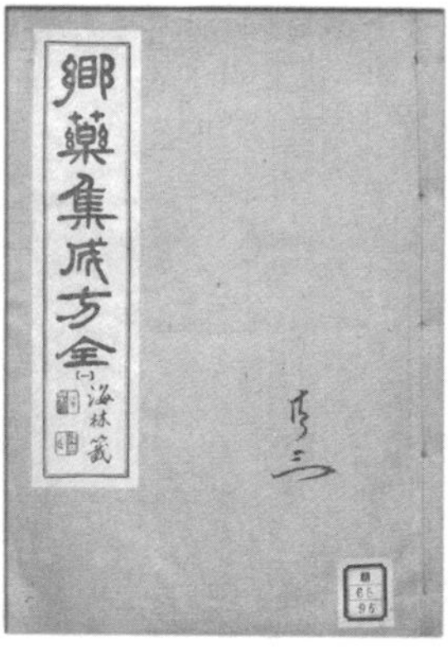

1942년에 최남선이 서문을 쓴 鄕藥集成方 중간본(杏林書院 編, 원문 3책, 解說1책, 총 4책)

轉禍爲福의醫藥界
海外藥品輸入杜絕을契期로
國內藥草採取運動展開
半島는藥草의寶庫
自給自足된다

전국적인 약초재배운동을 선전하는 총독부

나아가 한약건재 배급통제(1941.10)를 실시하고, 조선의 한약재 증산과 통제를 실현할 특수회사로 조선생약주식회사(1944.6)를 설립하여 조선산 약재를 가장 긴급한 1종 생약으로 지정하기도 했으며, 인천과 개성에 약초원을 확장(1941.12)하였다. 그리고 전쟁말기가 되자, 총독부는 완전한 수입 단절에 따른 대용 한약재 개발을 독려하는 정책을 내는가 하면, 연합군의 중요도시 공습에 대항한 도시소개 당시에는 임시 의약품 수급 및 한약 자급계획을 강력히 추진했다. 더불어 한약가격에 대한 최고가격을 세분화하여 생산원가, 조합판매가, 도매가, 소매가격마저도 총독부가 직접 관리했다.

요컨대, 한약자급정책으로 갖가지 총독부의 대책이 이뤄지고, 조선의 전통 한의학에 대한 자랑과 선전이 이어졌다. 마치 전통 한의학의 중흥을 보는 듯했다. 오늘날 떵떵거리는 한의학 또한 그들 일제의 배려와 학문적 축적을 계승한 것이었다.

그런데 그러한 민족말살기의 민족문화보존이라는 역설적인 현상을 단적으로 보여준 한의학과 한약재의 중흥은 알고 보면 당시 조선인의 위생과 평안을 위한 목적에서 나온 것은 결코 아니었다. 사실 한의학과 약재 배급은 총독부 후생국이 직접 통제했고, 경찰서가 배급소를 관리하는 관치통제의 표본이었다. 또한 총독부는 부족한 양약품을 한약 자급대책 및 대용 한약정책 등으로 만회하려 했고, 국민총력운동조직을 통해서 의약품과 한약재를 배급하여 배급권을 틀어쥐고서 조선인의 자발적인 전쟁 동원을 도모하려는 결과였다.

이것이 민족말살시기로 인식되던 1940년대 총독부가 우리 전통의학을 보존하고 활성화하려 한 근본적인 동인이다. 무릇 일제는 근대화의 미명 아래 그럴듯한 식민지 조선의 발전을 말했지만 그들이 말하는 근대화란 진실로 그들의 침략적 목적에 부합할 경우에 나타난 근대적 환상일 뿐이었다. 민족말살기의 민족문화 중흥정책이라는 역설은 바로 침략전쟁을 위한 일본의 술책일 뿐이었다. 그런데도 여전히 우리 사회에는 그런 일제의 근대적 시혜가 남긴 겉가죽만 보고 그들을 찬양하는 사람들이 즐비하다.

한국 한류의 원류… 척사위정론

19세기 중반 이후 동북아의 정세는 긴박했다. 1842년의 난징조약, 1854년 미국에 의한 일본의 개항, 1860년의 러시아의 연해주 영유와 애로우호 사건을 계기로 한 영·불연합군의 북경점령 등이다. 이와 같은 서양세력의 침략 소식이 본국에 전해지고 1866년 프랑스함대의 내침이 있자 조선의 지배층은 커다란 위기의식을 느꼈다. 이에 쇄국양이를 강조한 병인척화상소가 올라왔다. 대표자는 조선의 양대 거유인 기정진과 이항로였다. 이들은 병인양요 내내 어양론禦洋論(서양 세력을 막아야 한다는 논의)을 거듭 상소하여 개항기 척사위정론의 원류를 이루었다.

기정진은 '척사상소 6개조'에서 서양의 통교요구는 정치·경제·사회적 침략을 내포한 것이기에 국방을 강화하며 내수를 기하여 외양外攘(외적을 몰아내야 한다)해야 한다고 강조하면서 '결인심結人心(백성의 단결)'을 주창했다. 이항로는 양물의 거부와 통교의 거부만이 서양 적을 물리치고 국가를 태안케 하는 길이라고 했다.

한편 1876년 강화도조약이 체결되자, 이항로의 문도인 최익현은 본 조약이 체결되기 직전 '오불가소五不可疏'를 올려 일본이 옛날 왜적〔舊倭〕이 아니고 서양 오랑캐〔洋賊〕와 다를 바 없다는 왜양일체론(일본이나 서양이나 모두 한결같은 오랑캐이다)에 입각하여 개항에 반대했다

격렬한 개항반대 운동에도 불구하고 개화정책을 취하게 된 정부는 장차 개항의 폭을 구미각국으로 확대하려는 구상을 가졌다. 이에 개항 이후 일련의 개화시책과 일본세력의 진출로 위기심이 커진 유림세력은 1881년 수신사 김홍집이 가져온 『조선책략』의 내용을 둘러싸고 다시금 척화상소를 올렸다(신사척사론).

이만손의 '영남만인소'로 선도되는 신사척사론은 아무런 적대관계도 없는 러시아를 막기 위해 같은 미국과 일본을 끌어들이는 것은 오히려 러시아를 자극하여 침략을 자초할 위험이 있으며 기독교를 수용하고 과학기술을 섭취하는 것은 고래의 좋은 제도를 해치는 일이라고 주장하였다.

1881년 이후 본격적인 개화 정책이 추진되자 곽기락·고영문 등의 유생에 의해 오도이기론吾道異器論이 등장하게 되었다. 이는 동도서기사상을 배경으로 한 개화상소 운동으로서 일종의 채서採西사상(기본은 유교적 정통에 입각하나 서양의 장점은 일부를 배우자는 관점)이자 벽이숭정(정통을 수호하고 이방의 것은 배격한다)·존왕양이의 기반 위에서 서양 문물을 받아들이자는 주장이다. 현실의 위기를 극복하기 위해 서양의 기술과 문명을 받아들이자는 것이기에 이들의 주장은 척사위정론 계열과는 상당한 거리가 있는 것이었다. 오히려 절충의 의미를 띠고서 개화파의 정신과 연결되었고 나중에 갑오개혁의 중심 사상이 되었다.

한편 을미년(1895) 명성황후 시해사건에 이어 을미개혁이 진행되면서 단발령이 공포되자 "오도吾道의 위기"를 느끼고 격렬한 반대운동이 일어났다. 즉, 최익현은 "이적의 문물로서 중화의 문화를 변질시키며 인간을 낮추어 짐승으로 만드는 일을 능사로 삼고 이름 하여 개화라 하니 개화야말로 나라를 망하게 하는 길"이라 주장하고, "내 머리는 잘릴 수 있어도 터럭 하나도 건드릴 수는 없다"고 했다.

특히 이 시기의 척사운동론은 개화반대와 명성황후 시해에 대한 복수심을 일깨워서 의병운동을 고양시켰고, 1905년 을사조약 체결시 각지에서의 의병운동과 1907년 군대해산 당시 의병운동을 일으키는 사상적인 배경과 행동화될 수 있는 실천력을 배양시켰다.

현상윤은 『조선유학사』에서 "이 운동이 조선사상사에 미친 영향과 가치를 말하면 척사운동 가운데 일본을 배척하는 운동은 국권옹호에서 그

공적은 실로 파다하나 기타의 운동에서는 즉 서양사상을 배척하는 것이라든가, 또 '구사상·구습관 지키기 운동' 같은 것은 최근 조선의 개화혁신에서 큰 장애가 되었다"라고 지적했다.

그동안 척사위정 사상에 대해서는 두 가지 측면에서 고민되었다. 첫째, 이 사상은 의병운동과 근대 민족주의와 연결되며 나아가서는 민족주체성 및 정통성과도 연결된다는 견해이다. 둘째, 이 사상은 봉건적 사유에서 출발한 보수적 입장이므로 근대민족주의와는 직접 연결되기 어려우며 오히려 봉건적 사회관계의 보존을 통한 자기보존의 논리를 추구할 뿐이라는 견해이다.

전자의 입장에서 초기 척사위정론은 척양척왜의 배외운동으로 변질되었고, 다시 이 운동은 외세에 저항하고 국권회복을 전제로 하는 민족해방투쟁으로 발전하였으며, 그러한 반침략성은 다시 근대 부르주아 민족운동의 사상적 기반이 되었다고 보았다.

후자의 입장에서 척사론은 정치적으로 새로운 세력 또는 사조에 대해 탄압을 전제로 한 논리로서 '우리 도〔吾道〕' 보존과 방위를 그리고 사상적으로는 새로운 사상을 맹목적으로 거부한 탓에 배타적·폐쇄적 분위기를 조성했으며, 민족구성원 공동의 발전 논리라기보다는 복고적이고 감정적 관념론의 영역을 벗어나지 못했다고 본다.

과연 이러한 대비되는 관점에서 척사위정론의 역사적 의미는 무엇인가. 적어도 척사위정론은 그 자체로 탈봉건 근대화 운동도 아니며, 민족주의 운동으로 곧바로 등치시킬 수는 없다. 그러나 역사적 조건 속에서 개항기의 최대 과제는 근대화와 함께 제국주의 침략세력을 견제하고 저항하는 것이라 본다면, 척사위정론에서 배격한 반침략적 노선은 유의미하다.

어쩌면 식민지화의 길목에서 제국주의의 침략에 대한 저항이야말로 당대 운동의 최고 강령일 것이며, 비록 복벽주의적·봉건적 이해에서 벗어나지 못했다고 하더라도 그것은 제국주의 구축과정과 신국가 건설과정에서 교정되고 개선될 여지도 많았다고 보는 것이 어쩌면 척사위정사상을 좀더 적극적으로 이해하는 방법일 것이다.

특히 자주적 국가건설 과정에서 그러한 봉건적인 사상과 철학의 일부는 사회의 안정과 미풍양속의 의미로서 잔존할 때 더욱 역사적인 긍정적 역할을 할 수도 있다. 최근의 한류 문화도 그러한 전통적인 우리 한국의 문화 예를 들어 장유유서 관계와 감동적 인간관계를 중시하는 문화에 대한 주변국의 부러움일 수 있다.

봉건적인 것이 철저히 배격되어야만 근대적인 것이라고 말할 이유는 없다. 특히 근대적인 가치가 서서히 봉건적 가치를 압도하는 상황은 역사발전과 총체적인 운동역량에 따라 그 정도가 달라질 것이 자명하다. 일제 강점 아래서 많은 복벽운동가가 민족운동가로 변신하는 것은 역사발전과 근대적 가치의 확산과정에서 자연스럽게 척사위정론이 스스로 새로운 모습으로 변화할 수 있었기에 가능했다.

그래서 1905년 단계의 척사위정론은 이미 동양평화론을 이해하고 일방적인 왜양일체론을 반박하지 않는 단계로 나아갔다. 이처럼 현재 우리 사회에 많은 부분 참을 수 없는 수구적인 분야가 존재하지만, 이들의 변화가능성에 대한 역사적 기대감이 소중하다.

진정한 인간적 공존과 이해는 모든 사물에 대하여 그것이 변화할 수 있다는 믿음을 갖는 것이며, 그 존재 자체로 소중한 존재의 이유가 있음을 이해하는 것이다. 그 믿음으로 비록 나와 달라도 함께하기 위해 먼저 손을 내밀고 그의 조그만 장점이라도 받아들이려는 열린 자세일 것이다. 즉, 척사위정사상은 크게 보면 수구 봉건적 사고이자 행동이어서 참으로 한심해보였지만, 사실 그러한 생각이 존재함으로써 그만큼 식민지화도 늦어졌고, 오늘날 우리 한류가 세계를 점차 뒤덮게 되는 토양이 된 것이다.

하늘이 만물을 낳을 때는 반드시 쓸모가 있게 내놓는 법이다. 나와 다른 것은 반드시 그 이유가 있는 법이다. 그래서 나와 달라서 괴로워도 잠시 참모습을 찾아보려고 노력해야 한다. 그래야만 청년학생의 마음은 더 넓어질 것이다. 진정한 공존의 토양은 사람과 역사 앞에 얼마나 솔직한가에 달려 있다.

역사의 진실 구하기

> 이론적인 지식이 감정과 양립 불가능한 것은 아니라는 것, 지식은 동시에 객관적일 수도 주관적일 수도 있다는 것, 그래서 인간과 동물의 구체적인 관계는 특히 과학이 전적으로 자연과학인 문화에서는 과학적 인식의 세계전체가 정情적인 색채로 물들어 있다는 것이다.
>
> —레비스트로스, 『야생의 사고』

역사적 진실이란 무엇일까. 역사란 무엇인가를 강의하면서도 늘 역사란 무엇인가에 대한 판에 박힌 논의밖에 할 수 없었다. 그동안 그 모범답안에 의하면 그저 '역사란 인류생활의 과거에 일어난 일'이거나 '모든 역사는 현재의 역사'라는 두 가지 경향이다. 이렇게 놓고 보면 역사란 전자의 경우는 각 시대별 단계의 역사적 사건의 순수한 복원을 말하는 것 같고, 후자는 현재의 문제를 해결하기 위한 실천적 시각으로서의 과거사 연구인 듯하다.

이에 전자는 보수적인 뉴라이트 역사학의 관점에서 애용되는 것이고, 물론 식민지 시대 친일 역사가의 그것과 유사하다. 그리고 후자는 소위 현실참여적 역사학, 통일지향의 역사학에서 주로 말하는 것 같다. 이처럼 거대한 시대의 흐름에 대한 두 가지 상반된 인식이 난무하는 데서 정작 실종되는 것은 역사의 '진실'이다. 우리가 살고 경험한다고 해서 체험한 모든 것들이 그 진실에 가깝다고 말할 수 있는가. 백문이 불여일견이라는 말도 있는데, 내가 현재 살고 있으니 현재에 대해선 지금 살고 있는 우리가 가장 잘 안다는 것인가?

분명히 말하지만 그 대답은 '그렇지 않다'이다. 그렇다면 역사적 진실은 어디에 있는가. 왜 역사적 진실은 먼 훗날이 되어야 뭔가의 진실의 모습을 보이게 되는가. 그것은 현대사 연구(박사학위 논문 기준)가 아직도 1960년대 이상으로 올라오지 못하는 이유이면서 역사가 왜 필요한가를 말하는 중요한 단서이다.

역사적 진실은 잘 보이지 않는다. 그것이 비록 스스로 경험했다고 하더라도, 역사적 사실에 대한 직설적이고 객관적인 복원은 사실상 불가능하다. 왜냐하면 당대에 살고 있다고 하더라도 그 사람은 '진실'을 깨닫기 어려운 경우가 많기 때문이다. 나뭇가지에 달린 수많은 나뭇잎은 주변의 나뭇잎의 우연적이고 임의적인 좌충우돌의 삶에 깊이 얽매여 있다. 마찬가지로 사람도 바글바글한 나뭇잎들처럼 좌충우돌하는 삶에서 벗어나 자신의 삶을 규정하는 나뭇가지와 둥치의 모습을 정확히 보기 힘들다.

사실 우리는 사회생활을 함에 있어서 그저 돈 벌고 밥 먹고 잠자고 하는 일의 반복인 듯하지만 구석구석 여러 가지 사회 속에 내재하는 개념과 상징 그리고 다양한 삶의 지향이나 각종의 논리나 염원, 여망과 같은 감각에 좌우되기 일쑤다. 즉, 누구나 가지는 자기의 추상능력과 상징능력이 사회에 대한 자신의 고유한 이해와 자신에 대한 존재감을 형성하며 그럴 경우 이미 무념무상의 사회상은 존재하지 않고 개념과 자신의 스펙트럼으로 반영된 사회와 인간관계만 보이게 된다.

참으로 어려운 말이다. 이러한 인간의 인식구조가 바로 파시즘체제하에 살던 국민들로 하여금 아편을 맞은 듯 신들리게 군국주의자들에게 열광하게 만든다. 그리고 자본주의에 찌든 사람들이 본능적으로 사회주의에 대한 메카시즘의 시각으로 무장하여 붉은색만 보아도 빨갱이를 연상하게 하는 마력을 발휘한다.

어쩌면 우리 모두에 해당되는 이야기겠지만, 나뭇잎과 같이 우연적 임의적 삶 속에 사는 사람들은 나뭇가지와 둥치가 곧게 자라서 하늘로 올라가서 전체적 구조와 체계 그리고 필연성과 논리를 만들어가는 것은 등한시하기 쉽다. 역사적 진실이 제대로 보이지 않는 것은 바로 진실이 움직이고 흔들리는 시간과 공간의 축 속의 어느 좌표에 존재하기 때문이다. 따라서 만약 역사적 진실이 수학적 차원에서 설명가능하고 그래서 어떤 사건이 절대적인 수치로서 배열된 X축(공간)과 Y축(시간)의 도표상에 정확히 표시할 수 있다면 그것을 추적하기 쉬울 것이고, 굳이 역사학자가 필요 없을 것이다.

문제는 진실이 시공간이라는 두 축에 존재하되, 그 두 축은 절대적으로 고정된 것이 아니라는 점이다. 인간을 둘러싼 다양한 상징체계, 감각, 관습, 이해관계, 환경, 개념이나 염원, 종교적 감성 등 환경의 영향으로 늘 축 자체가 요동치고 있다는 것이다. 마치 파도치는 배 위에서 파도 위에 놓인 사과를 활로 쏘아 맞추는 것이 역사공부이다. 그렇기에 '흔들리는' 시공간의 축 속에 어느 지점엔가 존재하는 역사적 진실은 가물가물하여 금방 파악하기 어려운 경우가 많다. 그러므로 우리는 역사적 진실을 추구할 때 다시금 생각해야 할 대목이 있다.

그것은 역사의 진실이란 결코 획일적 이념이나 몰가치한 복원일변도의 추구에서는 보이지 않는 사물과 사건에 내재하는 사회적 의미라는 점이다. 나아가 역사적 진실은 스스로 인간의 고급추상과 이해관계 그리고 논리와 다양한 개념의 복합에서 발생하는 것이라서 맨 눈으로 그냥 보아서는 보이지 않는다.

맨눈 즉 실증 일변도의 눈으로 그냥 보다보면 오히려 역사는 왜곡된다. 즉, 당대 여론을 그냥 파보면 신탁통치는 반대해야 진정 민족을 위한 것인 듯하고, 미국을 경계하면 좌익으로 보이며, 한일합방 문제는 융희황제의 도장이 찍힌 국가간 정식 문서일 뿐이다. 그리고 독도 관련 자료는 일본에 많으며, 박정희만이 유일하게 우리나라를 먹고 살게 한 반공과 건설의 대통령이다. 일제침략을 말하면서 표면적인 진실에 대한 접근만 고려하는 듯하고, 북한에 대해서도 겉으로 드러난 그들의 문제점에 대한 비난이나 분석에 치중할 경우가 많다.

역사적 진실은 레비스트로스가 '인간 내면성에 비치는 외면성의 그림자'라고 한 것처럼 외면적 실체의 내면적인 의미를 추구하는 데서 나온다. 그 그림자는 단순한 역사적 사실 자체의 반영이 아니라 그 사실에 대한 각각의 의식과 고민 그리고 다양한 이해관계의 반영이다. 그래서 다양한 스펙트럼과 이념의 실험을 통하여 현미경의 줌과 역사적 진실이 광학기계의 초점처럼 합치될 때 즉, 인간사의 여러 사건과 맞아 들어가는 그 순간이 바로 역사적 진실이 발견되는 모습이다. 이것을 위해선 진실을 향한 다양한 이념이 과거 역사에 투영되어야 하고, 다양한 색안경을 통하여 진실에 접근하는 길을 열어야 한다. 이것이 역사의 아이러니이다.

요즘 역사학자가 아닌 연구가들이 단편적인 지식으로 식민지는 일제에 의해 근대화되었고, 대한민국은 친미반공이 국시이며, 빈익빈 부익부는 천부의 철칙이라는 주장을 펴서, 내심 참으로 놀랍고 개탄스럽다. 하지만 그에 대한 진정한 역사학자의 대응양상이 또 다른 대립각을 세운 이념 공세로 나타나서는 결코 안 될 것이다. 그들의 실증적 연구 성과를 역사라는 종합적 틀에서 취사선택함으로써 역사가 종합적 학문이고, 다양한 틀의 실험 속에서 요동치는 역사적 진실의 좌표에 접근하는 데 기여하도록 유도하는 것이 우선이다. 그래야 뉴라이트의 북한적대론이나 반공 매카시즘에 대한 대중적 경각심을 높여갈 것이고 그들의 헛된 종교적 열망을 잠재우게 할 것이다.

50년 전 아무도 신돈을 혁명가로 보지 않았지만 다양한 시각들이 경합하고 논의한 결과 이제는 요승이 아니라 혁명가의 모습으로 등장하고 있다. 이처럼 모든 것은 진실을 향해 나아가는 데 기여하는 것이며, 이에 공존하고 합의하기 위한 노력을 요구한다.

적어도 역사학자로서 예측하건대, 그러한 진실을 향한 수많은 노력이 모인다면 언제가는 친일반공주의자들이 조국의 해방과 민족 통일을 고민했던 많은 사람들을 일방적으로 빨갱이라고 몰아 억압하고 사회의 부를 독점하여 오늘까지 이르렀던 그런 잘못된 역사의 종지부를 찍는데 동의할 것이다. 뉴라이트 류의 변종 역사학이 스스로 고립된 이념의 틀 안에서 마치 진실의 수학적 좌표를 얻은 것처럼 주장한다고 하더라도, 진정 바른 역사학자는 요동치는 시공간의 틀 속에서 가물거리는 역사적 진실을 향해 다양한 개념적, 이념적 실험을 수행하고, 그럼에도 어느 특정 이념에 정체하지 않는 자세로 나아갈 필요가 있다.

우리가 어떤 이념의 볼모가 아니라 역사적 진실의 진정한 숭배자가 되려 한다면 해방 이후 우리 스스로 자행했던 우리와 우리 이웃에 대한 역사적 과오를 겸손히 반성하는데 인색해선 안 된다. 그래야 우리 역사학이 뉴라이트 계열의 변종 역사학조차 포용하는 마음에서 역사적 진실이 열리듯이, 포용을 바탕으로 한 상대에 대한 이해가 진정한 남북 관계를 만들고, 남북의 신뢰와 공존 가능성을 키울 것이다.

몇 가지 서로 이해할 수 없는 언술의 격차에도 불구하고, 그것으로 적대와 반목을 이어가지 않고서 포용하는 것, 그것이 진정 대한민국을 사랑하는 사람이 북한을 바라보는 바른 태도일 것이다.

역사의 진실이 여론과 탈구될 때

> 체계의 논리가 체계 내에서 삽입되는 국부적 논리의 집합과 모든 점에 있어서 일치할 필요는 없다. 이 전체의 논리는 다른 어느 종류의 것이라도 무방하다. 그것은 사용하는 축의 수와 성질, 한 축에서 다른 축으로 옮겨가기 위한 변환의 규칙, 나아가서 체계 고유의 습성, 즉 무연無緣적 동인에 대한 사례마다 다른 수용성의 크기에 따라 정해진다.
>
> —레비 스트로스,『야생의 사고』

개별적 사회 구성원들 의식意識의 총합이 과연 우리 전체의 역사적 구조(체계)와 일치될 필요가 있는가? 과연 역사적 진실은 늘 여론과 현실의 공론 위에 존재하는가? 이것은 참으로 대답하기 어려운 질문이고, 실제로 존재하는 역사학자의 고통이다.

하지만 역사의 진실은 반드시 역사적 여론과 항상 일치되지 않는다는 것이 사실이다. 여론과 공론을 고민하는 것이 어쩌면 민주적 절차주의 사회에서 그나마 사회적 안정성을 높이는 길이라 할지라도 역사적 진실과 여론은 반드시 일치되지 않는 것이며, 일치될 필요가 없는 경우가 많다. 그만큼 역사적 진실은 구체와 추상의 xy축 그래프상 어느 한 지점이며, 특히 식별하기 힘든 좌표 위에 존재한다.

그래서 어떤 역사적 사실은 폭력과 마녀사냥과도 같은 국민적 여론의 격랑을 피해 수십 년간 은둔하기도 하며, 역사가도 오랜 세월이 지나서 여론의 드레싱을 벗겨낸 다음 비로소 그 자신의 평가를 내어놓는다. 이는 역사가 현실의 학문이면서도 실제의 연구는 어찌 그리 더디 진행되는 것인지 말하는 것이다. 진정한 역사학자는 여론과 공론의 위험성을 본능적으로 알고 있기 때문이다.

어쩌면 여론과 공론을 중시하는 봉건 조선사회에서 그러한 여론이라는 것이 결국 양반계급의 사회적 안정과 계급적 목적을 실현하는 독점적 이데올로기의 사회적 합리화 과정이었다.

지금부터 50여년 전 모스크바 삼상회의에서 조선에서의 임시정부 수립 방책과 그 기간 동안의 신탁통치 문제를 결의했을 때 『동아일보』를 비롯한 남한의 많은 '매국' 언론들은 마치 소련이 신탁통치를 주장했다는 공론을 전파하여 국민의 이목을 왜곡했다. 많은 국민들은 그것에서 굳은 반탁의 여론을 조성했다.

민족해방운동사에 길이 공적을 남긴 김구 선생조차도 신탁통치에 관한 언론의 보도를 믿고 비상정치회의를 소집하고 미군정의 모든 권력을 접수하겠다고 하면서 반탁진영의 선두에 섰다. 이승만은 독립촉성회를 통하여 친일반민족 세력을 반탁진영에 동원하였고, 북한에서 떨려져 나온 반공투사(?)들은 자신의 친일과 매족의 경력을 빨갱이 잡는 것으로 보상하려는 광기의 시대를 만들어갔다.

이 같은 참혹한 찬탁과 반탁의 이념 대결이 극단으로 치달을 때 양심과 진실을 수호하려는 역사학자는 그것이 비록 공론이고 모든 국민의 여망이 담긴 여론이라고 할지라도 그것이 왜곡되었을 때에는 역사를 배반하고 사회를 파탄으로 끌고 간다는 사실을 경고하는데 있다. 어쩌면 그것이 역사가가 우리 사회에 존재하는 이유이다.

5·16군사쿠데타가 일어났을 때 많은 사람들은 군부 엘리트들이 데모와 무질서의 혼란을 잠재우고 효율적이고 건설적인 사회를 만들 것이라고 기대했다. 민주적 사회 원리는 밥 한술 뜨는데 별반 도움이 되지 않는 때이른 공상처럼 생각했다. 민주주의를 압살하는 유신헌법을 지지한 국민의 여론이 90%를 넘었다는 사실에서도 여론이 현실을 어느 정도 왜곡할 가능성이 있는지 알고도 남음이 있다.

우익 정치가들이 좌파 정치가에 대하여 포퓰리즘의 위험을 경고하는 것 이상으로 우익 정치가들의 반공 매카시즘은 국민적 여론을 배경으로 한 폭력과 테러리즘이었다. 그만큼 역사의 진실과 구체적인 삶을 사는 국민적 여론은 격차를 보일 수 있다. 특히 구체적인 삶을 사는 국민들에게 다가오는 생존의 공포는 현실이기에 더욱 그러한 여론 조작의 가능성은 커지는 것이다.

실제로 5·16쿠데타를 쌍수를 들어 환영하는 수많은 빈곤층과 서민들의 여론은 거창한 민주주의보다 당장 닥치는 밥 한술의 고통이 현실을 벗어나 따뜻한 빵과 국을 먹여주는 국가에 대한 그리움을 대변한 것이다. 구체적인 삶의 경험에서 나온 그러한 경험의 철학에 대하여 많은 사람은 그 어떠한 대꾸도 필요가 없는 듯했다. 북한이 수많은 사람들을 굶겨죽이고도 사회주의 체제를 유지하고 김정일 독재체제를 구축하는 것에 대한 공분이 바로 많은 국민들의 여론이다.

그런데 자세히 보면, 구체적인 삶의 역사에는 아무것도 정해진 것이 없다. 나뭇가지 끝에 걸린 잎사귀처럼 서로 미워하고 갈등하고, 혹은 서로 보담기도 하면서 어우렁더우렁 살아가는 것이 구체적인 인생들이다. 물론 거기에는 삶의 개별적인 이해들이 담겨있고, 일면 역사의 진실이 상당부분 포함되기에 존중되어야 한다.

하지만 우리는 그러한 수많은 잎사귀들이 바글거리는 그 삶에서 점차 말단 가지에 걸린 수많은 임의적이고 우연적인 삶들의 치열한 바글거림이란 어느덧 커다란 나무둥치가 하늘로 곧게 뻗은 위에 가능하다는 발견을 하게 된다. 여론은 개별적 사고의 집합으로 나무의 상태를 보여주는 중요한 지표임에는 틀림없으나 근본적인 생명의 동인은 나무 둥치와 가지에 있는 것이 아닐까. 그래서 모든 여론은 역사적 진실 위에서만 힘을 발휘하게 된다.

그럼에도 여론이 역사적 진실에 접근하는 데는 많은 여과장치가 필요한 것이 사실이다. 예를 들어 북한의 주체사상이든 불합리한 남한식 자유주의든 그것이 구체적인 단위의 고통이나 불안에도 불구하고 이미 하나의 체계였고, 각 사회를 유지하는 중요한 사고의 지렛대가 되어있다. 따라서 남과 북의 대비를 절대적인 소득수준이나 삶의 수준에서 우열을 나누려는 사고는 경쟁과 상대주의에 찌든 자본주의적 평가기준일 뿐이다.

역사적 평가 기준은 이와는 다를 것이다. 삶의 수준에 대한 평가와 더불어 우리 역사의 길에 합당한 길이 무엇인지 고민하는 것이다. 진실로 밥과 국에 대한 환상은 구체적인 일과 노동을 전제로 해야 하듯이 역사적 진실은 구체적인 사회적 불합리한 구조의 청산을 전제로 한다. 지엽말단의 세상에 살면서 세상은 그런 것이라고 속단하는 것이 아니라 좀 더 크게 보고 잘못된 사회적 악법을 철폐하고 일부 진골집단의 세상 독점을 경계하는 위에 국가경쟁력을 높여야 한다. 그렇지만 더한층 주의해야 할 것은 모든 것을 국가경쟁력이라는 한 단어에 획일화하면 참으로 세상을 단순 명쾌하게 정리할 수 있다는 점이다. 하지만 진실은 그곳에 있지 않다.

역사적 진실은 바로 인간의 공존이며, 인간은 언젠가 경쟁과 적자생존의 사회시스템이 인간사회를 고달프게 하고 도저히 참을 수 없는 경지로 몰고 갈 것이라는 예측을 하게 될 것이다. 이에 진정한 역사적 진실과 합치된 여론이란 사람이 더불어 공존하며 함께 살아갈 수 있는 방안을 고민하고 접근하는 것이다.

역사의 단면을
역사의 모든 것으로 착각한 '유사' 자유주의자들

『해방전후사의 재인식』과 뉴라이트 역사학의 망령

20세기 이후 사회과학적 방법론을 중시하는 역사학이 정립되는 한편, 과학적 세계관을 표방한 사적 유물론적 관점의 역사발전론은 자본주의 사회의 비인간성과 구조적 모순을 파헤치는 중요한 역사적 수단으로 강조되었다. 이른바 거대담론을 중심으로 하는 자본주의 비판의 과학으로서 역사학인 것이다.

거대담론, 즉 통일이니 민족이니 하는 시대적 과제를 우선시하고 실천적 사명 혹은 역사서술의 현재적 의미를 강조하는 기왕의 학풍은 최근 포스트모던 혹은 뉴라이트 계열의 역사학이나 사실 자체의 명확한 분석을 강조하는 역사학의 도전을 받고 있다.

그런데 이들은 자유주의 역사학를 표방하지만 공존의 가치를 지향하는 자유주의를 제대로 담지 못한 '유사' 자유주의 역사학에 머무는 또다른 반공주의 이데올로기일 뿐이다. 이들 계통의 역사학은 기왕의 역사학이 지나치게 사회적 · 국가적 과제[거대 담론]에만 관심을 기울임으로써 일부 역사는 왕이나 영웅 등의 전기와 하등 다를 것 없었고, 일부 밝혀진 사실 또한 대체로 승자의 전리품이나 변명의 일부로서 '실제' 역사를 외면할 공산이 크다고 한다. 나아가 내재적 발전론 등 거대 담론의 창도 아래 역사를 마치 시대적 과제 해결 수단인양 착각을 주었다고 했다.

한편, 『해방전후사의 재인식』을 필두로 한 뉴라이트 역사학도 그러한 기왕의 역사학에 대한 비판에서 포스트모던 계열과 비슷한 논조를 보였다. 우선 이들은 그간의 한국의 양심적 역사학자들이 고민한 한국의 민족주의론과 그 역사서술을 정체불명의 사이비 민족주의론이며, 근거 없고 과학성이 떨어지는 언술이고, 나아가 통일과 진보 등 이른바 여망과 아쉬움의 역사를 지속적으로 재생산함으로써 우리 역사를 신념의 학문, 종교화된 학풍으로 전락시켰다고 한다.

둘째, 이러한 경향에서 급기야 일부는 앞으로 역사학은 문화유산의 전승이나 문구 해석에 전념하는 일제 강점기 실증사학을 주도한 이병도와 같은 관변학자들의 모습으로 돌아가야 한다고 했으며, "자유주의적이고 반공주의적인 대한민국의 정체를 옹호"하는 역사학만이 바른 역사학이라고 하였다.

그러므로 기왕의 국사학은 구호와 명분에 편향된 만큼이나 남·북간 역사 이해도 편향적이며 북한의 비리는 언급하지 않으면서 남한의 오류만 들추어낸다고 했다. 결국 대한민국은 미국의 지원 아래 자유와 반공의 토대 위에 건설된 것이고, 그것이 오늘 우리의 번영을 이끌었으며 반대로 친일청산과 역사바로세우기는 결국 그러한 우리 대한민국의 정체성을 부정하는 것으로 국가 혼란을 부추기는 좌경세력 준동의 결과라고 했다.

셋째, 이들은 기왕의 역사학이 '역사의 정치화' 혹은 역사를 특정 정치세력의 다른 정치세력에 대한 공격 수단화하는 가능성을 높였다고 보고, 이성과 합리 혹은 근대와 민족과 같은 신기루와 진배없는 허구적인 사실만을 지선의 가치로 미화했다고 했다.

이에 포스트모던 계열의 역사가들은 신변잡기와 미시사에서 인간적 진실을 추구하자는 주장을 내놓았으며, 뉴라이트 계열도 『해방전후사의 재인식』을 통하여 그것을 비판하려 했다. 물론 이들의 지적에는 기존의 국사학이 특정한 역사적 사실에 대하여 실체적인 접근보다는 현실적 의미 부여에 급급하고 영웅주의에 찌든 여러 문제점과 오류에 대한 따끔한 충고도 있었다.

하지만 이들의 이해는 근본적으로 다음과 같은 문제점을 드러낸다. 첫째, 이들 『해방전후사의 재인식』을 집필한 뉴라이트 계열의 '유사' 자유주의 역사학자들은 역사 전공자가 없다는 점에서 개별 사회과학 단위의 협소한 학문적 편협성을 보여주며, 그러다보니 퇴행적 개인주의 역사학으로 복귀를 주장하고 이분법적인 세계관을 자유주의라는 수사로 은폐하며 역사의 특수한 단면을 확대 해석하려고 했다.

이들은 관변 통계와 식민지배 당위론적 언술을 바탕으로 외연적인 생산력 증강과 근대적 문화적 세례에 대한 과잉해석을 매개로 하여 식민지배 아래서 유래 없는 조선의 자본주의화와 이후 동아시아 자본주의의 성장 토대 마련에 대한 일본의 공적을 찬양하는 일을 서슴지 않았다. 그러나 화려한 근대화와 식민통치의 그늘에 가려진 구체적 삶의 허무와 환상 그리고 통계 이면에 깔린 삶의 질곡과 기만적 통치행정에 대한 진솔한 분석은 어디에도 없다.

둘째, 이들 유사 자유주의자들의 이론적 근거는 '냉전주의적 문명충돌론'이다. 즉, 이들은 문명충돌 혹은 문명사적으로 남북문제를 파악하면서 현재 남북은 각기 대륙과 해양문화권 영향 아래 놓임으로써 어쩔 수 없이 대한민국 중심의 역사인식이 불가피하다는 입장이다. 이들의 논리가 가지는 반공주의적 성격으로 인해 오히려 그들 스스로가 역사를 반공이념화하려 하였고, 나아가 사회적 안정을 명분으로 그것을 비판하려는 양심적 역사학자를 배격하는 정치적 선전수단으로 사용했다.

무엇보다도 그러한 시대착오적인 이분법적 세계관이 그대로 우리 역사에 적용할 경우 남북의 평화공존이나 국민 삶의 총체적 개선에 어느 정도 악영향을 줄 것인지 고민이 전혀 없다. 그러니 이병도 사학이 그토록 역사학의 미래 모델로 그려지는 것이다.

셋째, 이러한 문화충돌론은 학문적 측면에서나 현실적 측면에서 우리 사회에서 전통 문화의 유산이 해양 자본주의 시스템과 긴밀한 연관을 가지고 있다는 사실을 망각한 채 "한국문화 = 미국문화의 시혜에 의한 문화" 이상의 진단을 거부하고 있다. 하지만 정치나 기업 문화 속의 전통적 위계는 물론 한류韓流가 보여주는 우리 문화의 국제적 가치, '사극史劇'에 열광하는 국민정서, 장유유서 관계를 중시하고 감성적이고 인화를 인간관계의 으뜸으로 치는 우리 문화에는 '문화충돌'로만 설명할 수 없는 '문화복합'적 측면이 많다. 따라서 이들의 대륙문명권에 잔존한 북측과 해양문명화한 남측의 문명충돌이라는 도식은 흡사 '해양(=자유민주주의) 대 대륙(=전체주의)'라는 기존의 냉전시대의 적대적인 이분법적 발상과 크게 다르지 않다.

넷째, 그와 더불어 포스트모던 계열의 역사인식 또한 발가벗긴 민중의 참모습 혹은 삶의 참모습을 꼼꼼히 미시사 혹은 탈구조적 관점에서 해부할 희망을 숨기지 않지만, 정작 그러한 서술이 그동안 거대담론이 드러낸 모순에 대한 적절한 항변은 담고 있을지언정 기왕의 과학적인 역사 이해방식을 대체할 대안은 찾기 어렵다. 바꿔 말해 번지르르한 언술과 비판에도 불구하고 실제 기존의 거대담론 지향의 역사학을 부정할만한 완성도 높은 미시사 연구를 성취한 것이 없으며, 그나마 일부 또한 신변잡기 이상의 고민이나 지역사 창도의 당위성을 제안한 수준을 넘지 못했다.

이처럼 두 계통의 역사는 한결같이 기왕의 역사학에 대한 미시적 비판(포스트모던 계열)과 냉전주의적 이분법(뉴라이트 계열)을 명분으로 자칫 기왕의 역사학이 다루지 못한 영역을 개척한 의미는 있지만 결국 그것을 대체할 능력도 자세도 결여한 '유사' 자유주의 역사학에 다름 아니다.

진정한 자유주의 역사학이란 작위 혹은 인위적인 주의의 제창에 의해서 이룩되는 것이 아니라 수많은 이해관계를 달리하는 다양한 역사학적 방법과 실험이 존중되는 것이다. 비록 상호 인식이 중첩되거나 갈등을 빚어도 서로 타협도 하면서 공공의 이성을 회복하고 합의된 공리를 바탕으로 비로소 새로운 경향과 학풍을 만들어 가는 것이다.

이 점에서 뉴라이트 역사학의 『해방전후사의 재인식』이나 구체적 내용을 강조하는 포스트모던 계열의 견해들은 진정한 자유주의적 역사학이 아닌 폐쇄적 자기도취 혹은 현실외면의 역사를 마치 진실추구의 과학인양 선전하는 또다른 비교秘敎 신앙일 뿐이다.

역사가 결국 신념의 대립을 위한 것이 아니라 역사적 진실을 추구하는 이상, 기왕의 연구에서 축적된 고민과 성과를 충분히 흡수하면서 찬찬히 대안을 만들어가는 것이 적절하다. 기왕의 국사학이 가지는 지나친 감정이입이나 과잉해석 그리고 서구지향적 이론의 기계적 적용 등에 대한 양 계통의 지적은 의미가 있지만 필경 이들이 근본적인 역사학적 방법론의 현실적 대안으로 자리 잡기는 요원하다.

왜냐하면 그들이 보는 것은 결국 역사의 단면斷面이기 때문이다. 그들은 역사의 단면 혹은 특수한 현상을 토양으로 새로운 역사인식을 견강부회하려니 결국 맹렬한 자기 영역의 수호와 기존 연구에 대한 좌충우돌적 비판에 전력을 다하는 모습만 보일 뿐이었다.

8 · 15 해방, 공존共存의 실천을 위하여

1945년 8월 15일 일본이 연합군에게 패하고, 결과적으로 우리는 '해방'을 맞이했다. 물론 이러한 해방의 이면에는 온 민족의 꾸준한 항일투쟁이 있었다. 하지만 해방은 완전한 민족해방이 아니었으며, 오히려 우리에게 새로운 과제를 안겨주었다.

많은 사람들의 당대의 시대적 과제는 국권을 되찾아 자주적 통일 독립국가를 건설하는 것이며, 일제의 잔재를 청산하고 사회의 제반 민주주의적 개혁과 민족경제를 육성하는 것으로 판단한다. 물론 이러한 역사적 과제를 부정하고선 8 · 15해방의 진정한 의미를 찾기는 어렵다.

그래서 많은 교과서나 8 · 15 해방 관련 글에서 이 부분을 특별히 강조하는 것은 당연하다. 그러나 방법면에서는 좀더 생각해 볼 문제가 있다. 즉, 당시 상황은 철저한 민족주의 확립 또는 우리만의 선택을 주장할 수 있는 상황이 아니었다. 우익적인 입장에서 말하는 국제관계의 이용이나 현실적인 국제 협력의 필요성도 무시되어서는 안 되었다. 그렇다고 외세 영합에 반대하고 자주적 국가 건설만을 강조하는 것을 무조건 옳다고 해선 안 될 상황이었다.

역사의 현실은 엄연히 다른 두 개의 이식된 사고, 즉 자유주의와 사회주의의 분립현상을 묵과할 수도 없었다. 미영 제국과 중소의 양대 진영 간의 냉전체제도 고려하지 않을 수 없었다. 최근 뉴라이트에서 우리의 각박한 현실을 이기기 위해서는 자주나 민족보다 국제협력의 중요성을 강조해야 한다는 주장이 나오고 있다. 일면 이러한 주장은 긍정할 만하다. 외세를 배제한 채 무조건 민족자주와 통일, 우리식대로를 외칠 수 있는 평탄한 역사적 조건은 그동안 없었기 때문이다. 무엇보다도 8 · 15

해방으로 인해 자주나 민족 또는 자유민주주의 시장 경제를 강조하는 것보다 중요한 역사적 과제가 등장했다. 그것은 사람간의 공존과 양해였다.

불행하게도 해방정국은 서로 다른 이념의 집단간의 공존 가치를 높이는 사고들이나 인사들에 대한 존경이 없었고, 오히려 남북 어디서나 회색분자로 낙인찍히는 현실이었다. 많은 사람들은 좌익이 옳고 혹은 우익이 옳고 하는 자기 사상의 일도양단이 선명한 하나의 이상을 좋아하고 있었다.

최근 이스라엘이 끊임없이 아랍제국과 다투고 첨단 무기를 동원하여 무고한 인명을 살상하는 것도 결국은 신의 약속을 핑계로 '자기 생존' 논리를 합리화 한 살인불감증에 기인한다. 이것은 그들만의 생존에 급급한 채 이웃과의 공존의 철학이나 사회적 시스템을 부정해온 결과이다. 물론 이슬람도 마찬가지다. 이스라엘이나 아랍 둘 다 위대한 신을 모시는 선민들이지만 자신의 신에 대한 맹목적인 충성과 열정만을 강요하면서 상대방에 대해선 부정과 폭력을 서슴지 않는다.

정의란 신념에서 나오는 것이 아니라 '내 이웃을 내 몸같이 사랑하는 데서 나온다'. 이러한 위대한 신들의 가르침을 그들은 오직 자기만의 신의 존재가치로 왜곡하면서 그러한 잘못된 신념과 염원의 잣대로 상대방을 무시하고 괴롭힌다. 따라서 위대한 신들은 잘못 택한 자기 백성으로 인해 무척 곤혹스러울 것 같다.

8 · 15가 우리 민족에게 새로운 사회 건설의 기회였지만 현실적으로 미 · 소 양군의 군사 점령을 의미했다. 이는 미 · 소 양국이 비록 카이로선언(1943.12), 얄타회담(1945.2), 포츠담선언(1945.7) 등에서 조선을 독립하기로 했다. 이것은 각기 확보된 지역에서 자국의 이해를 관철시키려 했기 때문이었다. 그래서 국가재건을 둘러싸고 우리 민족 내부에서도 큰 분열이 있었다. 분열은 잘만 이용한다면 민족통합과 신국가 건설에 큰 경쟁

적 밑거름이 되었을 수도 있었다. 그런데 현실은 서로 학살하고 죽였다. 죽이고, 보복하고 다시 학살했다.

처음 해방 당시에는 남 · 북을 막론하고 거의 전 사회계층은 통일국가 건설과 제반 민주개혁이 조속히 실현되길 열망했다. 그것은 일제하 민족해방운동의 역사적 귀결점이자 해방 이후 각 정파들의 주장에서 나타난 일관된 구호이기도 했다. 미 · 소의 진주로 남북의 이해는 어긋나기 시작했다. 하지만 남북이 나뉜 것에 대한 대안보다는 한결같이 개별적인 차원에서 생존방식을 추구했고, 자기 정당화를 위한 선민의식을 이식한 사고들을 토양으로 뭉치는 현실이 되었다.

그러므로 역사는 왜곡되었고, 지역 분단 그 자체의 위험보다도 사람간의 분열이 더 큰 사회적, 역사적 문제가 되었다. 사상이 다르니 무조건 박해하고 그것이 모여 분단이 고착화된 것이지, 분단 때문에 사람이 분열된 것은 아니었다. 물론 남북간의 편차도 있었다. 정치권력 면에서 북에선 소련군이 초기에 행정권을 지방인민위원회에 곧 이어 북조선임시인민위원회로 이관하였던 반면, 남에서는 미군이 군정을 선포하고 공식적으로는 어떠한 세력도 남한을 대표하는 것으로 인정하지 않았다. 따라서 남에서는 미군정의 역할이 결정적이었다.

외세의 강한 영향 속에서도 당시 우리 사회 내부에선 민족문제의 해결을 위한 노력이 지속되었다. 8월 15일 전후로 하여 국내에서 가장 먼저 활동을 개시한 것은 여운형의 건국준비위원회(건준)였다. 건준은 건국동맹(1943)을 모태로 하여 결성된 '통일전선' 조직이었고 대중적 기반도 광범위했다. 이에 1945년 8월 말까지 전국적으로 145개소의 지방 지부를 설치하여 치안유지 등 활동을 전개하고 8월 25일에는 '완전독립' · '진정한 민주주의의 확립' · '대중생활의 확보' 등을 골자로 하는 선언과 강령을 발표하였다. 그러나 내부구성의 다양성과 입장 차이를 발전적으로 지양할 수 있는 계기를 확보하지는 못했다.

결국 여운형이 주도한 민족 공존의 실험이 실패하면서 조선인민공화국 주도세력은 좌익화되고, 그에 대립하여 우익계가 한국민주당을 중심으로 활동하여 좌 · 우익의 분열이 가시화되었다.

우리의 사회를 무조건 독점적으로 지배해야 하는 특정한 신념보다 더 소중한 역사의 원칙이 있다. 그것은 바로 감동과 신뢰이다. 인간관계의 감동과 신뢰가 상실될 때 우리는 진정한 소외가 무엇인지 알게 된다.

진정한 8 · 15의 의미는 자주 통일국가 건설이라는 추상적 슬로건이 아니라 나라 없이 30여년을 살면서 해체된 우리들의 공존방법을 다시금 재건하는데 있었다. 그 공존방법은 바로 우리 민족이 5천년 동안 콩알 반쪽도 나눠먹는다는 공동체 정신과 이성보다는 감성적 인간관계를 소중히 하는 전통이었다. 이성의 경합만큼 감동의 경합도 중요했다. 인간이란 이상을 추구하지만 그만큼 배불려주는 현실을 추종하는 회색의 존재이기 때문이다.

한때 미군정이 좌우합작 운동을 지원하고 이 세력을 중심으로 한 임시정부 수립을 구상하기도 하였다. 우리 스스로를 돌이켜보면 선명한 것을 좋아하는 것은 마치 자기 자랑인 듯 이야기한다. 그러니 좌와 우를 같이 모아보자는 논의도 회색분자의 넋두리 정도로밖에 보지 않는다. 선명한 것을 좋아하다보니 분명한 정치철학을 선호하고, 색깔이 분명한 이념에 지나치게 호감을 갖는다.

하지만 사람이란 흔들리는 시공간의 양축이 교차하는 어느 좌표에 존재하는 중간적인 존재이며, 회색적인 존재이다. 그래서 모든 사람은 얼굴색이 다르고 모습이 다르다. 다른 것을 부정하기보다 공존할 수 있는 마음의 여유를 가지는 것은 우리의 오랜 전통이었다. 이것은 어쩌면 5천년 동안 단일민족으로 우리를 유지시켜준 원천이 아닐까. 우리가 '우리'라는 단어를 자주 쓰는 이유도 바로 이러한 이유에서이다.

최근 이스라엘이 레바논을 공격하여 무고한 아랍시민을 수천명 학살한 사건이 있었다. 만약 이것이 진정 그들이 믿는 신의 뜻이라면 인간은 더 이상 신의 힘을 기댈만한 명분을 얻지 못할 것이다. 수천년간 존경받던 신은 한결같이 인간을 사랑하라는 가르침으로 인간의 존경을 받았기 때문이다. 요컨대 8·15 해방은 거창한 민족 자주의 기회이기 이전에 서로 다른 생각이 함께할 수 있다는 공존의 실천 기회였다.

미래를 여는 역사, 민중의 삶을 통해서 그린 새로운 동아시아 역사교과서

근대 이후 일본의 동아시아 지역에 대한 군국주의 지배와 그에 따른 동북아 주민의 아픔은 말로 다할 수 없다. 한국(조선, 이하 동일)은 고단한 식민지 지배를 감내해야 했고 중국은 계속된 일본의 침략으로 수많은 인명과 자원이 손상되었다. 침략은 단순한 물질적・인적 피해를 넘어 사회 각 방면의 군사문화 잔재, 문화재 파괴, 아시아적 가치의 훼손 등으로 확대되었다. 그런데 침략과 지배의 역사를 넘어서기가 무섭게 한국은 남북으로 분단되었고 반민족적 친일 관료기구가 재건되고 6・25동란을 겪었다.

일본에서는 미국의 영향 아래 여러 가지 개혁을 추진했지만 반공주의의 역공으로 기왕의 천황제와 전통적인 군국주의 색채는 보존되었다. 동아 3국간에도 침략과 피해 당사국이라는 경험에 따라 서로 불신하면서 지내왔고 '공동번영'과 '공존'의 언술로서 그러한 불신을 감추기도 했다.

그동안 동북아의 역사 문제는 피해자 입장인 한국과 중국의 청산 요구에 대한 일본의 무관심이라는 구도로 해결의 실마리가 보이지 않았다. 최근 일본 총리가 총선에서 승리한 후 한중 양국과의 과거사 정리 종결을 선언한 것처럼 가해자의 무책임성은 21세기 동아시아의 진정한 화해 가능성을 저버리게 한다.

이러한 상황에서 일본의 일부 역사학자는 근대 이후 주변국에 대한 침략과 지배가 어쩔 수 없었다는 사유를 내세우며 그동안 오해받은 자국사의 이해를 증진하고 자학적 역사관을 청산한다는 명목으로 『새로운 역사교과서』를 제작하였다. 2006년 초에는 교과서 검정에서 한국사 부분이 대폭 수정되면서 한국과의 교과서 마찰은 일부 해소되었지만 여전히 침략 합리화 사관과 일본식 민족주의를 내면으로 간직하고 있다. 다만, 이 교과서의 채택률이 1% 미만이라는 점에서 일본인 일반의 양심이 아직은 견고한 것을 알 수 있다.

그럼에도 현실은 『새로운 역사교과서』에 대한 일본정부의 '외곽 지원'이 강화되고 더구나 〈식민지 근대화론〉, 〈동북아담론〉 〈국사해체론－탈민족담론〉 등 일부 한국사 연구자들의 주장이 『새로운 역사교과서』가 지향하는 역사인식과 비슷한 궤도를 달리고 있으며, 일부에서는 일제의 대륙 진출은 피지배 주민들의 자본주의 흡수 능력을 증진하고 근대적 기구를 확대시켰다고 주장하기도 한다. 실제로 연구과정에서 침략을 정당화하고, 식민지 혹은 점령지 지배를 당연시하는 데 기여하는 수많은 통계와 지표를 볼 수 있으며, 거기에 현혹된 일부 연구자는 『새로운 역사교과서』 수준을 넘어서는 동북아 및 식민지 담론을 생산하기도 한다.

반대로 이에 대응하는 〈일국사유용론〉, 〈내재적 발전론〉 관점의 연구에서도 그러한 '해체' 논리에 적절히 대응했는지 의문이다. 그동안 각종 연구가 지나치게 사실 위주 서술이거나 민족주의적 틀에서 안주하였다. 그런데 그러한 사실과 사료로 넘친 서술이 오히려 현장감 있는 당대의 상황을 생생하게 전달하는데 걸림돌이 되기도 했다. 또한 특정한 국가적 민족적 목표와 자국의 우월성을 강조하기 위한 역사적 사실이 주로 소개되는가 하면 무엇보다도 민족(국가)사 단위의 담론이 창궐하는 속에서 모든 것이 '민족의 이름'으로 설명되었고, 그럴수록 동북아 근대사는 민중의 아픔과 고통을 말하면서도 정작 구체성은 파편화되어 거대담론(민족론) 속으로 사라지고 말았다.

아울러 '제국의 총칼과 민족의 피바다'를 보여주는 사료가 강조되었고 장엄한 서사도 동원되었지만 정작 쟁점이 되는 현안에 대한 구체적 실증은 거대 담론의 경쟁 속에 묻어졌다. 그래선지 위안부, 강제동원의 기록이 아무리 충실히 기술되었다고 하더라도 그것에서 새로운 역사인식이나 각오를 감동적으로 자아내기란 무척 어려웠다. 아직 1944년 8월에 공포된 〈조선여자정신대근무령〉을 직접 분석한 글을 보지 못한 아이러니와 함께 하는 것이다.

그렇다면 이렇게 국가간의 역사 갈등과 동아시아 근대사에 대한 적대적인 논의의 축적을 보면서 양심적인 동북아 역사연구자들의 바람직한 대응과 노력은 무엇인지 고민하게 한다.

동아 3국의 뜻있는 역사학자들은 이제 21세기는 그동안 창궐했던 1국사 단위의 국가주의적 역사의식만으로 더 이상 동아시아의 평화와 화해를 위한 공통된 역사인식을 창출하기 어렵다고 보기 시작했다. 이에 21세기는 '적대적인 논의간의 중층적 합의 가능성과 그 결실로서의 공존'이라는 당면 과제를 소화해야 할 시대로 파악하고 그간의 역사 갈등을 적대가 아니라 합당한 방법으로 극복할 실질적인 논의를 진척시키고자 했다. 이에 역사학적 차원에서 동아 3국의 바람직한 '공존과 화해 모델'을 창출하려는 노력의 결과가 바로 『미래를 여는 역사』이다. 이 저작을 만든 아시아 평화와 역사교육연대는 2001년 4월에 86개 일본내 시민단체와 학계가 모여서 결성한 단체이다.

여기서 저자들은 '반성과 화해와 평화'를 표어로 일본의 침략에서 비롯된 3국 주민의 참담한 고통의 역사를 교훈적으로 청산하고 서로 교류하고 민주주의와 인권을 보장하여 서로 번영하는 관계로 거듭날 것을 주장했다. 표현은 없지만 근대화론 대 수탈론, 국사해체론 대 일국사유용론 등의 자국사 중심의 소모적인 논쟁을 넘어서 동아시아 민중의 시각으로 동아 3국의 역사를 반성하자는 논의이다. 그리하여 그동안 다소 공허한 이념적 색안경 속에 머물던 동아 3국의 역사를 이 지역 민중의 시각으로 재구성함으로써 동아시아 독자의 고착화된 역사인식을 새롭게 전환하는 계기를 열었다.

이에 본 저작이 가지는 역사적 의미를 다음과 같이 정리할 수 있다.

먼저, 3국간의 역사 갈등을 해소하기 위해 많은 노력을 기울였다는 점이다. 이 책은 동아 3국의 근대화 과정과 일제 침략의 실상을 비교하고, 그것을 통하여 일제 침략 그리고 그에 따른 한·중의 민중들의 저항과 그들이 당한 고통의 역사를 복원했다. 또한 그동안 동아 3국의 역사학계가 오랫동안 첨예하게 대립하거나 갈등했던 쟁점들, 즉 침략의 국제법적 측면이나 위안부 문제, 침략과 근대화의 성격 문제, 강제동원 배상 문제, 천황의 전쟁책임 문제, 일제의 비인도적 학살 만행 문제 등을 알기 쉽게 서술하였고, 동아의 평화를 위한 청산 과제와 교훈을 말미에 적시하였다.

둘째, 복잡한 동북아의 근현대사를 대단히 알기 쉽게 서술했다. 물론 일반 대중이 읽는 교과서 류의 역사서라는 취지로 인해 난해한 문맥을 걷고 복잡한 이론적 모색 예를 들어 거대한 동아시아 담론, 근대성과 민족성 등의 큰 담론은 배제하고 있다. 그럼에도 그동안 종래 1국사 중심의 논리나 민족해방운동사 중심 혹은 자국사 중심의 인식에서 볼 수 없던 동아시아 근현대사의 흐름을 일목요연하게 정리하고 편안한 비교사적 구성으로 3국의 근현대사를 사건 중심으로 요모조모 비교하였다. 그렇다고 무조건의 비교가 아니라 일반 개론서에서 나타나는 건조한 정치·경제·사회·문화의 개별화를 지양하고 중요한 핵심적인 사안을 선정하여 그동안 쟁점이 되었지만 제대로 밝혀지지 않은 사실 예를 들어 난징대학살, 일본군의 성폭력, 마루타 실험, 강제동원인원 학살 등의 사실을 정밀하게 접근하여 그 의미를 알기 쉽게 드러내었다.

셋째, 3국의 독특한 역사인식이나 학자간의 이견을 넘어서 서로 합의한 역사서라는 점이다. 여기서는 각국의 사회주의적 활동을 전향적으로 이해하면서 동북항일연군과 조국광복회 활동을 소개한데 이어 화려한 네온사인과 도시풍경 이면에 숨겨진 각종의 민중적 불행을 정교한 사례를 동원하여 묘사하였다. 따라서 이 저작의 완성 이후 쏟아지고 있는 주위의 찬사는 서로 신뢰할 수 없었던 동북아 역사학자들이 자국 중심의 패권적 민족주의적 역사서술에 제동을 걸고 동아시아 역사의 보편화를 위해 힘을 모았다는 점, 그리고 사실과 사건 중심의 서술을 전개하면서도 저작의 근본 의도와 목적을 이처럼 사실 속에 잔잔히 여과하여 독자에게 전달하려한 점 때문이다.

넷째, 동아시아 3국의 주민이 함께 공감할 수 있는 역사라는 점이다. 이 저작은 침략의 고통 아래서 3국의 민중이 겪어야 했던 동북아 근현대사의 생생한 기억을 되살릴 증언과 사진을 풍부하게 수록했다. 간토대지진 당시 조선인 선별, 핑딩산 참상, 일본 이민 개척단의 실상, 무인구 건설, 6·5 대터널 참변, 맥아더의 두 얼굴, 우키시마호 사건, 샌프란시스코 강화조약에서 한국과 중국이 배제된 것 등 그동안 제대로 인식하지 못했거나 상식과 다른 이면을 잘 밝히고 있다. 양심을 안고 폭격기에 몸을 실은 특공대, 일본군 출신자의 참회, 항일의 용감한 타이완인 3인, 일본군 반전동맹 등의 이야기는 지난 동아시아의 근현대사가 자국사를 넘어 모든 동아시아 주민들에게 공통되는 소중한 역사적 가치를 가진다는 점을 보여주었다. 그동안 이견이 많았던 한국병합이냐 강점이냐, 천황의 전쟁책임 문제, 세균전도 자세히 소개하여 역사를 민족 감정으로 치환하려는 기왕의 경향을 차단하려 했다. 특별히 조선독립을 위해 애쓴 가네코 후미코, 후세 다쓰지 등 일본인을 소개한 점은 그동안 배타적 내셔날리즘에 찌든 기존의 국가주의적 역사인식을 교정하는데 도움이 클 것이다.

하지만 몇 가지 점에서 본 저작은 고민해야 할 점을 남기고 있다.

첫째, 비교사적 서술의 문제점이다. 동아시아 역사상을 물론 일본 제국주의 침략과 그에 대한 항전에 대한 연대기로 파악한다고 해도 일본 침략과 민중의 항전과 피해라는 공통점을 적시한 것을 제외하고는 상당부분 외형적인 유사성에 착안한 '사건 중심의 병렬적인 형태의 비교사'에 머물렀다. 물론 그것은 복잡한 동아시아사의 흐름을 일목요연하게 정리하고 목차의 무리 없는 구성을 가능하게 했다. 그러나 그러한 병렬적 비교는 3국의 근대사를 움직인 기본 동력을 일본의 침략성 일변도로 파악하는 문제를 가져오게 했다. 예를 들어 무사와 민중, 양반과 민중, 신사와 민중이라는 비교의 경우도 좀더 세계사적 측면에서의 공통성(봉건적 지배구조) 혹은 동북아 차원의 특질(유교적 지배구조)을 통해서 이해했다면 보다 효율적이었을 것이다. 바꿔 말해 상향적 이해방식이 하향적 이해방식을 압도하는 형태의 역사서술이라는 점이다. 반대로 〈3국의 사회운동〉에서 한 · 중 · 일의 사회주의 운동, 형평 운동, 노동 · 농민운동을 동아 3국의 근대적 사회운동이라는 하나의 틀로서 파악한 것은 무척 의미가 있다.

둘째, 동아시아를 요동치게 한 세계사적 규정력이나 전쟁 협력의 논리에 대한 서술이 부족하다는 점이다. 즉, 당시 동북아가 공통으로 처한 세계 자본주의 세례나 일본의 침략성을 증폭한 서구적 · 근대주의적 문화 프레스는 일본의 침략과 더불어 당대 역사를 왜곡한 또 하나의 변인이었다. 예를 들어 서구의 팽창에 대한 아시아인의 공통된 고민은 침략에 대한 당대 인식을 왜곡하는데 중요한 역할을 했으며, 한국에서 실행된 내선일체도 서구에 대한 적개심 고양을 통하여 조선인의 자발성을 높이려는 담론이기도 했다. 그러나 이 저작에서는 여전히 기왕의 '황민화론 = 민족말살론'을 재탕하고 말았다. 또한 군수공업화 문제도 엔블록 생필품 확충이 절실했던 당대의 상황과 남부지역 경공업화에 대한 논의를 배제한 채 기왕의 병참기지론을 견지하고 있다. 또한 연합군의 원폭이나 대공습의 실상을 알렸을 뿐 그것의 평가도 소극적이었다. 이에 심도 있는 서술을 위해선 일제 침략의 실상뿐만 아니라 당시 동북아에 강요되던 '서구적 프레스'와 '이 지역 주민의 침략 동반 논리' 그리고 '정의를 명분으로 한 폭력'에 대한 가치평가도 추가되어야 한다. 그렇지 않다면 이 저작은 여전히 '침략 성토를 위한 교과서' 수준을 벗어나지 못할 것이다. 반성과 화해만으로 평화가 올 것인가?

셋째, 해방 후 동아 3국에 공통하는 내재적 사회적 모순에 대한 지적도 크게 축소되었다는 점이다. 예를 들어 해방 이후 동아 3국에서 공통적으로 나타난 파행적이고 비민주적 정치 관행이나 민중의 정치적 참여기회 축소, 경제적 양극화와 기득권 계급의 독점 영역 확대는 단순하게 일본의 대륙 침략을 해부하는 것만으로 혹은 민족주의적 잣대로만으로 설명할 수 없다. 이러한 사회적 내재적 모순은 단순한 1국의 문제가 아니라 동아시아 역사를 왜곡한 공통의 문제였다.

넷째, 물론 기획단계의 문제지만 북한사가 적극적으로 반영되지 못했다. 미국과 소련의 영향 아래서 역사를 공유했던 한국이나 일본과는 달리 북한은 '고난의 행군'으로 명명되듯이 자력갱생 기치하의 질서를 유지하였고 오랫동안 국제사회와 단절되었다. 북한이 '북한적인 코스'로 진화할 수밖에 없었던 것도 역시 동북아 역사의 규정력 때문이었고, 세계사의 '불장난'이었다. 이에 북한 역사학계도 참가하여 명실상부 3국(+북한)사를 완성할 필요가 있다.

마지막으로 일제 침략시기 나타난 동아 각지의 문화적 근대화 양상에 대한 면밀한 검토가 있어야 한다. 이 저작에서 서술된 양한 '근대적 양상'들을 추동한 주체가 무엇인지 불분명하다. 일본과 중국은 독립 국가이기에 예외로 하더라도 한국의 경우 근대성과 민족성의 탈구, 근대성과 침략성의 융합과정, 파시즘의 외피로서의 여성운동 등이 설명되지 못하고 그러한 양상이 마치 일제 침략의 성과인지 아니면 동아 3국의 내재적 발전의 결실인지 분명한 이해를 어렵게 했다. 문화적 경제적 측면의 근대적 확장을 어떻게 '민중적 시야의 침략과 저항의 역사'와 수미일관하게 정립할 것인지 고민을 축적해야 할 것이다.

요컨대 전체적으로 이 저작은 일본의 침략에서 비롯된 우리 동아시아 역사의 난맥, 그리고 그 역사 갈등을 민중적 입장과 보편적 가치를 통하여 극복하려는 양심적인 인사들의 노력의 결실이다. 그리고 동아 3국의 근현대사 전개과정에서 빚어진 오해를 풀어 평화와 민주주의를 얻겠다는 대의에 충실하려고 했다. 무엇보다도 자국사 틀에서 안주하는 각종의 교과서 서술에 대한 일정한 반성의 기회를 주고 있다.

이제 이 저작을 발판으로 한 단계 넘어서 21세기 동북아의 공동 번영을 위한 새로운 각도의 동북아 담론을 생각할 필요를 느낀다. 이 저작의 높은 성취에도 불구하고 이 저작에서 지향하는 '침략 = 일본 대 저항 = 한국 · 중국'이라는 논리가 얻을 수 있는 것은 침략에 대한 성토와 양심적 역사해석이라는 작은 성과일 뿐이다.

성토가 아니라 동북아 3국에 공통적으로 내포되는 내재적 모순과 지배 시스템의 문제점, 거기서 발생하는 동아시아 주민들의 정치적 무권리화 그리고 타이완 및 중국의 배상포기 선언 이면의 반민중성, 날로 확대되는 중 · 일 양국의 패권주의적 경합, 위안부의 삶을 더욱 피폐하게 했던 사회풍토 등에 대한 진지한 고민도 담아야 한다. 특별히 동북아의 현안인 한반도의 분단에 따른 군사적 충돌과 북핵 문제를 위시하여 미국을 중심으로 한 세계화 논리에 어떻게 공동전선을 구축할 것인가.

그리고 여전히 동아시아 3국 주민의 가슴에 멍울져있는 민족적 적개심과 중 · 일 양국의 패권주의 경향을 어떻게 해결할 것인가 등의 고민도 남겨져 있다. 이 문제를 동아시아의 양심 세력이 합심하여 고민하는 것도 어쩌면 『미래를 여는 역사』의 이름값을 높이는 수순이 될 것이다.

헌법은 민주와 통일의 저수지여야 한다

일제 말 일본이 만주와 중국 그리고 동남아를 침략할 때 일부 친일 조선인들은 묘한 공상을 했다. 그들은 아시아 일등국민이 되기 위해선 일본 제국헌법帝國憲法의 효력이 식민지 조선에도 미쳐야 하며 그것을 위해선 일본의 침략전쟁을 적극 도와야 한다는 논리였다. 그래서 징용과 종군위안부, 징병 등은 그러한 제국헌법의 시혜를 위한 고육지책이라 했다. 이른바 내선일체內鮮一體라는 이름으로 자행된 수많은 일제의 조선인 수탈은 조선인들의 헌법 적용과 보호에 대한 간절한 염원을 교묘히 이용한 것이었다.

이후 해방이 되고 트루만 독트린(1947)으로 동서 냉전이 격화되는 속에서 한반도 임시정부 수립을 향한 모든 민족적 노력이 물거품이 되었고, 마침내 1948년 5월 10일, 부분 일식이 있던 날, 남한만의 단독정부 구성을 위한 총선거가 실시되었다. 여기서 선출된 제헌의원들이 7월 12일 국회를 열어 제헌헌법制憲憲法을 의결하고 7월 17일 이승만 국회의장이 이를 공포하면서 마침내 대한민국 헌법이 효력을 발생하였다.

제헌헌법이 발효되기 전, 그토록 염원하던 헌법을 얻기 위한 두 차례의 노력은 제한적인 범위에서 그 기대를 충족시킬 뿐이었다. 즉, 일제 말 제국헌법 획득운동은 침략전쟁 종군이라는 반역사적 반민족적 손실을 저당 잡은 것이었고, 제헌헌법은 분단과 통일염원의 다수 세력을 배제한 채 이승만을 비롯한 미국식 민주주의자와 군국주의적 제국헌법 정신에 투철한 친일 문관과 관료들의 냉전적 세계관이 크게 스며든 한계를 보였다.

무엇보다도 당장 민족분단과 좌우대립 빈부격차의 가혹한 현실에서 국가적 통합이 대단히 어려웠음에도 불구하고 제헌헌법 전문을 보면, "유구한 역사와 전통에 빛나는 우리들 대한국민은 기미 삼일운동으로 대한민국을 건립하여… (중략) …정의 인도와 동포애로써 민족의 단결을 공고히 하며 모든 사회적 폐습을 타파하고" 등등 대단히 추상적인 원칙만 구구히 나열하고 있다. 그만큼 제헌헌법 수립과정에는 역사의 현실과 유리된 현실인식에 기초한 관념적 법철학 적용에 급급한 흔적이 크다.

모름지기 헌법이란 한 나라의 통치 체제의 기본 원칙을 정하는 법이자 국민의 권리와 의무, 통치 기구의 조직 등에 관해 규정하는 최고의 법이라는 것이 일반적인 정의이다. 그럼에도 오늘날까지 '대한민국의 영토는 한반도와 부속도서(제헌헌법 제4조)'처럼 당시 권력자들의 관념적인 '흡수통일 의식'을 묘하게 반영하고 있지만 통일과 민족적 통합에 관한 그 어떠한 조항도 없다. 결국 이러한 태도는 이후 제헌헌법을 대한민국만의 역사를 정통으로 강조하는 도구로 악용하는 계기가 되었다.

물론 제헌헌법에는 합리적인 국가체계와 국민의 기본권에 대한 대단히 선진적인 의미가 담겨있기도 했다. 예를 들어 제헌헌법의 정신에서 발현된 '지방자치제'(제헌헌법 제 8장), '근로기준법', '중요산업국유화'(제6장 제 85조), '경자유전耕者有田 원리'(제 86조) 등은 당시 세계적 추세를 반영한 선진 입법이었고, 그해 12월 회기에서 제안된 반민족행위처벌법(반민법)과 같은 특수한 민족입법도 헌법이 규정한 사회적 정의 조항에 합당하다는 이해 속에서 1949년에 효력을 발했다. 뿐만 아니라 제6조에서 "모든 국민은 법률 앞에 평등하며 성별, 신앙 또는 사회적 신분에 의하여 정치적, 경제적, 사회적 생활의 모든 영역에 있어서 차별을 받지 아니 한다"라고 함으로써 역사상 최초로 신분적 인간관계와 혈연주의적 사회활동에 대한 법적 제한과 제재가 가능해지고, '우리'라는 언술에 갇혔던 '나'를 일정하게 해방시켜 주었다.

하지만 제헌헌법의 이상은 11년 11개월로 끝났다. 4·19혁명으로 수립된 제2공화국 시기의 국민들은 그것이 가지는 한계를 직감했기 때문이었다. 왜 모든 조항에서 인류 보편가치인 자유와 정의를 풍부히 반영한 제헌헌법이 어떻게 구체적인 현실에서 냉대를 받았던 것인가. 그 이유는 자명하다. 바로 합당한 국민적 이해들을 포괄하는 정치적 사회적 베이스가 취약한 채 특정한 사람들만의 합의에 기초했기 때문이다. 즉, 사회적 공감과 신뢰에 바탕을 둔 우리 모두가 서로 양해를 해야 할 공공의 이성으로 본 것이 아니라 권력 그리고 출생과 혈연에 의해서 늘 무참히 짓밟힐 수 있다는 이른바 불신헌법不信憲法이었기 때문이다.

그러한 헌법 불신은 민족분단 문제 해결에 전혀 기여할 수 없는 서구 보편주의적 헌법 내용의 복사판이라는 점, 나아가 다양한 이해의 중첩적 합의보다는 반공주의의 보루와 행동지침으로 악용되었다는 점 등에서 비롯된 것이다. 그래서 그들만의 선언으로 취급당한 채 이후 민주적 정부가 들어서면서 결국 대폭 개정 혹은 폐기되는 비운을 맞았다.

무릇 인간 사회란 다양한 상징과 표상들이 염원과 신념의 이름으로 활발하게 움직이는 이념 지향의 축과 구체적인 생활과 의식주 생존이라는 현실 지향의 축이 복잡하게 교차하는 이른바 흔들리는 시공간의 좌표이다.

그리고 인간들은 그 흔들리는 좌표 위의 수학적으로 표현할 수 없는 어느 한 지점에 존재한다. 그래서 인간은 다양할 수밖에 없으며 그러한 사람들이 모여 사는 나라의 헌법은 역사적 조건이나 사회적 현실과 조응할 수밖에 없다.

따라서 진정한 헌법정신이란 구체적인 사실에 대한 규제를 위한 다양한 하위 법들의 활약에 기대하기보다는 그 흔들리는 시공간의 축과 사회적 격동을 포괄하면서 서로 다른 합당한 이해의 중첩적 합의를 이끌어 내는데 인색하지 않은 정신이다. 바로 거기에 진정한 헌법의 이상이 존재한다.

헌법이란 새로운 변화를 저지하거나 기조 질서에 대한 대변을 표방하는 수구적 규범으로 존재하는 것이 아니라 인간의 다양성과 이해의 다원성의 격차를 함께 포용하는 삶의 저수지가 될 필요가 있다. 이른바 자유민주주의는 사람들이 서로 다른 나름의 합당한 정의관과 신념 그리고 이해관계를 가지고 산다는 것을 인정하는 것이다. 서로 다른 것이 어떤 법적 강제력에 의해서 무조건 통일되거나 합의되는 것이 아니라 서로 중첩되고 공존하면서 합의될 수 있다는 정의관을 구현하는 것이다.

요컨대 일제말 제국헌법을 얻기 위하여 민족을 해체하려 했던 노력이나 단독정부를 얻기 위해 자유주의 헌법을 서둘렀던 노력은 일부분에서의 긍정적 측면에도 불구하고 우리 대한민국 구성원의 다양한 삶을 포괄하는 저수지 역할을 할 수 없었다. 국민의 합의를 얻기에 소홀했고, 큰 이상을 관념화하여 헌정의 끝단에는 늘 반공과 반민족 그리고 사회적 독점을 용인하는 허점을 보였다.

그러므로 21세기 대한민국 헌법은 미시적으로 우리 안에서 소외되었던 '나'의 자유로운 해방 공간을 확장하는 데 기여할 필요가 있으며, 거시적으로 우리 자체를 왜곡했던 출생과 혈연 그리고 지연에 기초한 사회적 기득권 독점의 발판에서 벗어나 국민들에게 공정한 사회적 기회를 배당하는데 기여해야 한다. 나아가 대한민국과 조선민주주의 인민공화국간에 1991년과 2000년 6월에 걸쳐서 합의한 『남북사이의 화해와 불가침 및 교류협력에 관한 합의서』와 『남북 공동선언』의 정신을 반영하는 헌법의 틀을 조금씩 준비해야 한다. 제헌절의 역사적 의미는 이처럼 다가오는 높은 역사의 파고를 어떻게 하면 안정적으로 헌법이라는 저수지 안으로 끌어안을 것인지 고민하는 데서 확인할 수 있다.

반성해야할 역사

고려의 적이 된 발해 유민

발해 제3대 문왕(738~794)이 죽은 뒤 침체 상태에 빠진 발해는 제10대 선왕(819~830) 때 다시 면모를 일신했다. 그 뒤 마지막 왕인 애왕 대인선(907~926)까지 발해 왕들은 비교적 안정된 치세를 누렸으나, 사료 부족으로 당시 국내·외 상황을 정확하게 파악하기 곤란하다.

당나라가 망할 즈음(907) 선왕대부터 누안農安부근에서 대치하던 거란이 당의 지배력이 약화되는 틈을 타서 강성해졌다. 특히 야율아보기耶律阿保機는 부족을 통합한 다음 중국으로 팽창하고자 배후의 위협세력인 발해를 선공하고자 했다.

거란이 발해를 공격한 것은 이러한 국제적 역학관계에만 기인된 것은 아니었다. 야율아보기가 스스로 발해를 일컬어 '세수世讎(대대의 원수)'라 했듯이, 누차에 걸쳐 거란은 발해에게 군사적 패배를 당한 적이 있었다. 멀리는 당 태종이 고구려를 침략할 때 당의 앞잡이가 되었다가 고구려군에게 격퇴되었으며, 발해 건국의 시금석이 된 천문령天門嶺전투도 거란의 이해고와 발해의 대조영이 벌인 운명의 전투였다. 8세기에는 거란이 발해와 당의 연합 공격을 받을 뻔했고, 애왕(대인선) 24년에는 요주遼州를 공격당했다. 그래서 거란은 당시 격동하는 대륙정세에 민감히 대응하지 못한 발해를 일차적 공격대상으로 삼았다.

이러한 상황에서 거란군은 926년 정월에 발해의 부여성을 함락하여 황용부黃龍府로 개칭하고, 계속해서 상경용천부를 포위하였다. 이에 애왕은 변변한 저항조차 하지 못한 채 항복하고 말았다. 이로써 고왕 이래 230여 년을 이어온 발해왕조는 멸망했고, 거란은 발해국을 동단국東丹國

으로 고쳐 태자 배倍를 왕으로 삼아 982년(?)까지 지속시켰다. 상경용천부도 천복성天福城으로 개칭하였다.

발해가 10세기 초 문약과 사치풍조가 나타나고, 내정이 문란해지면서 왕위쟁탈전 등 사회모순이 심각하게 격화되었다고는 하나, 저항다운 전투조차 없이 패한 내막에 대해 자세한 기록이 전하지 않고 있다. 단지 "선제가 그들〔발해〕의 마음과 상반되고 틈이 생기자 군대를 동원하여 싸우지 않고 이겼다"는 『요사遼史』의 기록을 볼 때, 발해국의 내부사정을 짐작할 수 있다.

이리하여 발생한 발해 유민은 이후 그들의 처신이나 향배에 따라 다음과 같은 다섯 부류로 분류된다. 첫째, 멸망 이후에도 거란에 협조했던 지배층 유민들이다. 이들은 거란의 힘에 굴복하여 거란의 협조자가 되었으며, 고려·거란과의 외교접촉에서 중요한 역할을 담당하였는가 하면, 두 나라 사이의 전쟁에서는 거란의 장군이 되어 발해유민들을 통솔하기도 하였다.

둘째, 거란침략자를 피해 거란의 통치력이 약한 타 지역으로 이동하거나 인접국에 투항했던 사람들이다. 이들은 특히 고려로 많이 이동했는데, 발해 멸망 직후 『고려사』 속에 나타나는 '발해사람'이 여기에 해당한다.

셋째, 발해에 수취의 의무를 담당하던 피지배층 유민들이다. 그들은 생활터전을 박차고 과감히 고향을 떠나지도 못하였고, 어쩔 수 없이 거란의 힘에 순종해야했기에 분명 첫번째 유민들과는 구별된다. 이들은 기록에서 주로 '거란'이나 '숙여진熟女眞'으로 등장하나 그 뿌리를 따지면 발해유민으로 밝혀지는 예가 허다하다.

넷째, 거란과 반半독립적 상태에서 그들의 생존과 관련된 실리를 추구하며 대처했던 유민이었다. 주로 고려와 관계가 깊었던 생여진生女眞 부락들이 이에 속한다. 대체로 여진이란 흑수〔말갈〕인과 발해유민을 통칭

한 것인데, 발해멸망 이후 함경도·평안도 여진을 비롯해서 남만주·동만주 여진이 발해시대에는 발해 국민이었다.

다섯째, 발해국의 옛 강토 안에서 거란에 맞서 새로운 왕조를 세우거나 대항해 싸웠던 유민들이다. 예를 들면, 대씨大氏의 '[후]발해(928~936?)'와 열씨烈氏 및 오씨烏氏의 '정안국定安國(936?~986?)' 등이 그러했고, 친거란파 후손이었던 대연림大延琳이 흥요국興遼國(1029~1030)을 세운 것이나, 고영창高永昌이 '대발해국(1115)'을 세워 발해 광복운동을 폈던 것이 그러한 예이다. 그러나 이들 운동은 거란의 무력에 의해 번번이 실패했다.

대연림 지휘 아래 거란의 동경요양부에서 일어났던 흥요국 운동은 주목되는 사건이다. 운동의 거점이었던 요양부는 동단국이 천도한 곳으로 '고발해지故渤海地'나 '발해고국渤海故國'으로 부를 정도로 발해의 명문거족이나 일반 유민들이 많이 살던 곳이었다. 따라서 발해 유민들의 유력한 광복 운동의 진원지가 될 수 있었다. 그러나 발해멸망 이후 100여 년이 된 시기로서 이미 발해유민은 나름의 정체성을 상실한 시기였고, 소수의 지배층 유민을 제외하고는 대개 '거란화'되었던 상황이었다. 따라서 일부 발해유민의 광복운동은 실패로 돌아갈 수밖에 없었다.

또한 세 차례에 걸친 고려군의 군사지원이 예비되었다. 당시 고려 원군을 지휘한 고려의 곽원郭元 같은 사람은 대연림을 도왔지만 그 이유가 대연림이 같은 동족이라는 뜻에서라기보다 거란에 빼앗긴 군사기지를 빼앗자는 실리적 생각에 의한 것이었다. 당시 고려는 발해 후손을 동족으로 본 것이 아니라 거란에 협조한 친거란족으로 본 듯하다. 따라서 이 시기가 되면 남북국시대까지만해도 한국사 속에서 꿋꿋이 남아 있던 발해사의 한국사적 유전자들은 크게 상처를 받고 말았다. 요컨대, 오늘날 우리 민족 형성에 대한 다양한 이론이 있지만 대체로 상향적 관점(현재에서 과거로)으로 분석하기에 고구려·발해사 문제를 해결하는데 여러가지 장애가 발생한다. 중요한 것은 발해를 우리 한반도 주민들이 어떠한 경로로 망각하게 되었는지 하향적 관점(과거에서 현재로)에서 주목하는 일이다. 적어도 발해지역 주민에 대한 고려인들의 무관심은 바로 발해유민들이 거란 침략의 앞잡이가 되면서였다고 본다.

이후 고려인들의 전면적인 무관심과 외면으로 인해 『삼국사기』에조차 발해가 우리 역사에서 누락되었다고 할 수 있다. 조선초까지 여진족은 조선인들과 동료의식이나 일체감이 존재했지만 이징옥의 난 이후 한반도 주민의 마음에서 지워진 결과 오늘날까지 우리와 별개로 취급되고 있다는 점이다. 따라서 북한지역도 우리의 관심에서 얼마나 멀어지는지 그 수준에 따라 미래의 우리 민족형성론도 달라질 것이다.

학살이 자랑스러웠던 사람들

최근 뉴라이트 역사학의 일부에서는 기존의 국사학이 지나치게 반미친북反美親北에 기울어 있으며, '실제 있는 역사'를 제대로 보지 않고 통일과 민족이라는 거대한 언술에 매몰된 채 염원과 회한의 역사만을 재생산한다고 비판한다. 그러한 염원과 회한의 역사는 역사학이 궁구해야 할 '실제의 사실'을 왜곡하고 이념적으로 가공된 허상의 역사만을 재생산하며, 그 대표적인 예가 6·25때 학살에 대한 편견이라고 했다.

그들은 기존의 국사학계가 전쟁 당시 인민군이 내려와서 인민재판을 하고 사람을 숙청한 사실은 도외시한 채 일방적으로 남한의 경찰과 군이 자행한 양민학살 문제만을 강조한다고 했다. 그러니 지금 국사학에서의 학살 문제 평가는 공정하지 못하며 실제의 역사가 아니라고 보았다.

과연 그럴까? 민간인 학살 문제는 어떻게 봐야 하는가.

분단국가 수립 이후 북측은 민주기지 노선을 표방하고 북조선을 해방구로 하여 혁명을 남측까지 확장시키는 전략과 더불어 무력에 의한 통일을 구상했다. 물론 월북 국내파 공산주의자들에 의해서 총선거론이 제시되기도 했지만 기본적인 통일방향은 무력통일이었다.

한편, 남측에서는 1950년 5월 30일에 실시된 제2대 국회위원 선거에서 이승만 지지 세력이 참패를 당하면서 사회적 분위기를 만회하려는 이승만 정부가 '반공주의'를 더욱 강화하면서 좌익은 물론 일반 민중들의 욕구 분출을 억누르는 데 온 힘을 쏟았다. 이러한 내외정세와 함께 이미 1949년부터 북위 38도선을 경계로 전운이 감돌았다. 1949년 한 해만도 약 874회에 달하는 무력충돌이 있었고, 마침내 1950년 6월 25일 인민군의 남침으로 본격적인 전쟁이 발발하였다.

급속히 남하한 인민군은 6월 28일 서울을 점령하고 7월 말에는 낙동강까지 내려왔다. 남한 1,526개 면 가운데 1,198개면에서 토지개혁이 실시되었고, 당과 인민위원회가 조직되어 북한식 혁명개혁을 전개하고자 했다. 그러나 그 개혁은 북한의 이상과는 달리 큰 실효를 내지 못한 것으로 알려진다.

한편, 후퇴하는 한국 정부는 전국 각 경찰서·군부대에 명령을 내려 좌익경력자와 보도연맹원들에 대한 무차별적 학살을 지시하였다. 보도연맹은 1949년 4월 21일 박우천朴友千을 이사장으로 하여 좌익경력자에 대하여 "대한민국 정부 절대지지" "북한 괴뢰정부 절대반대" "공산주의 사상 배격" 등의 기치로 조직하여 좌익경력자를 파악하고 이들을 반공전선에 동원하려는 전략에서 나온 것이었다.

학살의 출발점은 여기에 있었다. 이렇게 전쟁 초기 단계에 정부에 의해서 보도연맹원 수십만 명에 대한 학살이 자행되자, 거꾸로 인민군이 들어왔을 때는 학살가담자와 그 가족들에 대한 보복이 발생했다. 게다가 북한 경찰(내무서)은 친일경력의 경찰이나 보도연맹원 출신으로 한국경찰에 협조한 사람 등을 인민재판이나 각종 형식으로 처형했다.

이제 9월이 되어 국군이 재탈환하자 10월 4일 군·검·경 합동수사본부가 발족되어 무자비하게 보도연맹원과 인민군 협력혐의자에 대한 보복학살이 되풀이되었다. 천주교 인권위원회 조사에 의하면 전쟁기간 동안 부역자 총수(자수와 검거 포함)는 550,915명이었고, 자수자는 397,090명, 검거자는 153,825명이었다고 한다. 이들의 경우 상당수가 학살을 면치 못했을 것이다.

세 번째 학살은 1·4후퇴 이후 잠시 인민군이 점령하고 유엔군이 다시 북진한 이후에 집중 발생했다. 1951년 4월 이후 CIC(방첩대)를 비롯한 각종 학살기구가 구성되어 조직적인 부역자 및 빨갱이 색출 사업이 전개되었다. 이 시기 학살은 전쟁이라는 특수 상황 아래서 일정한 법률규정이나 재판형식이 미비한 가운데 자행되었다. 전선이 위 아래로 요동치는 과정에서 애꿎은 남한 국민의 생명도 오며 가며 요동치고 있었다.

대체로 6·25전쟁 기간 중에 남측 군경, 방첩대, 패잔병 등이 자행한 민간인 학살은 근 100만명으로 추산되고 있으며, 반대로 인민군과 그 지지자들에 의한 학살도 만만치 않아 약 10여만명에 달한다고 한다. 물론 북한에서는 북한정권이 후퇴하면서 남한에 만만치 않은 학살이 자행되었다. 학살의 규모 여하를 막론하고 학살의 책임은 이승만 정권과 김일성 정권 모두에 있는 것이 사실이다.

그럼에도 문제는 학살의 주체이다. 학살의 주체를 보면 1950년 7월에 서울이 점령되면서 다음 자행된 1차 보복학살에는 인민군과 지방 좌익, 보도연맹원 및 그 유가족이 나섰다. 그리고 9월 이후 국군이 북진하고 1·4후퇴 이후 유엔군이 북상하면서 발생한 2차 보복 학살에는 한국 경찰과 그 유가족이 자행했다.

정규군이 아니라 유가족과 관변 단체 조직원들이 동원되면서 이제는 빨갱이 학살이 아니라 부역 혐의만으로 학살되었다. 평소 마음에 들지 않았던 인간관계도 학살의 원인을 제공하였고, 총칼에 의해 강제된 부역조차도 학살하는 원인이었다.

전체적으로 전쟁 초기에는 주로 보도연맹원 등 주로 좌익혐의자에 대한 정치적 학살이었으나 점차 개인의 사적 감정에 근거한 보복학살이 확대되었다. 이후 모든 사회 분위기가 그런 사람들이 빨갱이 잡은 공로자로 인정되고, 자랑스럽게 빨갱이 사냥한 이야기를 자랑하고 다니는 풍조가 있었다. 살인이 자랑스럽고 그 억울함은 반공과 빨갱이라는 이름으로 가려져 한恨으로 남았다.

그 시절 피해 당사자들은 그런 무원칙한 학살을 자행하여 위세를 떨친 사람이 누구인지 짐작했겠지만 화를 자초할까봐 감히 고발할 수 없었다. 그런 왜곡과 기만의 역사가 오늘날까지 반공주의자들의 자기정당화의 논리로 이용되는 현실은 참혹하기만 하다.

여기서 눈여겨 볼만한 대목이 있다. 충북의 어느 마을에서는 6・25 당시 보도연맹원을 사살하라는 상부의 명령을 받은 경찰간부가 오히려 보도연맹원들을 피신시키고 목숨을 살려주었다. 그런 '배려'가 있던 마을에서는 인민군이 들어와서도 큰 봉변이 없었으며, 다시 국군과 유엔군이 왔을 때도 그다지 참혹한 민간인 대량학살이 자행되지 않았다.

이처럼 학살이 없었으면 아무리 전쟁통이라도 보복은 없었을 것이다. 전쟁이 우리를 참혹하게 하는 것은 교전규칙에 의한 전투보다도 그 옆에서 다른 이유로 억울하고 한 많은 죽음을 양산하고 우리가 가진 모든 양심과 상관없이 자의적인 정의만이 통용되어 그 목적을 총칼을 통하여 실현하고 만다는 점이다.

요컨대 뉴라이트의 역사관은 사실 공정한 학살 연구를 표방하고 있지만 그것이야말로 실제의 역사를 외면하고 자신의 반공주의를 염원과 회한으로 국사학에 투영하고 싶은 종교적 감성에서 출발한 것이다. 다시 말하지만 학살이 없으면 보복도 없었다.

미사일 문제나 북한 당국자의 망언에 대한 국민적 분노가 존재하는 것은 사실이다. 그래도 우리는 적개심의 무장보다는 합당한 절차에 의한 한을 남기지 않을 대북 관계를 끊임없이 고민할 필요가 크다. 왜냐하면 결국 그 모든 것이 우리의 역사로 되돌아오기 때문이다.

식민지는 축복이었다?

흔히 '새는 두개의 날개를 달고 난다'는 말은 자주 보수 세력이 자신의 존재가치를 알리려는 말로 이용된다. 새의 두 날개는 어쩌면 앞을 향해 날아가려고 하는 새들의 간절한 바람이 만들어낸 걸작 중의 걸작이다. 그런데 한 날개가 거꾸로 날아가려 하면 과연 새는 제대로 나래를 펼칠 수 있겠는가.

한승조 교수의 식민지 축복 발언에 관해 일부 보수단체는 이를 망언이 아닌 자유민주주의적 의식의 발로로 보고 오히려 이 기회를 빌어서 겸허히 우리를 반성할 기회로 삼아야 한다고 말하고 있다. 그런데 정작 누가 반성을 해야 한다는 것인가.

진정 그것이 역사를 고민하는 진정한 보수의 얼굴인지 되물어야 한다. 그리고 그러한 발상이 정상적인 보수주의의 존립 기초인 자기 절제와 금욕, 자주적 민족주의라는 정신에서 얼마나 멀리 있는지도 알아야 한다. 혹자는 일제강점기를 겪고 식민지 처지에 몰린 우리 역사를 반성할 때, 일면 '우리가 못나서'라는 자기비판이 보다 나은 미래를 위해 반드시 거쳐야 할 중요한 과업이라고 생각한다.

물론 자기 잘못에 대한 자아비판은 필요하다. 하지만, 식민지라는 존재 자체는 우리의 의지와 전혀 상관없는 19세기 제국주의 세계전략의 피조물이고, 역사의 추진력이 절대적으로 외압에 의해 좌우될 때 발생한 사태이다. 이로 인해 우리는 우리의 자주적 근대화 의지와는 전혀 상반된 길을 강제 당했고, 실제로 수십 년 동안 우리 국민의 근대화 훈련이나 민주주의 신장 그리고 내실內實있는 국민경제의 건설과는 거리가 먼 식민통치를 받았다.

조금만 역사를 공부하면 일제가 우리 조선의 근대화를 도왔다는 사실이 참으로 허상이라는 점을 자각할 것이다. 이들의 생각을 되돌아 보건데, 먼저 떠오르는 것이 당시에 과연 우리 스스로 자주적 근대화 혹은 민족혁명을 이루는 것이 불가능했는가 하는 문제이다. 그런데 자세히 보면, 조선후기 이래도 민족운동의 성장과정에서 동학농민군은 3만명의 창의군을 소집할 수 있었고, 의병전쟁에서 희생된 인원만도 14만 여명이다. 그런데 당시 봉건 조선왕조의 정규군이 불과 8,800명이었다. 만약 그 힘을 조직화했다면 혹은 일본이 간섭하지 않았다면 충분히 봉건왕조를 타도하고 스스로 근대화를 추진할 무력으로 성장할 수 있었을 것이다.

나아가 조선후기 이래 비록 미약하지만 조선의 내재적 발전은 식민지 직전까지 일정하게 지속되면서 자본과 임노동 관계를 창출해 자본을 축적하고 있었다. 하지만 일제강점 초기 무단정치는 일본 자본의 이식에 혈안이 되어 있어 집중적으로 일본인 자본을 육성하는 반면, 일부 예속 조선인 자본만을 육성하는 상황이 됐다.

외형적인 자본축적의 확대는 일제가 부여한 중요한 근대적 지표가 될 것이지만 대부분의 자본은 침략전쟁에 기생해 존재했고, 제한된 고용은 근대화의 외피에 기만당한 수많은 데카당스한 실업자 군을 창출했으며, 그나마 글깨나 읽은 청년은 관료자리 하나에 밥줄을 거는 상황이 됐다.

일급 친일파들의 변명대로 수많은 조선청년은 먹고살기 위해 친일한 경우도 있었다. 포로감시원이 그랬고, 지원병이 그랬다. 하지만 우리 국민은 그들 모두가 친일파라고 믿지 않는다. 문제는 그들이 끼친 보편적, 인류사적 죄악과 민족구성원에 끼친 씻을 수 없는 상처이다.

자주적 근대화의 가능성 여부를 생각할 때, 우리 스스로는 군사력과 경제력 면에서 근대화를 진행할 힘을 축적하고 있었다. 하지만 그러한 자주화의 싹은 우금치에서 일본이 농민군을 학살하면서 그리고 그들 제국주의 세력과 야합한 집단이 자주적 의회 수립을 방해하면서 잘려나갔다. 결국 제국의 침략과 그것에 굴복한 조선왕조의 부패가 한일합방의 길을 함께 열어갔다.

따라서 식민지의 일차적 책임은 일제 침략자들과 그들을 추종한 매국적 봉건세력 그리고 친일 개화세력이다. 친일 세력은 바로 그러한 반역사적인 행적을 통해 스스로 제2의 일본인임을 자부하면서 우리나라의 모든 기득권을 독점했다. 나아가 오늘날까지 정치, 경제 모든 면에서 그들의 입장을 상속하고 또다시 제2의 미국인이 되고 있다.

그럼에도 그들은 자신의 잘못을 우리 국민의 '한계'에 전가하고자 끊임없이 식민지 '공범共犯 의식'을 전파하려 한다. 자기만의 잘못이 아니라는 것이다. 그래서 끊임없이 친일파 숙청을 반대하고 친일 세력을 역사의 피해자로 각인시키고자 하며, 나아가 자신의 역사적 책임을 국민에게 돌리고자 한다. 급기야 그 책동이 한계에 달하자 이제는 일제의 지배를 일정하게 합리화하고 미화하는 데까지 나아갔다.

물론 모든 친일이 모두 반민족적인 것은 아니다. 최근 좌파 정치가로서 건국훈장 대통령장에 추서된 몽양 여운형처럼 당시 일본정부와 긴밀한 관계를 가지면서 조선의 실질적인 독립을 앞당기려 노력한 사람도 있었다. 우리는 그들을 친일파라고 부르지 않는다.

우리는 일본인과 친한 사람을 친일이라고 하지 않고 정상적인 역사적 진로를 왜곡하고, 침략전쟁의 앞잡이가 된 사람, 우리 민족의 자주적 발전의 싹을 자르고 기생적이고 왜곡된 근대주의를 이식해 사회를 황폐케 한 세력에게 친일의 단죄를 논하고 있다.

한승조 교수는 또한 러시아에 예속됐으면 민족이산이 불가피했기에 일본의 식민지가 되는 것이 낫다는 발언을 했다. 그렇다면 차라리 영국의 식민지가 되어 국민회의당이라도 만들었던 인도처럼 되는 것이 낫다고 하는 편이 정직하다.

식민지는 그 외형상의 근대성이나 자본주의적 관계의 발전에도 불구하고 필경은 식민지일 뿐이다. 식민지화로 인한 역사의 굴곡은 분단을 낳고, 6 · 25전쟁의 단서가 됐으며, 남북에 냉전을 무대로 한 무차별적으로 국민의 인권을 억누르는 독재 권력을 오랫동안 지속하게 하는 원인이 됐다. 식민지로 인한 물질적 피해만큼 근대 민족국가 형성에 수요되는 '국민의 정치적 미덕' 혹은 민주정치의 주권자로서 성숙할 훈련 기회를 박탈한 피해는 그 어느 것보다 가혹한 것이다.

나아가 백번 양보해 독재 권력이라고 하더라도 독립국가의 박정희 정권이 창설한 각급 공업학교는 한국의 근대화에 실질적인 도움을 주는 산업역군, 기능공을 양성했지만, 식민지하의 공업학교는 황국신민의 정신적 충복을 양성하는 정신훈련처였다. 비록 근대적인 기능공 양성을 표방했지만 식민지와 비식민지는 이처럼 차이가 났다. 미국의 51번째 주가 되는 것이 속편한 사람들이 갖고 있던 원래의 망상은 일본이 표방하는 동양평화를 위한 조선합방의 대의는 정직한 것이며, 그것이 실제로 조선의 근대화에 기여했다는 신념과 같은 맥락이다.

과연 우리가 미국의 51번째 주가 된다한들 미국인이 될 수 있을까. 그것은 어쩌면 미국의 51번째 주가 아니라 영원한 2등 국민으로 가는 길이겠다. 왜냐하면 일시동인一視同仁하겠다던 일제는 알다시피 조선인에 대한 차별을 그친 적이 없었다. 하다못해 내선일체를 주장했던 1940년대조차도 조선인은 2등 국민 이상은 아니었다. 그나마 2등 국민이라도 되고싶어 친일을 하고 친미를 했던 친일세력도 있었지만, 실제로 2등 국민은 고사하고 나머지 대다수 국민은 해방 직후 전 세계에서 가장 빈곤한 처지에 내몰렸다. 해방 후의 정치적 격동은 알고 보면 좌우대립이 아니라 열악한 처지에서 해방이 되면 좀 나아지려나 기대했던 마음이 좌절된 결과였다. 그것이 식민지였다.

실제로 한일합방조약문을 곰곰이 보면 그 안에는 황족과 왕실 그리고 귀족이나 친일 분자에게는 충분한 은사금을 내리겠다고 공언하고 있지만 정작 2천만 조선 국민에 대한 어떠한 복지와 복리에 대한 약속이나 공약의 흔적이 없다. 그들만의 나눠가지기 이상의 평가가 어려운 사이비 조약문이었다(부록_'원문으로 보는 한국사 쟁점' 일한병합조약문 참조).

언제 우리가 밥깨나 먹기 시작했는지 아는 사람은 알 것이다. 그다지 까마득한 옛날은 아니다. 그처럼 식민지는 제국주의 침략의 부산물인 근대화가 국민 삶의 질을 담보하는 것이 아닌 것처럼 그저 침략전쟁에 필요한 물자와 인원을 동원하고 효율적으로 자본과 잉여의 확보를 위해 만들어진 제국의 부산물일 뿐이다. 혹여 그들이 친일을 했더라도 미얀마의 아웅산 장군처럼 민족 해방을 위해 일본을 이용한 것은 결코 아니었다.

그리고 수치상 겉으로 드러난 생산력 앙양과 공업화가 있었고, 제국주의의 '꼬붕'이 되어서 몇 가지 근대적 시혜를 받았다고 하더라도 잊지 말아야 할 것은 그보다 훨씬 많은 잉여가 유출되고 국가적 발전이 왜곡됐다는 사실이다. 아무리 한국사가 정체했고, 타율적이며 형식주의적인 내용이 많아 실속이 없다고 하더라도 조선시대 백성들은 자신의 고통을 아우성치기 위해 궁궐 담벼락에서 꽹과리를 칠 수 있었다. 그리고 정부조차도 수도 서울 도성에 반정부 활동이나 반란을 막기 위한 물구덩이를 파지 않았던 것은 수천 년 외세의 침탈에도 굳건히 조국을 지켜준 백성과의 일정한 타협이었다.

한승조 교수의 망언은 어쩌면 이 땅에 잔존하는 친일의 후예들이 21세기에 들어와서 더 이상 자신의 부와 권력을 상속할 수 없는 상황에서 그 절박한 마음들을 참지 못하고 시원하게 털어놓은 것이다. 민족의 자주성을 강조하지 않는 보수는 진정한 보수가 아니다. 그리고 진정한 역사는 정권만의 역사가 아니라 백성과 국민의 역사라는 사실을 생각할 필요가 있다.

마지막으로 진정 바람이 하나 있다면 우리 청년학생들은 결코 조국을 지키려한 수많은 국민과 역사를 배반하지 않는 지식인으로 자라주었으면 한다. 진리는 결코 관념에 있는 것이 아니라 현재라는 이 순간에 존재한다.

정승같이 벌어서 개같이 뿌린 자들

1905년 을사보호조약이 체결됐다. 그때 두 사람의 신하가 자결했다. 한 사람은 칼로 자결한 민영환이고, 다른 한 사람은 음독해 망국의 수치를 씻은 조병세였다. 많은 사람들은 민영환을 처음부터 훌륭한 애국지사로 생각하지만, 당대 동학농민전쟁을 이끈 녹두장군 전봉준은 나중에 검사가 취조할 때 나라의 다섯 탐관오리를 꼽았는데 그 중 한 사람으로 민영환을 들었다. 조병세도 매사 건달처럼 노름을 좋아하고 운 좋게 관직에 올랐던 한량이었다. 이처럼 사람에 대한 평가는 보는 각도에 따라 많이 다르다. 애국자인 듯도 하고, 탐관오리인 듯도 하고. 우리 인간이야 좋은 모습과 나쁜 모습을 고루 가지고 있는 것이 일반이다.

그런데 중요한 것은 백성의 아픔을 고민했던 전봉준과 나라의 안위를 걱정했던 민영환은 애국이라는 이름으로 같은 역사책에 공존할 수 있다는 점이다. 조그마한 실체적 잘못에 대해서는 마땅히 비판이 있어야 하지만, 역사는 결코 그들을 매국 세력과 격을 같이하지 않는 위대한 한국인으로 평가한다. 그러나 반대로 나라를 판 이완용과 비교한다면 우리는 결코 김구나 신채호 같은 분들과 같은 지면에서 그를 대우할 수 없다. 비록 이완용이 독립문의 현판을 쓰고 대한제국의 근대화에 대한 남다른 노력을 보였다고 하더라도 우리 역사를 피폐하게 한 그가 외친 독립과 애국에 대해 우리는 아무런 역사적인 신뢰를 보낼 수 없다.

김구 선생과 윤봉길 의사의 홍구 공원에서의 의거는 실정법을 따지자면 테러이고 살인이었다. 하지만 그 누가 김구 선생을 테러리스트라고 하며 살인자라서 죄 값을 받아야 한다고 보는가. 그렇게 말하는 것은 오로지 일본 제국주의자들과 친일파뿐이었다. 오히려 홍구의거는 민족정기의 발현처럼 이해한다. 여기에 무슨 법적 테두리가 존재하는가. 이처럼 법이란 늘 시대정신에 의해서 검증을 받아야 한다.

살다보면, 일시적으로 법의 정신과 시대정신이 충돌하기도 하고, 서로 어긋나서 애국자가 매국노로 오해받는 경우도 있지만, 대체로 법의 정신은 시대정신의 큰 흐름을 닮아가는 것이 근대적 항로였다. 그것은 언제나 어느 쪽이 역사적인 평가에 합당한지 평가하는데서 법의 참된 존재이유가 있다.

자본주의적 법치주의가 가장 문제가 되는 것은 바로 시대정신과 법의 정신에 합당한 것은 고사하고 법적 문구에 경도되면서 서로 우수한 두뇌를 동원해 문구 경쟁, 문구 싸움으로 자기를 정당화하고, 결국은 자본의 힘으로 그 정당성을 평가하는 이른바 무전유죄 혹은 유전무죄의 세상을 만든다는데 있다.

행정수도 이전에 대한 헌법재판관들의 판단도 마찬가지지만, 광신적인 목사가 순수한 신도보다 천당〔天國〕가기 힘들듯이 법조인들이 자기오만에 빠져 자신의 한계를 잊을 때 사회에는 무서운 결과가 초래될 수 있다. 법치는 문구 경쟁이 아니라 시대정신에 기본적으로 의존해야 한다. 아울러 당시 헌법재판관들이 관습법을 말할 때 참으로 놀라웠다. 그리고 곧바로 그것이 착각이란 사실을 느꼈다. 시대정신에 합당한 판단이 아니라 지난 세월의 고착화된 질서에 대한 순응을 이른바 관습법으로 치장하는데 대한 놀라움이었다.

자본주의 법치란 단장취의斷章取義라는 문자와 대단히 닮아있다. 단장취의란 큰 줄기는 빼버리고 자기에게 유리한 작은 토막만을 잘라서 해부하고 재단해 자기에게 유리하게 만드는 것을 말하는데, 결국 법이 기득권을 보호하기 위한 온갖 미사여구美辭麗句로 포장되어 집행되어 왔던 비참한 역사의 반영인 것이다.

대한제국이 만든 대한국제에는 '주권이 황제에 있다'는 구절이 있다. 이토오 히로부미는 그것을 이유로 을사조약이 국민의 동의를 받지 않고도 효력이 있다고 윽박질렀다. 그렇다면 이토오야말로 당대의 충실한 법치주의자일 것이다. 언제나 음험한 자들은 조그마한 법적 단서로 연약한 민족과 백성을 올가미에 몰아넣는다. 현재 한국 사회는 비록 정권이 진보 성향을 보이고 있지만, 사회 시스템은 그러한 사회적 진전을 수용할 능력이 전혀 부재하며 보수 기득권 계급의 역공도 만만치 않다. 그러한 사회적 왜곡을 뒷받침하는 것이 바로 자본주의적 법치이다.

법치 구현이 문구 경쟁으로 흐르고 철저한 기득권 지배계급의 이해를 반영하는 이상, 우리는 그러한 법의 테두리를 변경하고 새로운 법질서를 구현할 노력을 해야 한다. 그런데 그것을 저지하는 언론이나 사회관계는 참으로 완고하다.

한때 삼성의 불법 선거지원 사실이 불법으로 도청된 자료에서 나왔다는 이유로, 그 내용과는 전혀 상관없이 도청자료를 이용한 사람들을 징벌한 적이 있다. 집 지키는 주인이 도둑을 잡았는데 정부 규격의 오랏줄로 묶지 않고 외국산 불량 오랏줄로 잡았으니 도둑은 죄가 없고 주인이 범죄자라는 이야기와 무엇이 다를 것인가.

물론 불법적인 방법의 도청 문제에 대한 사회·제도적 개선은 필요한 사안이다. 자고로 법이란 '도덕적 사회의 시현에 필요한 제도적 기준이라는 보편적인 가치에서 자유로울 수 없다'는 점 때문에 일정하게 법적 판단을 존중한다. 하지만 주객이 전도되고, 가지고 흔들면서 자기 것을 지키려는 온갖 음모에 법이 희생되는 현실은 더 이상 방관할 수 없다.

〈통신기밀보호법〉에 입각한다면 분명히 삼성그룹의 불법 대선자금 지원에 관해 불법으로 도청한 사실을 유포하는 일은 불법이다. 중요한 것은 그들이 법을 어겼지만, 민영환처럼 약간의 잘못을 저질러도 대의에 충실했다면 누가 충정공 민영환을 손가락질 할 것이며 애국지사가 아니라고 주장할 것인가. 이번 도청사건의 해결은 잡스런 법률 논쟁이 아니라 정작 지켜야 할 역사적 가치와 민주주의 정신에 얼마나 충실한 노력을 하는가에 달려 있다.

삼성의 불법 선거지원은 실정법상의 처벌대상의 수준이 아니라 우리 역사를 말아먹은 부패와 가렴주구의 연장이라는 점에 눈을 돌릴 필요가 있다. 그들이 정승같이 벌어서 개같이 쓰는 집단임을 확인했다면 이것을 외면하고 지엽말단의 법 구절을 적용해 작은 실수를 침소봉대針小棒大해 정의를 외치는 측을 탄압한다면 이것은 역사에 대한 커다란 배신이라 할 수 있다.

100년 전 우리는 고종과 그 척족에게 줄을 대고 온갖 가렴주구하면서 매관매직하던 자들이 가장 먼저 왜적과 내통하고 나라를 판 역사적 사실을 기억해야 한다.

수많은 왜곡 속에서 우리는 정작 우리가 사회에서 잘못된 것이 무엇인지 모르고 그저 말의 잔치 속에서 이리 쏠리고 저리 쏠리기도 한다. 하지만 나라가 왜 망했고, 우리는 어떠한 사회를 만들어야 하는지 그것을 고민하지 않는다면 도둑은 결코 사제 오랏줄로 잡을 수 없다는 국민의 불신은 커지기만 할 것이다. 그리고 무엇보다 법의 한 자락에 의존해 자기 생존의 변명을 일삼는 재벌의 주구이자, 그들의 별동대인 재벌 신문의 행각은 곡학아세曲學阿世의 전형이고, 다시 한 번 역사적 정의가 무엇인지 생각하게 한다.

사실 불법 도청 문제의 척결도 중요하다. 그런데 도청이란 여염집 규수의 시시콜콜한 이야기를 몰래 듣거나 해서 모든 국민을 공포에 몰아넣는 것이 아니다. 알고 보면 도청문제는 그들만의 문제일 수 있다. 정치적인 패권을 획득하기 위한 정치 집단이나 권력을 가진 자들이 서로 경쟁하는 속에서 불거진 그들만의 노력(?)일뿐이다. 정작 국민들이 아파하는 것은 도청에 대한 두려움보다는 권력 있고 돈 있는 자들이 부리는 못된 행태이다.

조선총독도 함부로 들어올 수 없었던 대학이자, 민족의 자존심을 자부하고 4·19혁명의 아성이었던 모 대학이 장사꾼이 뿌린 돈 냄새에 코를 납작하게 낮추고, 그 총수가 학생들한테 무시당했다는 이유로 지성의 상징인 교수들이 총사퇴하는 그런 최소한의 품위도 갖지 못하는 사회야말로 우리 국민을 진정 분노케 하는 것이다.

경제적으로 훌륭한 성과를 낸 삼성에 대해 그 부분에 대한 폄하가 있어서는 안 되지만, 자고로 '곳간에서 인심난다'는 말이 있다. 그런데 그 말은 그저 뒷줄이 있고 힘 있는 자들과 정치적으로 흥정하고 한 다리 걸치려는 못된 속셈을 대변하는 말이 아니다. 돈이 있으면 좀더 정진해 사회적인 소외 집단에 책 한권, 밀가루 한 포대 더해 더불어 사는 사회를 선도할 때 진정 정승같이 벌어서 정승같이 쓰는 훌륭한 기업이 될 것으로 보인다.

요컨대, 시대적 정의에 합당한 이성을 기반으로 맑고 정직한 사회를 이루지 못하고 시답지 않은 법률 문구 하나에 국가의 중대사를 농단하는 그 모습이 〈대한국제大韓國制〉 한 구절에 나라를 말아먹었던 그날의 모습과 무엇이 다른지 생각해 볼 일이다.

민족주의는 친일청산의 기본이념이 아니다

민족주의의 함정

많은 사람들은 친일파란 조선내외에서 일본 침략자들과 결탁하여 조국의 식민지화를 촉진하고 민족해방운동을 압살하는데 적극 참가한 반민족反民族 행위자로 생각한다. 그러한 국민적 역사인식을 바탕으로 국회에서는 민족정기를 바로 세운다는 취지 아래 〈친일진상규명특별법〉을 제정·개정하였고, 이에 '친일진상규명위원회'가 본격적으로 활동하기 시작했다. 그런데 정작 친일 문제에 대한 학문적 이해는 무척 일천하다.

일단 본 법이 정의하는 친일반민족행위에 대한 규정을 보면 다음과 같다. ▲독립운동가나 항일운동가 및 그 가족을 살상·처형·학대 또는 체포하거나 이를 지시 또는 명령한 행위 ▲밀정행위로 독립운동이나 항일운동을 저해한 행위 ▲을사조약·한일합병조약 등 국권을 침해한 조약을 체결 또는 조인하거나 이를 모의한 행위 ▲일본제국주의 군대의 소위 이상 장교로서 침략전쟁에 적극 협력한 행위 ▲고등문관 이상의 관리, 헌병, 경찰 또는 판사, 검사, 사법관리 등으로 우리민족 구성원을 감금·고문·학대하는 등 탄압에 적극 앞장선 행위 ▲학병·지원병, 징병 또는 징용을 전국적으로 선전 또는 선동하거나 강요한 행위 ▲일본의 전쟁수행을 돕기 위해 군수품 제조업체를 운영하거나 대통령령이 정하는 규모 이상의 금품을 헌납한 행위 등을 들 수 있다.

이러한 활동을 보면서 뉴라이트 계열의 일부 학자는 〈친일진상규명특별법〉이 역사지식을 일부 정치세력이 어떤 정치세력을 공격하는 수단화하는 것 이상의 의미는 없을 것이라 비판한다. 그리고 일부에서는 민족정기를 바로세우는 참으로 뜻있는 작업이라 본다. 도대체 민족정기란 무엇이며, 그리고 반민족 행위란 또 무엇인가?

문제의 출발점은 바로 친일을 설명하는 잣대로서 민족주의적 관점이 정당한가이다. 실제로 우리 근대사에서 특별히 저항적이고 애국주의적인 민족주의가 민족해방에 기여한 측면은 부정할 수 없다. 하지만 민족주의 자체가 가진 다양한 왜곡 가능성은 늘 조심스럽게 고민해야 한다.

한때 민족주의는 다양한 정치적 목적과 국민 선동의 도구로 동원되는 이른바 파시즘의 병기였다. 실제로 일본 침략자들은 서구로부터 아시아 식민지 쟁취의 논리로 민족주의를 중시하고 대일본제국(대아시아 민족)의 정신적 고향으로 퉁구스족을 설정하기도 했다. 이러한 퉁구스족설은 지금까지도 우리나라의 민족기원을 설명하는 중요한 논거로 설정되고 몇 해 전만해도 아무런 여과장치 없이 학생들에게 교육되기도 했다.

일제가 주장한 아시아민족주의론 입장에서 본다면 단군을 시조로 하는 조선 민족과 일본 민족은 퉁구스 민족에서 파생된 본래 하나의 민족이고, 아시아 민족 또한 알고 보면 일본 민족과 형제이다. 이것은 친일파의 민족주의적 감성을 촉발하고 친일이 마치 민족성을 포함하는 듯 착각하는데 크게 기여했다.

특히 1940년대 일본이 태평양전쟁을 수행하면서 조선에서의 물자수탈뿐 아니라 조선인들이 자발적인 전쟁 참가를 획책하기 위한 이데올로기가 절실한 시절이 있었다. 이때 퉁구스 민족설은 만주와 중국, 동남아가 본래 하나이고 공통적으로 서구제국주의 침략을 받았기에 이제는 아시아적 가치를 확인하고 그들을 몰아내어야 한다는 논리를 뒷받침하였다.

실재로 이러한 아시아민족주의론은 서구 열강에 의해서 핍박받는 많은 아시아인들의 공명을 얻었고 어떤 측면에서는 동양인의 정서에 부합되는 면도 있었다. 이러한 논리는 당연히 일제 당국자들에 의해 정치적으로 이용될 가능성이 높았다. 예를 들어 조선총독이었던 고이소는 "작금의 전쟁은 서양제국주의에 저항한 아시아인의 성전聖戰"이요, "정의의 전쟁이며, 조국肇國(나라만들기)의 이상理想" 등으로 선전했다.

결국 아시아민족주의론은 탈脫서구제국주의적 자력갱생의 구호로 현실화되고 경제적으로도 서구제국의 원료·상품시장에서 벗어나 '대동아 자주경제'를 구축하는 데 필요한 다양한 민족주의 슬로건을 양산하였다. 나아가 침략이데올로기가 동아신질서론에서 동아공영권론으로 그리고 대동아공영권론으로 확장될 때 침략의 정당성을 보증하는 논리로 이용되었다.

그러한 아시아민족주의론이 식민지 조선에서는 이른바 내선일체 논리로 구현되었다. 이 주장은 단순히 일본본토의 시고쿠나 홋가이도처럼 황국의 일부가 되자는 이른바 '제2의 일본화' 즉, 소수 친일파의 엽기적인 변절 이상의 효력을 발휘했다. 사실 일부 조선인들은 내선일체가 오히려 일본과 어깨를 나란히 하고 아시아 민족 속에서도 조선 민족이 1등 민족이 되리라는 민족주의적 희망 때문에 주목했다. 이렇게 아시아민족주의에 심취한 조선인들은 '친일 = 매국'이라는 꼬리표를 떼고 친일은 '민족을 위해서'라는 기묘한 관념으로 무장했다. 조선인의 자존심을 위한 친일이었다.

항간에 이야기 되듯이 일제의 군영에서 탈출하려는 조선인 병사에게 동료 조선인이 '조선인으로서 비겁하게 도망하는 것은 조선의 자존심에 반反하는 것'이라고 하여 전쟁터를 지키도록 독려했다는 에피소드는 그러한 사정을 잘 반영한다. 일본군 지원병에 자원한 이인석 상병이 중일간의 전장터에서 죽음을 당했을 때 느끼는 중국과 서구에 대한 조선인의 분노도 그러한 조선인의 자존심과 관련된 것이다. 무조건 총독부의 이데올로기 공작이 이인식 상병의 죽음을 신성화한 것은 아니다.

우리는 그렇게 만든 신비한 원인을 탐구할 필요가 있다. 오늘날 많은 사람이 일본의 대륙침략 덕에 5천년의 중화주의와 사대주의 의식을 버리고 오히려 중국인 = 짱꼴라 정도로 멸시하는 기풍을 만든 것도 그러한 일제의 조선인 자존심 우대 정책과 관련 있다. 거기에는 심오한 이유가 있었다.

지금 그들 '친일 조선인'의 마음을 다시금 열어본다면 민족과 국가관의 기묘한 탈구 현상을 발견하게 된다. 그들은 친일 = 매국이라는 굴레를 벗고 정치 경제 각 부분에 걸쳐서 일본과의 협력을 강화하고 침략전쟁의 전위대가 되었다. 자신의 민족을 위한 친일이라는 마음의 무장은 또 다른 아시아 민족의 공영에 대한 열광을 자아냈고, 식민지인으로서의 열등감을 해소하는 상당한 위안제 역할을 했다.

민족을 위한 친일의 논리는 1940년대 조선인들이 적극적으로 '침략전쟁'에 참가하고픈 신념을 양산하였다. 그 과정에서 조선인들의 친일행위는 단순한 반민족 행위를 넘어 오히려 민족적 성격과 제국주의 성격을 동시에 구현하고자 했다. 이제 우리에게 닥친 친일 문제는 단순한 반민족 행위만이 아니라 반성해야 할 수많은 반역사적, 반혁명적, 반인륜적 행위와 관련되게 되었다.

지난번 서울대 모 교수가 물의를 일으킨 '정신대 = 성매매 하던 창녀' 주장은 말도 안될 궤변이지만 실제로 상당수 조선인들은 중국 만주, 상해 동남아 지역에서 조선 여성을 사서 성매매를 강요하는 '포주'가 되었고, 당시 돈 2~3만원을 들여 큰 위안소를 건립하는 등 조직적인 활동이 드러났다.

1939년 상해에 위안소를 만든 조선인 포주의 명단과 투자금

성명	자본금
박일석	3만원
김일준	2만원
이창조	2만원
이상우	2만원
이치운	2만원

일부 조선인들은 겉으로 상점을 빙자하면서 특무대와 흥아원과 내통하여 '대동아 특무공작'을 일삼고 중국에서 높은 관직에 오르기도 했다. 그들은 국제적 무대를 친일의 장으로 활용한 조선인들이었

다. 그럼에도 일본의 침략과 함께 대륙을 오가던 국제적인 친일 조선인의 활동이 마치 무용담, 대륙활약담으로 이야기되는 현실은 '친일 = 반민족 행위'라는 도식으로는 도저히 설명할 수 없다. 정일권, 최규하, 박정희 등 남한 사회에서 권력을 추구했던 많은 사람들의 해외 친일행위는 물론이고, 만주지역 조선인 깡패 이야기는 더 말할 것도 없이 바로 '제국의 끄나풀'들에 대한 이야기가 마치 대륙영웅담으로 변한 전형적인 케이스이다.

물론 임종국과 같은 양심적 연구자에 의해서 우리의 민족정기를 바로 하기 위한 친일파 연구가 있었고, 그것을 바탕으로 적지만 알차게 친일세력의 윤곽이 잡혀가고 있다. 이들 연구는 친일파의 반민족 행위에 대한 역사적 심판은 시효가 없다는 것도 확인하는 성과를 거둔 것이 사실이다. 하지만 친일문제를 자기 민족을 대상으로 한 반민족 행위에 주목함으로써 친일 문제를 복잡하게 얽히게 했다.

애국주의적 관점만으로 친일파를 징벌하고자 한다면 실제 척결의 성공률도 높일 수 없고 이윽고 이론적 합리성을 상실하게 될 것이다. 실제로 그러한 문제는 오늘날의 문제만이 아니다. 1949년에 있었던 〈반민특위〉 활동과정에서도 나타났다. 당시 특위위원 중에서는 일제 강점시기 정총대(현재의 동장)를 역임한 사람도 있었다. 친일파들은 이것을 빌미로 자신이 부당한 취급(?)을 당한다고 저항하면서 역공을 펼쳤고, 마침내 반민특위가 좌초되는 빌미가 되었다.

만약 정밀하고 과학적인 민족에 대한 이해가 결여된 채 단순한 애국주의적 민족관을 가지고 친일파 문제를 접근하게 되면 그들의 반역사적 반민주적 죄악은 혈연주의와 인종 갈등의 틈바구니에서 '속류화'될 것이다. 그저 단순한 민족적 감정으로 보면 일제강점시대에는 큰칼을 허리에 찬 일본인들이 연약한 조선인을 두들겨 패고 쌀을 공출하고 창씨개명을 하면서 조선인의 민족성마저도 압살한 생각에서 친일파 문제를 설정하게 된다.

결국 이런 논법에 대한 친일파의 대응은 '어쩔 수 없는 시대, 특수한 시대, 우리 민족의 고통스런 한때의 오류와 잘못'일 뿐이라는 동정론을 유발하고, 궁극적으로 그들의 변절도 마음은 민족적이었다는 핑계로 희석화시킬 것이다.

많은 친일파 동정론이 퍼지는 이유도 이민족 일본인의 폭압 아래서 변절은 일정하게 민족적 포용성으로 감싸야 한다는 혈연주의적 민족관이 존재하기 때문이다. 그런데 자세히 보면, 친일파는 일본인과 단순히 감정적으로 친한 세력이 아니다. 그렇다면 친일파는 무엇을 위해 일본과 같은 배를 탔는가. 그들은 누구인가.

침략전쟁의 꼬붕이 된 사람들

아시아민족주의의 '포로'가 된 조선인들은 이제 일본과 함께 침략 전쟁에 나갔다. 그동안 침략전쟁에 나간 조선인이라고 하면 자발적으로 응모해서 동남아 각지로 흩어져 갖은 폭행을 일삼은 포로감시원이나 지원병 정도로 알려졌을 것이다. 하지만 군수물자 염출·흥아원[일본의 특무공작대] 조직원·대동아공작반·영화감독·점령지 사령관 등 보다 조직적이고 광범하게 존재했다.

대개 조선인들이 해외에 관심을 가지고 침략전쟁의 '꼬붕'이 되기 시작한 시기는 만주사변(1931.9.18)이었고 중일전쟁(1937.7.7)으로 본격화되었다. 대륙 침략은 조선인들 특히 일본인 상인들의 침투에 늘 열등한 처지에 있던 조선인들이 그러한 열등을 벗어날 좋은 기회를 제공했다. 그것은 일본인들이 직접 중국으로 침투하면 중국인들의 반감이 커서 제대로 지배하기 어려웠기에 조선인을 앞세운 것이다.

거기서 새로운 자본 축적의 기대감은 만주붐 혹은 지나(중국) 붐으로 나타났다. 당시 조선생명보험 사장 한상룡이

> "이번 화북을 본 후 저는 기쁨과 미래에 대한 기대로 벅찼습니다. 저의 바람은 화북의 일본인들과 중국인들이 조선에 대한 새로운 인식을 하게 도와주었으면 하는 것입니다."(「북중국을 보고서」 『조선실업』, 1940년 7월호)

라고 한 것. 그리고 경성방직 사장 김연수가 감격하여

> "일본군이 파죽지세로 상해와 남경 등지를 점령하자 이 무렵부터 만주에서 인기를 끌로 있던 우리 광목이 이번에는 화북일대로 그 세력을 뻗쳐 경성방직은 크게 신장되었다. 이대로 전진만 한다면 경성방직은 이제 한국의 경성방직이 아니라 동양의 경성방직이 되는 날도 그리 멀지 않을 것 같았다."(『재계회고』 제1권, 1981년)

라고 한 것 등은 당시 대륙침략에 대한 조선인 자본가들의 기대감이 얼마나 큰지 보여준다.

그리고 태평양전쟁이 개시되자 총독부는 침략전쟁은 '성전'이요, 실질적인 내선일체가 조선에 실현되고 있다는 점을 끊임없이 선전하였다. 특히 "조선이 대륙을 인수한다" 등의 선전을 통하여 마치 조선을 북방권의 맹주인 양 고무하였다. 이제 그들의 친일 행위는 조선을 위한 것, 조선 민족의 자존심을 위한 것인 양 선전되었다. 특히 조선인 자본가들은 전쟁을 자본축적의 기회로 판단하여 중국으로 만주로 밀물처럼 진출하였다.

1944년경 동남아 및 중국 본토 지역에 진출한 조선인은 물경 3만에 이르고 있으며, 그중에서 조선인 자본가들은 일본 흥아원, 미츠비시 재벌, 조선총독부 등과 결탁하여 대동아공영권 공작을 벌이고 있었다. 이들의 진출시기가 1936~1939년경으로 일본의 본격적인 중국 침략과 시기가 같다는 점, 그리고 출신지역이 평양·정주·태천·선천·의주 등 조선 서부지역으로 일찍부터 개신교와 근대적 산업이 발전한 곳이라는 점에서 분명하다. 역시 한국의 근대화는 "제국과 침략의 콩고물"이라는 지적을 다시금 상기한다.

이들 중에서 임승업·이태현·장승복·임광정 등은 대단한 앞잡이였다. 먼저 이태현은 다음과 같이 설명되고 있다.

> "실업계와도 연결되면서도 일·중 합작이라는 커다란 정치적 무대에서 공작을 활발히 전개하는 인물로 1929년 상해에 온 이후, 대리양행 등 대회사의 중역으로 있으며 그보다도 대동아건설공작에서 열혈남아인 그는 현재 ○○○과 흥아원興亞院의 지시 아래서 공작에 분주하다."

임승업은 경화산업을 운영하였는데 총독부 사무관 하라다 이치로原田一郎의 적극적인 지원이 뒷받침되었다고 한다. 즉, 그의 중국침투는 단순한 자본가의 자본축적 욕구뿐만 아니라 총독부와 깊은 연계를 통해서 이뤄졌다. 유수영〔柳本壽泳〕도 미츠비시三菱 재벌로부터 금융자본을 융통하여 복기양행 남경지점장으로서 미곡이나 식료업 등에 관여하는 등 해당지역으로 일본 재벌자본이 침투하는 데 첨병역할을 하고 있었다.

김인호金仁湖는 불과 5천원의 자본으로 출발하여 일본 재벌자본과 연계하여 전당포와 인쇄업을 운영하여 막대한 자본을 축적했고, □계남山田啓男의 남경 피복공장도 군수지정 공장으로 노동자 1백명, 미싱 수 5백여 대의 대규모였다.

손창식은 재미있는 사람이다. 그는 무기공장을 만들어놓고 비밀리에 일본 특무대에 무기를 지원하는 일급 친일파였지만 한편으로 임시정부 계열과도 연계된 사람이었다. 나중에 한간韓奸(중국에서 조선인 친일파 및 악행분자를 지칭할 때 사용)으로 잡혔을 때 임시정부 거물급 인사가 구원해주기도 했다. 이처럼 장사꾼은 장차 다가올 불안에 대비하여 독립운동 진영에도 각종의 보험을 부어놓고 있었다. 이들은 일부 침략 조선인 자본가들일 뿐, 그 외에도 수많은 친일 조선인들이 침략전쟁의 앞잡이로 활동했다.

대체로 이들은 세 그룹으로 구분된다.

먼저 침략전쟁에 직접 개입한 조선인들을 들 수 있다. 여기에는 지원병을 비롯하여 고급 군인 및 군속 그리고 점령지 행정관료 등과 함께 성장 현령, 군사령관을 들 수 있다. 예를 들어 필리핀 포로수용소 소장을 한 홍사익을 비롯하여 송천성宋天成은 일본군 육군 소장이라는 현역군인 신분으로 중국 왕정위 정권 아래서 안휘성安徽省 남릉현장南陵縣長이 되어 '공영권 수립'에 혁혁한 공적을 쌓았다. 또한 박일석, 김일준, 이창조, 이상우(상해에서 2~3만원의 자본금으로 위안소 운영) 등이나 각종 특공기구(카미카제, 가이텐) 자발적 참가자, 통제마을 및 집단부락의 행정책임자 등도 포함된다.

둘째, 대동아공영권 확대를 위한 민심공작을 위하여 이용된 조선인 범주이다. 밀정, 첩보, 치안공작에 참가한 조선인을 비롯하여 조선인 민회, 계림회, 협화회에 참가한 조선인 지도자들은 이러한 범주에 속한다. 단적으로 중국 공산당이 우리 조선인 독립운동가를 무참히 학살한 민생단 사건도 알고 보면 일제 끄나풀의 은밀한 공작과 무관하지 않았다.

셋째, 일제의 침략을 측면에서 지원하기 위한 조선인 문예그룹, 지식인 집단이다. 예를 들어 인도네시아의 영화감독 허영이나 패망직전까지 상해에서 춤을 춘 최승희 등 연극 영화제작, 진중 예술가, 진중 문학가 등이 여기에 포함된다. 일제는 이들을 동남아로 배치하여 전쟁홍보와 진중예술을 고취했다.

왜 조선인들은 그렇게 일본 침략자의 든든한(?) 후원세력이 될 수밖에 없었는가. 그것은 친일이야말로 조선인이 일등국민으로 거듭나는 길이었다고 믿었기 때문이고, 침략전쟁에 동참함으로써 비로소 열등에서 벗어날 수 있으리라 확신했기 때문이다. 하지만 조선인들의 침략 편승은 인간의 보편적 가치를 무시하고 자행된 반역사적인 행각이었다. 일부 조선인은 전장터에서 위안소를 차려놓고 조선 및 중국 처녀를 모아다가 일본군의 성노리개로 만드는 등 종군위안부 문제의 공범이었다.

그런데 현재의 친일파 이해에서 주의해야 할 점이 있다. 그것은 직위나 직책 중심으로 파악하는 친일의 범주가 애매하다는 점이다. 예를 들어 일제가 모집해 간 포로감시원 중에서 자신의 문제를 자각하고 인도네시아 암바라와에서 고려청년혁명당을 만들어 일본인 포로수용소를 공격한 손양섭, 민병학 등의 의사義士들이 있는가 하면 양칠성같은 사람은 인도네시아 독립전쟁의 영웅이 되기도 했다.

그것은 외국의 경험에서도 나타난다. 예를 들어 미얀마 아웅산 장군의 친일은 오히려 독립운동이었다. 일본을 끌어들여서 영국을 미얀마에서 몰아내고 나중에는 영국과 손잡고 일본을 몰아내었다. 따라서 이것은 분명히 친일이고 친영 행적이었지만 반反민족적이지 않았다. 이처럼 민족주의적 관점에서의 친일문제 해석은 그들의 행적에 대한 과학적 비판을 어렵게 했다.

그렇다면 친일 세력을 어떻게 봐야 하는가. 무엇보다도 자국사 중심 민족주의적 관점의 친일파 인식을 넘어서 보편적 세계사적 의미에서 반역사적, 반민중적 모순과 어떻게 결합하는가를 보아야 한다. 그 경우 반민특위가 보였던 "자기한계"의 모순이 해결될 것이고 아웅산 장군이 친영과 친일을 오가면서 버마 해방을 위해 활약했던 그 이중적 자세가 진정 민족적이었다는 사실을 확인하게 될 것이다. 따라서 친일파는 민족주의 지향만으로 온전히 청산할 수 없다는 것이다.

밀실 야합, 불법도청 그리고 조선 건국

우리 국민들 대부분은 척박한 자본주의 사회에서 살면서 누구하나 정의롭게 혹은 당당하게 살아가기 힘들다. 왜냐하면 처자식이 있고, 튀면 안 되는 사회적 관습이 있기 때문이다. 그래서 먹고 살려면 윗사람 눈치를 살피고 그들의 빤한 부정을 보고도 함부로 말도 못하고 그 쓰라린 모순을 대신 감당하면서 그저 밥줄을 잃을까봐 윗사람에 아부하기도 하고 그들의 부정과 타협하기도 한다.

하지만 그런 아픈 국민들의 가슴에는 자신은 그렇게 살아도 잘못된 세상을 지켜줄 우리 사회의 진정한 수호자가 있다는 기대를 가지고 있기에 선거 때만 되면 후보들의 도덕성을 문제 삼고 그들이 깨끗하게 정치를 해주길 바라며, 승부가 분명한 축구나 야구 경기에 눈을 박고 살기도 한다.

국민의 기대 속에는 특히 언론만큼은 진실과 정의에 입각하여 잘못된 세상을 고발해주길 간절히 바라는 염원이 있다. 그들이 조선시대 사관史官처럼 나랏일의 구석구석을 국민들에게 정확히 알려서 음지에서 약동하는 부정을 미연에 방지하고, 새싹이 양지에서 바르게 살 수 있도록 토양을 제공하는 참으로 소중한 사회적 장치인 것이다. 바꿔 말해 21세기 언론은 새로운 정보화 시대의 다양한 정보를 독자에게 친절하게 알릴 이유도 있지만 중요한 것은 조선시대 사관들이 했던 것처럼 사회의 잘못을 문필로 감찰하고 기록하여 부정부패가 자리하지 못하게 하는 것이다. 『조선왕조실록』을 보면 늘 '언론言論'이라는 단어 앞에 놓이는 말은 '정대한', '정당한' 등의 수사이다.

그런데 최근 전 안기부 직원이 폭로한 모 그룹 간부와 모 신문 사장의 대통령 선거 관련 밀담기록을 보면서, 수십 년 우리 시대의 정론임을 선전해온 언론이 우리의 기대와 한참 떨어진 반역사적이며 국민을 배신하는 재벌 신문인가를 확인하게 되는 계기가 되었다.

조선시대 같았으면 언론과 재벌은 암행어사와 지방수령처럼 철저히 상피相避해야 할 어려운 사이였다. 만약 그들이 상피하지 않고 밀실에서 야합하거나 정사政事를 농단했다면 그 누구든 『경국대전』이나 『대명률』 위반 혐의로 의금부에 갇혀서 혹은 거꾸로 매달려서 곤장을 당하거나 능지를 당했을 것이다.

다행이 세월이 좋아져 그렇게 뻔뻔한 일도 '사생활'이라고 덮여지는 현실이고, 우리의 바람직한 예의와 염치 문화도 유사 자유주의자들의 '개성'이나 천박한 부르주아 매너 문화로 대체되고 만 지금, 스스로 지켜온 최소한의 품위마저 버리고 "국가경쟁력 강화에 매진하겠다는데 그렇게까지 매몰차게 재벌 신문과 정치 재벌을 욕할 필요가 있겠는지" 반문할 수도 있다. 나아가 "대선에 돈을 대주어야 그들도 정치적 비호를 받고 먹고 살 것이 아니냐"는 동정론, 나아가 그래도 "우리나라 최고의 기업인데 그들이 흔들린다면 우리 경제가 어떻게 될 것인가" 등등의 푸념이 나오는데, 그런 논리도 이해 못할 것도 아니다.

그런데 지금 우리의 모습을 보면, 왜 하필 21세기에 와서 친일 세력을 다시 확인하고 과거사 진상 규명을 하는 등 역사를 바로 세운다고 법석을 벌어야 하는가를 생각할 필요가 있다. 그것은 자명한 것이다. 늘 우리는 상식이 아닌 역사와 수많은 죄악들이 바른 것을 이기고 실권을 얻는데 성공했던 경험을 가지고 있다. 그래서 더 이상 그런 역사의 반복을 막아야 한다는 소명 때문이고 그것이 지금의 시대정신이기 때문이다.

역사학자의 우려는 혹여 이러한 모 재벌 간부와 언론 간부의 그러한 망동이 우리 청년들에게 세상 사는 진정한 지혜인 것으로 비춰지면 어쩌나 하는 그런 걱정을 하게 된다. 차라리 세상은 그런거야라고 자조하면 좀 나을런지도 모른다.

모기업이 세계의 시장을 재패한다고 대학이 체면을 버리고 코를 납작 땅에 대고 있고, 어느 재벌의 돈줄을 한번 긁어 오면 폼 나는 현실을 보면서 필자가 이들의 망동을 비판할 자격은 있을는지 모른다. 돌이켜 보건대, 그들 언론 간부의 전략과 이들 재벌의 돈은 오히려 상피가 아니라 그들만의 세상을 지키는 찰떡궁합(?)이었다. 그 재벌은 다름 아니라 식민지 시대 경상도 대구에서 고율소작료로 수많은 소작농의 피를 빨아서 만든 자본으로 일제의 전쟁 시책에 입각하여 돈을 모았고, 태평양전쟁 당시 만주국과 교류하면서 돈벌이한 바로 그들이었다. 그들은 늘 그렇게 살아왔듯이 돈으로 입막음한 정치계 법조계 인맥을 동원하여 합법을 가장하면서 비판 세력을 견제하고 있다.

사건이 붉어지자 폭로하면 모든 것을 법적 대응하겠다는 주장을 보면서 '그들만의 자신감'이 확인된다. 그들 스스로 한국의 법이 약자를 위한 평등과 정의의 법이 아니라 그들의 불법과 망동을 지켜주는 방편임을 이미 알고 있는 모습이다. 그래도 600년 전 조선사회는 그처럼 법에 없더라도 인간의 상식과 정의에 어긋나면 임금의 일이라도 거두고 잘못을 끝까지 간하여 고치도록 하는 전통이 있었다.

『조선왕조실록』 세종 26년(1444) 7월 사헌부 상소를 보면 이런 이야기가 나온다.

> "이의인은 도승지 이승손의 인척이고, 이명민은 이조참판 민신의 인척입니다. 비록 법에는 상피 규정이 없으나 반드시 인정人情이 있었을 것인데, 이번에 둘 다 관직을 내렸으니 이는 더욱 온당하지 못합니다."

임금이 법적으로 아무런 문제가 없이 인사를 단행했지만 사헌부는 법에는 없는 상피관계지만 반드시 그 관직에는 사적인 이해관계가 얽혀 있다는 이유를 들어 임관을 반대한 상소 내용이다. 성군 세종에게 올리는 상소가 이 정도였다.

한편 이번 밀실 대화를 보면서 앞으로도 그런 못된 행실을 반복할 미래의 망나니들에게 역사가로서 비사 하나를 들려주고 싶다.

1392년 고려 마지막 왕 공양왕 때 일이다. 그해 6월 친 이성계파 남은南誾이 이성계에게 "위화도 회군 이후부터 쭉 조인옥 등과 더불어 비밀리에 왕으로 추대하려고 했습니다"고 알렸지만 이성계는 "이것은 대사이니 경솔히 말할 수 없다"고 하면서 밀실 추대를 거부했다. 아울러 남은은 비밀리에 평소부터 알고 서로 따르던 조준·정도전·조인옥·조박 등 52인과 더불어 이성계를 추대하기로 모의했지만, 태조의 노여움이 두려워 감히 말을 하지도 못했다. 아내인 강비조차도 그 사실을 알릴 수 없었다고 한다.

이성계는 밀실에서 왕으로 추대되는 일 자체가 자신의 정통성에 얼마나 먹칠을 하는 일인지 이미 알고 있었다. 아무리 왕위가 중요하고, 정권을 얻는 것이 급해도 바늘은 허리에 매여서 못쓰는 법이고, 밀실에서 야합하는 정치로서 정권을 잡는다고 해도 그 권력은 화무십일홍花無十日紅으로 끝나고 말 것이다.

나라 망친 애향주의愛鄕主義

지방자치제가 부활된 지 벌써 10여년이 되었다. 지방자치제가 부활될 때에는 바야흐로 '풀뿌리' 주민이 주체가 된 희망찬 지방 문화가 꽃필 것이고 그동안 수도권에 억눌려 제대로 발전하지 못한 각 지역이 경제적 사회적으로 크게 발전할 것으로 기대했다. 실제로 지난 10여년을 보면서 지방자치제가 일면 각 지역에 숨어있던 인물이나 문화유산들이 널리 알려지고 지방 문화가 다른 지역 사람에게도 개방되고 있다. 아울러 각 지역별로 해외에서 양질의 자본이 유치되어 지방 특화산업이 육성되기도 하는 등 남다른 발전을 보인 고장도 많아졌다.

하지만 안타까운 것은 역시 각종 기초단체장들의 비리와 부정부패이다. 그동안 수사를 받고 기소된 단체장들이 2005년까지 무려 142명에 달하며 자살한 광역자치단체장도 있으며 뇌물수수, 선거법·정치자금법 위반 등 부정부패와 관련된 단체장들이 많다는 것을 알게 되면 놀랄 일이다. 그런데 이보다 더 눈살을 찌푸리게 하는 것이 있다.

옛날 대학생 시절 별로 도움이 안 되는 일손이지만 농촌봉사활동에 참가하여 모기 파리와 싸우면서 낮에 일하고 저녁에 농촌 현실에 관한 세미나를 하던 시절이 있었다. 당시에도 산업화의 영향으로 마을에 가면 젊은 사람은 별로 없었던 것 같고 쪼그라든 할머니, 할아버지 모습이 자주 보였고, 슬레이트 건물 혹은 초가집에 호박 넝쿨이 위태롭게 담장에 걸쳐진 모습을 보곤 했다. 그런 초라한 집들이 빼곡하게 이어진 속에 난데없이 중세 성곽같이 웅장한 건물이 있어서 눈살이 찌푸려졌는데 그것이 바로 교회였다.

웅장한 교회 건물 옆에 정작 하느님의 자식들이 사는 마을은 초라하기 이를 데 없어 너무도 비교되었다. 그럴 때 큰 건물에 가면 용한 목사가 있으며, 예수 믿고 회개해야만 구원이 있다는 어떤 아주머니의 외침이 참으로 공허하게 들렸다. 멋진 건물과 비교되는 초라한 주민들의 집이 젊은 가슴에 남긴 아이러니는 필자가 역사와 연대할 수 없는 그 모든 도그마나 종교는 또 하나의 기만극일 뿐이라는 생각을 갖게 하는 계기였다.

그런데 몇십년 지나니 또 지역주민의 초라한 슬레이트 지붕 너머로 엄청난 재원을 뿌린 군청, 시청 청사廳舍들이 울쑥불쑥 세워지고 있다. 아파트 투기와 집값 상승으로 인해 발생한 재산세와 각종 지방세를 기반으로 세워지는 수십 층의 시청, 군청의 위용은 중앙정부 청사 못지않다. 백번 양보하여 멋지게 지으면 시설도 좋아서 민원 해결도 잘 될 것 같지만, 웅장한 건물의 현관에 들어갈 때 느끼는 위압감은 보통사람이면 다 느낄 것이다.

그것은 십여년 전 농촌 마을을 초라하게 만든 신식 교회 건물만큼이나 이제는 주민의 마음을 초라하게 만들고 있다. 물론 지방자치를 하면 일면 새로운 지방의회와의 연락이나 지역단위의 행사가 많아져서 군청이나 시청을 확장할 필요는 있을 것이기에 모든 것을 매도할 수는 없으나 참으로 안타깝다.

그렇다면 왜 그런 지방자치제의 문제점들이 시정되기는커녕 오히려 전국적으로 확산되는가? 그것은 다름 아닌 우리 스스로 과학적이지 못한 향토주의나 애향주의로 무장한 전근대적 의식이 잔존하기 때문이다.

우리는 팔이 안으로 굽는 것을 인지상정이라고 하고, 똥개도 자기 집 앞에서는 50점 먹고 간다는 뿌리 깊은 향토주의, 애향주의는 진정한 지방자치제의 진로를 왜곡하고 있다. 민족문화의 경우도 마찬가지지만 지방문화가 보다 차원 높은 문화가 되려면 자기 고장 사람만이 느끼는 협소한 틀을 깨고 보다 민족적이고 세계적인 모습으로 성장할 때 그러하다.

본래 지역 문화를 육성하는 이유는 그들만의 문화적 특징을 다른 지역에 자랑하라는 것이 아니라 위축된 지역 문화를 보편의 틀 속에서 여과하며 독특한 미풍양속을 다른 지역에 보급하고 다른 지역 문화를 새롭게 받아들이는데 있다.

그런데 지방 문화의 육성을 말하지만, 정작 우리의 지방문화 육성은 그저 사소한 지방의 촌스런 역사적 단편을 뻥튀기하여 자기 고장의 자랑을 경주하는 것으로 전락하고 있다. 예를 들어 특정 지역에서 전개되는 사투리 쓰기 운동은 그러한 애향주의 의식에다 왜곡된 다원주의, 협소한 다양성론이 결합한 전형적인 반역사적 지역주의 문화운동일 것이다. 물론 구수한 지방 사투리의 효용을 모르는 것이 아니며 사투리의 사용 금지를 요구하는 것도 아니다.

문제는 사투리를 쓰고 일상화된 사람들이 그것을 새롭게 각인하면서 자기고장만의 특성을 고집하려는데 있다. 말은 곧 사고요, 의식이며 결국은 인간이라고 한 사이드의 지적을 차치하고라도 정작 사투리를 다른 문화와 차이를 대변하는 것으로 한다면 결국 그 문화는 지역 문화, 지방 문화로 끝날 것이다. 어쩌다 지방자치가 지역 사회의 개별적 발전이라는 틀 속에서 이해되는지 모르지만 중요한 것은 다른 지역에 자랑할 선진적인 문화, 보편적인 문화를 얼마만큼 창출하는가가 훨씬 중요하다. 일반 주민의 삶의 질과 전혀 상관없는 각종 문화행사, 웅장한 청사 건립 등의 행위는 그러한 진정한 방향과는 거리가 먼 전근대적 발상이다.

한때 어떤 지방에 산다는 이유로 신분이 고착화된 시대가 있었다. 경상도와 평안도에 살면 '~놈'이고, 전라도와 함경도에 살면 '~새끼'였다. 대신 경기나 충청도에 살면 '~사람' 혹은 '양반'이었다. 가진 자들이 자신들의 계급적 이해를 완성하기 위하여 자기 고장에 높은 점수를 부여하면서 마침내 지방제도는 곧 신분제도가 되었다. 특정 지역에 살면 간사하고, 어떤 지역에 살면 고집이 세며, 어떤 지역에 살면 처신이 양반처럼 점잖다는 이야기는 늘 자신이 거주하는 지역이 다른 지역과의 차별을 요구한 결과이다.

그래서 옛날에는 자기 고장의 위상을 높이기 위해 뇌물을 주기도 했다. 예를 들어 『세종실록지리지』를 보면, 수원도호부는 고려 고종때 몽골 군사가 대부도大部島에 침입하여 백성을 노략질하니, 주관인 안열安悅이 군사를 거느리고 이를 쳐서 평정하였기에 그 공을 높이 보아 도호부로 승격했지만, 공민왕 때에는 홍건적에게 양광도 주군 중에서 가장 먼저 항복하였기에 군(郡)으로 강등되었다. 그러자 당시 고을 사람들이 재상 김용金鏞에게 뇌물을 주어서 다시 부府로 승격되었다고 한다.

춘주(지금의 춘천)도 고려 신종 때 지역 주민들이 권신 최충헌崔忠獻에게 뇌물을 주어 안양도호부安陽都護府로 승격되었지만 이후 몽골군이 침략하여 2만 군민을 모조리 참살하고 말았다. 자기가 사는 지역의 위신을 높여보겠다는 그 일념은 행정단위의 승격을 위해 재상에게 각종 뇌물을 동원하게 했고, 외적에 대한 항복도 서슴지 않았다. 그러한 애향 활동은 결국 나라를 외세에 넘기게 한 매국 행위가 되었고 자기 고장을 병난에 희생시키기도 했다.

이러한 경험은 오늘날에도 다르지 않다. 아파트 투기의 선봉(?) 부녀회는 결사적으로 자기 아파트 가격의 상승을 위하여 온갖 꾀와 술수를 다한다. 그들 부녀회원들은 다른 아파트와 다른 독특한 아파트 문화 창출에 앞장선다는 명분으로 자신만의 아파트를 위하여 그리고 다른 아파트와의 차별(특별히 집값 차별)을 위하여 동분서주하고 있다. 이러한 부녀회의 집값 경쟁과 교회의 신도불리기 경쟁 그리고 지방자치단체의 청사 키우기 경쟁은 서로 하나의 원리에서 나온 유사한 '사회적 부패' 현상이다.

그들은 불특정 다수에 대한 차별을 위해 끝도 모를 자신만의 특별한 대우를 기대하고 경쟁한다. 그러나 이러한 모든 노력은 진정 역사가, 신이, 사회가 요구하는 길은 아니다. 지방자치제는 다른 지역의 불특정 지방자치 단체와 경쟁하는 것을 본의로 하지 않음에도 여전히 웅장한 군청 앞에 수많은 슬레이트 지붕의 주민들의 삶은 무척 초라하다. 웅장한 건물에서 진정 우리 고장의 우수한 문화가 꽃필 것이라고 아무도 믿지 않는다.

지방자치 10여년을 보면서 단순히 지방자치제의 문제가 아니라 우리 사회에 널리 깔린 불특정 다수에 대한 무차별적 경쟁 심리와 그릇된 애향주의 그리고 감정적인 애국주의가 우리 사회에 얼마나 나쁜 영향을 주는지 우리 청년학생들은 제대로 인식해야 한다.

‘현실’이라는 언술의 우산

‘한반도’라는 영화는 한말 일본이 경원선 철도부설권을 강탈하면서 합법성을 가장하기 위해 조약을 맺었고 조약문에는 대한제국 국새(나라의 공식도장)가 찍혔기에 현재도 효력이 있다는 일본의 협박이 있었으며, 이에 어떤 재야사학자가 그것의 무효를 주장하고자 진짜 국새를 찾았고, 결국 일본의 야욕을 분쇄했다는 등의 줄거리로 구성되어 있다.

그 영화에서는 국가의 자주성과 정의감이 강한 대통령이 나오고 일본의 현실적 압박에 대응하여 국가경제나 백성의 현실을 고민해야 한다는 총리의 입장이 대조적으로 나온다. 그러면서 대통령과 총리의 견해 차이를 마치 대한제국 시기 고종과 친일관료간의 대립과 유사한 것처럼 보여주었고, 결국 일본이 두 손을 드는 것으로 영화는 정리되지만 두 사람의 생각 차이는 마지막까지 좁혀지지 않는 것으로 나타난다.

가상의 세계인 영화는 역사의 실제 사건을 그대로 반영하지 못하지만 오히려 실제 역사보다 더 정확하게 당시 입장을 보여주기도 한다. 그런데 대통령과 총리의 견해차는 애국과 친일의 대립인가, 이상과 현실의 대립인가. 무척 혼란스럽다.

역사학자로서 특히 근현대사를 연구하면서 대체로 일본과 타협하는 현실주의적 이해와 정의를 중시하는 이상주의적 이해 사이의 대립에서 주로 이상주의적인 견해에 동의해온 것이 사실이다. 하지만 의외로 말하지 않는 많은 사람들은 현실주의적인 이해에 동정표를 보낸다. 오늘날에도 북한의 핵문제에 대한 논의도 그렇고, 남북의 공존과 화해를 추진하는 정부시책에 대한 반공주의자들의 성토도 그렇다. 일제에 의한 한국 근대화론도 그렇고, 한미동맹 문제도 그렇다.

왜 이렇게 편법과 부정 그리고 힘과 자본의 논리에 바탕을 둔 논의들이 '살아남기 위해' 혹은 '현실'이라는 이름으로 많은 사람들의 마음을 움직이는 것일까? 왜 작전권 환수와 같은 주권국가로서 당연한 그 많은 일들이 각종 경제논리나 남침위협론 앞에서 맥을 쓰고 수세적인 위치에 있는가?

왜 사회의 대부분의 부를 독점한 기득권 계층의 이해를 대변하는 그런 정글 법칙인 신자유주의를 어쩔 수 없는 현실로 인정하고, 이 체제의 조그마한 변혁의 움직임에도 가진 것 없는 사람들이 오히려 기득권 계층보다 더 열광적으로 반대하는 것일까? 역사학자로서 역시 국민의 여론이 그렇게 역사의 이상과 탈구되는 현실에 지극히 두려움을 느낀다. 그러면서 왜 그런지도 생각한다. 혹시 그것은 늘 학문적 이상인 이성과 논리에 지나치게 치중함으로써 명분보다 소중한 바로 인간이 가진 감정가치感情價値에 대한 고민이 부족하기 때문은 아닐까? 하루 먹고 사는 사람에게 '꿈'을 전파하는 일이 당장 버는 일당의 소중함보다 더하지 못하기 때문은 아닐까? 당장 먹고 살아야 하는 민중의 마음을 사로잡는 것이 진실과 정의가 아니라 당면한 밥과 떡인 것을 부정할 수 없다면 우리 사회를 보다 질서정연하고 안정되고 정의로운 사회를 만들 방안은 무엇인가. 희망은 없는가?

결국 사회적 이슈의 시시비비 이전에 우리는 사회적 진실에 합심하여 접근하기 위한 고민 그리고 우리가 서 있는 자리에 대한 전체적인 사고와 판단의 원점으로 돌아가 보는 여유가 필요한 듯하다. 그 여유는 사실 진실을 말해야 하는 우리 사회의 저널리즘이 추동해야 한다. 그런데 그것 또한 만만치 않은 것이 사실이다. 오늘날 정치 지향적 특정한 계층의 이해를 대변하는 신문과 저널리즘이 오히려 그들의 본원적 토대를 왜곡하고 있다는 점이다. 저널들이 일색으로 떠드는 화두는 역시 '현실'이라는 용어이다. '현실을 모르는' '현실적이지 않은' '현실을 무책임하게 만드는' 등의 화술이 부리는 마력이 그것이다.

역사학자가 되면, 50년이나 100년이 지난 옛 신문들을 들여다보게 된다. 대부분 당대 신문의 많은 고민은 현실주의적 논리가 일색을 이루고 있다. 예를 들어 당장 읽기 편하다는 이유로 국한문혼용체를 사용하는 것이 순한글체보다 낫다는 생각을 가져왔다. 그 결과 우리의 전통적인 세계관과 과학의 기초개념을 철저히 일본적인 것으로 개조시켜버렸다.

당장 식산흥업을 위해 우리나라에도 시급히 철도를 놓아야 한다는 소수 개화파의 현실주의적 주장은 결국 일본의 조선강점을 부추기는 결과를 가져오기도 했다. 작은 현실주의는 큰 이상을 저버리는 법이다. 물론 정글법칙이 적용되는 현 사회를 맹목적으로 이상과 꿈에 기초한 정책만으로 일관하라고 요구하는 것은 오류이다.

그럼에도 바람직한 개혁과 지향을 추구함에 당장의 경제적 고통이나 약간의 희생을 볼모로 그 꿈을 좌절시키는 것이야말로 우리가 내실이 있는 근대화를 이루지 못하고 식민지로 전락하여 수십 년 힘든 삶을 감내해야 했던 큰 원인이 되었다. 현실이라는 언어가 진정한 의미를 가질 때는 그 언술에 담긴 의미가 근로자의 재형저축과 같을 때이다.

우리는 무수한 현실주의적 언술 앞에 노출되어 있다. 특히 매스미디어는 대중의 사고를 언어적으로 정복한 채 그러한 '현실'의 언술을 핑계로 사회개혁과 바람직한 지향들을 거부하는 경우를 본다.

"나랏말씀이 중국과 달라"라는 세종의 주장이 현실을 반영한 것이라면 당장 그것을 사용함에 손해를 보는 현실은 바로 양반이었을 것이다. 그럼에도 '한자漢字 쓰는 현실'을 주장한 것은 한글창제반대파들이었다. 한글날을 맞아 오늘 우리가 '현실'이라는 언어적 포장 아래서 얼마나 많은 정의와 꿈과 희망이 거세당했는지 보아야 한다. 그리고 '현실'이라는 우산 아래 얼마나 오랜 세월 왜곡된 현실이 지속되었으며, 개선이 어려웠는지 되돌아볼 필요가 있다.

요컨대, 장자가 "도를 도道라고 말할 때 그 도는 도가 아니다"라 한 것처럼 치열한 이론적 고민을 거치지 않은 직관의 현실은 늘 있는 그대로의 현실을 반영하기 힘들다. 현실이라는 말처럼 비현실적인 것이 없는 경우가 허다하다.

노비 해방을 거부하는 노비들

전시작전권 환수 문제로 전직 국방부 장관들이 작전권 환수 반대를 소리 높이고, 정치인들은 작전권 환수 시기상조론 등을 들고 나온다. 일부 우경단체는 작전권 환수는 곧 북한 김정일을 도우는 이른바 적화음모라고 말하기도 한다. 도대체 무슨 이유로 그들은 한나라의 군작전통제권이 외국인의 손에 넘어간 현실을 그토록 갈망하면서 쌍수를 들어 그 환수를 반대하는지 의아스럽기만 하다.

그들의 논리는 자명하다. 그들은 대북 억지력이 완성되지 않은 상황에서 선불리 작전권을 환수할 경우 나타나는 경제적 고통을 언급한다. 또한 막강한 북한의 화력을 막아낼 우리의 준비가 안 되었기 때문에 우리의 안보 공백이 커질 것이라 우려하기도 하다. 한술 더 떠서 작전권 회수는 미국을 자극하여 미국의 미움을 받게 되며, 이는 한미동맹의 균열로 나아가게 되어 우리나라를 고립상태에 빠지게 한다고 믿는다. 전시작전권 환수를 반대하는 이같은 다양한 주장을 보면서, 흡사 110년 전 정부의 노비 해방 조치를 정면으로 거부했던 당시 일부 노비들의 한탄을 생각하게 된다.

1894년 동학농민전쟁을 통하여 백성들의 사회개혁 요구가 거세지면서 조선 정부도 갑오개혁을 실시하여 노비제도를 혁파하고 〈홍범 14조〉를 공포하여 왕실과 국무를 분리하는 등 근대적 개혁을 실행하였다. 물론 이 개혁이 일본의 입김에 의해서 되기도 했다는 설도 있지만 대체로 초기의 갑오개혁은 조선의 주체적 요구가 많이 가미된 개혁이었다. 그리고 사민평등과 노비해방은 인류의 오랜 숙제였고 마침내 그 길이 열린 것이다. 얼핏 보면 당연한 역사의 귀결이었지만 정작 일부 노비들은 그것이 두려웠다. 노비를 해방했는데도 상당수의 노비들은 스스로 노비를 자처하면서 노비해방을 거부하는 차마 웃지 못할 해프닝이 연출된 것이다.

자발적으로 노비신분을 벗어나고 싶지 않은 사람들은 실제 많았다. 그들은 혹시나 노비에서 해방되어 평민이 되면 그나마 노비로 살 때 먹던 밥줄이 끊길지도 모르니 차라리 노비로 그냥 사는 것이 편하다는 생각을 가졌다. 과연 그 길이 노비들이 경제적 안정을 얻고 안정된 사회적 신분을 보장받는 바른 길이었을까?

오랜 세월 노비생활에 적응될 때 느끼던 세계에서 갑자기 벗어난다는 것은 공포와 두려움 바로 그것이었다. 주인의 지배가 없이 어떻게 살 것이며, 노비로 신공을 바치는 일 이외에 무엇을 할 수 있을까? 혹 어떤 노비는 이런 말을 했을지도 모른다. "우리가 노비해방을 준비할 여건이 되었을 때 노비신분을 해방해 달라" 혹은 "아직은 시기상조이며, 굶는 것보다 노비가 낫다"라고.

그러니 노비 해방에도 불구하고 1960년대까지 한국사회에서는 하인으로 불리는 전통시대의 노비가 농촌 지역에 실재하고 있었다. 그들의 일부는 그 길만이 생존의 절체절명의 방법이라 생각했고 그렇게 살았다. 그러한 '충성심'은 6·25전쟁 때에도 예외가 아니었다. 그때 정부가 전쟁에 필요한 지원군을 모집해야 했기에 각 면사무소별로 징병자를 차출하도록 했다. 그러나 일부 부잣집에서는 제사를 상속할 자기 아들 대신에 하인이나 타성백이(동족부락에 얹혀서 사는 다른 성의 사람들, 주로 머슴들이나 하인들이 많았다)의 아들을 대신 군에 보내는 일이 있었다.

주인에게 충성을 다했던 '자발적 노비'들은 그렇게 주인을 대신해서 기꺼이(?) 죽어갔다. 죽어갔던 그 노비들의 한결같은 충성심이 '주인이 그래도 밥은 먹여주는 은혜를 베풀었고, 길거리에 나가봤자 굶을 것이 자명'하다는 비장하리만큼 현실적 논리의 연장이었다. 그리고 충성심은 은연중 식자층에 의해서 의리와 충심으로 포장되기도 했다. 작전권을 환수하면 미국의 은혜를 더 이상 받을 수 없어 살기 곤란해질 것이라는 오늘날의 인식은 그처럼 해방을 거부하면서 노비로서 살아가길 원했던 구한말 노비들의 이야기와 무엇이 다를까. 특히 작전권을 이양하는 것이 국가안보의 초석이라 믿는 전직 군장성들이 노비의 충성심을 조장하여 사지로 몰았던 당대의 식자층과 무엇이 다른가.

본래 전시戰時 작전통제권이란 전쟁 시기 작전을 수립하고 명령하는 권한이다. 연합군의 경우에는 일시적으로 작전통제권을 연합군 사령관에게 양도하기도 하고 상황에 따라서 인수와 환수가 일어나는 그야말로 군 전략과 전술의 일부이기도 하다. 그러니 잠시간 특별한 사유로 작전권이 이양되는 것에 반대할 이유는 없다.

그러나 한국의 작전권 이양은 일시적인 변통으로 회수된 것이 아니라 국가의 주권과 자존심을 크게 위축시켰고, 그것에 적응한 경제 운용이나 왜곡된 사회관계, 국제관계를 만들어왔다는 것이다. 그래서 작전권 회수는 벗어나기 힘든 무거운 과제처럼 여겨지는 상황에 이른 것이다. 해방을 거부한 노비들이 두려워했던 것처럼…

국군의 지휘권은 헌법상의 대통령 군통수 조항과는 상관없이 1950년 7월 17일 이승만 대통령이 맥아더 유엔군 사령관에게 '현재의 적대상태가 지속되는 동안'이라는 단서를 달아 지휘권을 위임하였다. 이러한 부분이 잘못되었다고 부정하는 사람은 별반 없을 것이다. 문제는 그것이 56년에 걸쳐서 지속적으로 환수를 두려워 한다는 현실이다.

물론 1953년 10월 1일 한미상호방위조약에서 '작전통제권(Operational Control)'이라 하여 지휘권 중에서도 전시·평시 작전통제권(작전계획 명령 시달)만을 미군에 양도하게 되고, 김영삼 정부 시기(1994년 12월 1일)에 일단 평시 작전통제권은 우리 군이 환수하는 등 변화는 있었다. 사실 평시 작전권 회수도 미국의 입장을 대변한다면 〈넌워너법〉의 영향으로 평가하지만 그동안 5·18민주화운동 탄압이나 군사정권 수립에 미군의 작전권 책임이 있었고, 신군부에 의해서 악용된데 대한 국제적 비난이 비등한 결과이기도 하다.

현재 작전권 환수를 반대하는 자들 중에는 우리의 자주국방의 능력이 일정 수준에 도달했을 때 작전권을 환수해야 한다는 주장도 있다. 그런데 평소에 우리는 한미 연합 방위체제를 공고히 하자고 하고 자주국방은 사실상 관념이라고 비난을 퍼붓던 그들이었다. 자주국방을 반대하면서 작전권은 자주적 역량이 충실해질 때 가능하다는 논리 자체가 언어도단이다.

자주적 역량이 배타적인 민족군대의 양성을 표방하는 말은 아니며, 그 안에는 주변국가와의 충실한 협력이 바탕이 될 때 가능한 것임은 부정할 수 없다. 안보 문제에 자주와 국제협력(한미동맹)을 이항대립으로 설정하고 자주냐 외세냐를 분리하는 것도 옳지 않다. 즉, 자주국방은 주체적인 국방운영의 논리와 국제협력을 적절히 견인하는 노력이 통합될 때 내실을 다지게 된다.

그런데 작전권 회수를 반대하는 그들의 말을 정리하면 한미동맹을 해치는 자주적 노력은 우리의 안보와 경제를 위태롭게 한다는 것이다. 이는 마치 해방되기 싫은 노비들이 마치 죽기를 각오하고 노비로 살고 싶어 했던 그 모습과 너무나 흡사하다. 그들의 논리는 우민의 충동성을 기반으로 한 또 다른 표퓰리즘이고, 역사의 진로를 무시하는 반역사적 언행이다.

사실 작전통제권의 환수규모와 수준 그리고 로드맵은 군사 실무담당자의 판단에 기초해야 하는 것이 옳을 것이기에 문외한이 구체적인 내용에서 그다지 왈가왈부할 것이 없다. 문제는 무엇을 계승하고 고민하는가이다. 이미 56년 동안 사실상 군사주권을 상실한 채 오늘날까지 왔다. 환수가 2012년이든 2030년이든 회수되어야 할 대상에 대한 진지한 고민의 시간은 이미 충분히 되었다고 본다.

혹자는 수송기조차 미군의 도움 없이는 못 날리는 현실에 무슨 자주국방이며, 작전권 회수인가를 반문하지만, 56년간 작전권 박탈의 결과가 수송기조차 우리 스스로 못 날리는 그 현실을 만들었다는 사실에는 초점을 맞추지 못하고 있다. 노비해방을 거부한 노비의 우려나 기산이 무너질까 두려웠던 기우杞憂는 모두 우리 스스로의 운명을 우리가 측정하거나 관리하지 못한 상황에서 비롯된 것이다.

우리 군을 무적강군으로 육성하는 길은 그동안 작전권이나 통수권을 양도해야만 비로소 안보가 보장되던 현실에서 우리가 안보문제를 능동적으로 통제할 수 있는 시스템을 만들어갈 때 비로소 가능한 것이다.

요컨대, 청년학도의 진지한 안보의식은 기형화된 우리의 숨통을 바로 돌리는 일에서 파생되는 잠시의 현기증에 현혹되지 않는 것이다. 전작권 회수는 조국의 자존심과 안보를 함께 바로 세우는 길이며 대북 우위의 명분을 쌓은 길이기도 하다.

사량도 이야기와 동료 죽인 김 일병

휴전선 비무장지대 소초(GP)에서 발생한 김 모 일병의 총기난사 사건을 계기로 사회에는 병영문화의 난맥상을 시정하라는 요구가 빗발치고, 이 기회에 국방장관마저 경질하라고 야당은 목소리를 높이고 있다. 하지만 국방장관 한사람 바뀐다고 무엇이 달라질 것이며 병영에 침대 몇 칸 놓는다고 신세대의 불안 심리가 해소될 것인가?

우리 역사를 돌이켜 볼 때 이 문제와 관련해 『조선왕조실록』(성종 16년 3월 17일)의 기록을 보면 잠시 생각할 교훈이 있다. 조선 초기 왜구와 야인의 노략질이 격심했기에 한때 조선군의 군율이 엄해진 시절이 있었다. 그래서 많은 경상도 사람들이 사량도에 수자리를 하러 갔는데 무척 고된 벽오지 근무였고, 풍랑에 많은 사람이 죽었다. 이를 확인한 당시 사도 순찰사 홍옹은 왕에게 다음과 같은 보고를 올렸다.

> "경상도 사량蛇梁은 외딴 섬인데, 다른 포에서 아주 멀리 떨어져 있고 사면이 바다입니다. 수자리 서는 군졸을 한 달에 한 번씩 교대를 하는데, 가다가 풍랑이라도 만날까 드나들기도 어렵습니다. 지난 번 40여 명이 탄 배가 가라앉아 모두 죽어 수자리에 사는 군졸들이 '폐지해야 한다'고 이구동성으로 말합니다. 신의 생각에도, 구적寇賊을 보기도 전에 백성이 먼저 스스로 위태롭고 괴로우니 진을 옮기는 것이 어떠할까 합니다"

성종은 곧바로 그리하라고 윤허했다. 비록 수자리 서는 군졸이 1개월만 머물면 교체되는 사량진이지만 백성들의 고통이 왜구보다 더하기에 다른 곳으로 진지를 옮기도록 한 것이다. 아무리 국가적 요구이지만 수자리 서는 병사들의 모진 고통을 알게 된 이상 과감히 기존의 군사 정책을 고친 것이다.

이 이야기를 보면서 우리에게 GP란 무엇인가 다시금 생각하게 한다. 우리는 늘 북한과 군사적으로 우위에 있어야 전쟁을 억지할 수 있고, 이에 철통같은 국방력으로 휴전선 비무장지대를 지켜야 한다고 생각한다. 간첩이 몰래 넘어왔다는 정보만 발견되면 해당 지역 수비를 맡던 소대장부터 사단장까지 줄줄이 목이 달아나고 마치 군의 기강을 어지럽힌 주범으로 몰아서 모든 질책을 다 쏟아 붓는다.

그런데 휴전선의 그 많은 지뢰밭을 넘어서 직접 출몰한 간첩이 그 얼마이고, 무장공비는 그 얼마였을까. 오히려 간첩이 왔다면 배를 타고 왔고, 비행기를 타거나 잠수정을 타고 온 것이 대부분이었다.

물론 우리 국군이 엄격한 군율로 휴전선을 철통같이 지키기에 간첩이 넘어오는 일이 없었을 것이며, 그렇기에 휴전선을 지키는 우리 국군은 참으로 믿음직스럽다. 하지만 현재 휴전선에는 남방한계선을 넘어 비무장지대까지 수십 개의 초소를 만들고 젊은 병사들을 중화기로 무장시켜 복무시키고 있다. 55년 동안 수많은 청년들이 늘 일촉즉발의 긴장감 속에서 살아야 했던 곳이다. 과연 그러한 GP가 21세기 남북이 서로 왕래하고 민족 문제를 자주적으로 해결하자는 시대정신과 어느 정도 합치되는가.

문제의 본질은 그렇게 적을 죽이는 건수보다 아군이 희생되는 건수가 많은 정전협정 위반지역을 더 이상 방치해선 안 된다는 것이다. 총알 하나면 남북간 무력충돌이 일어날지도 모르는 위험지역이다. 북한과 불과 500미터도 안 되는 곳에서 서로 총부리를 겨누어야만 진정한 평화공존이 되는 것인지 생각해 볼 문제이다. 따라서 역설적이지만 비무장지대는 명실상부 비무장지대로 존재하게 해야 한다.

그러한 정책적인 문제점을 생각하면서 또 하나 이번 사건에 대하여

유감스러운 면을 찾을 수 있다. 그것은 과연 우리 21세기 젊은이에게 군이란 무엇인가에 대한 고민이다. 세종 초년이었을 것이다. 당시 병조兵曹는 군인의 도리에 관해 다음과 같이 말했다.

> "『육전六典』에 따라 군사는 엄숙하게 처리해야 하니 마땅히 위에서 아래로 내려오면서 한 계급이 다른 한 계급보다 엄하게 여겨서 서로 능멸과 침범함이 없어야 윗사람이 명령을 내릴 수 있게 되고, 아랫사람이 복무할 수 있으며 일이 이루어지기가 쉽다"

얼핏 보면 당시 병조가 그저 군대에서 엄중한 상명하복의 필요성을 말한 것 같지만 자세히 보면 두 가지 내용이 복합되어 있다. 하나는 윗사람과 아랫사람간의 엄격한 계급 관계를, 다른 하나는 계급마다의 분명한 역할 분담을 말하는 것이다. "한 계급이 다른 한 계급보다 엄하게 여겨서 서로 능멸하지 말라"는 말은 계급마다에 부여된 독특한 소명을 다하라는 말이지 무조건 명령, 무조건 복종의 의미와는 다른 것이다.

현재 징병제 하에서 모든 한국의 남성들은 군복무를 마쳐야 하는데, 정작 주객이 전도된 병영 문화를 접할 기회가 많다. 계급마다의 고유한 역할은 명령과 복종에 의해 늘 유린되고, 그저 궂은 일 험한 일은 아래 계급이 도맡아야 한다. 게다가 하급자는 상급자의 스트레스를 함께 감당해야 한다.

그럼에도 그런 모진 고통을 늘 전우애라는 상상의 연대의식으로 치장됐다. 사회에 나오면 군 생활의 문제점을 그렇게도 많이 지적하지만, 정작 군 생활에서 문제를 지적하는 일은 상상도 할 수 없고, 무식한 상급자는 그저 자기 부대의 명예 지키기 한마디에 모든 문제의 본질을 흐린다.

군이 명예롭다는 것은 강인한 전투력과 투철한 국가관으로 적들을 물리치는 힘에 있고, 죽음조차도 민족을 위해 바칠 수 있다는 용맹한 군인

정신에서 나온다. 그럼에도 총기난사를 당한 우리 젊은 병사가 "그래도 우리 소대가 최고였다"는 눈물어린 호소를 하는 것을 보면서 가슴이 무척 답답하다. 물론 고난을 함께한 전우를 위한 인간적 도리이고, 인지상정이기도 할 것이다.

엄정한 군기를 세운다면서 그 방법을 엄중한 훈련보다는 치졸한 기합에 의존하고, 인간적 대화를 나눈다면서도 인간적 대화를 나눌 내무반 위계는 무척 고단하다. 많은 사람들은 군 기강 해이를 마치 군 수뇌부의 문제로만 생각하고 병영문화 또한 정책적으로 해결되어야 할 문제라고 생각하는데 이는 무척 단견이다.

군사 문화는 단순한 상위 계급의 엄격하고 치졸한 명령과 가혹행위에 있는 것만이 아니라 적어도 고등교육 이상의 학력을 가진 자들이 그동안 배웠던 그 모든 바른 것에서 이탈하게 만드는 보상심리와 관련된다.

의무 복무라는 그리고 자신의 소중한 시간 2년을 낭비하는 것으로만 여기는 그런 의식을 만연시킨 사회적 책임이 큰 것이고 그렇게 내무반 문화를 만들었던 선배 병사들의 한계를 다시 한 번 반성해야 한다. 그것은 국가를 왜 지켜야 하고, 적들과 왜 싸워야 하는지 깊은 자기 성찰보다는 그저 고달픈 군 생활을 어떻게 요령 있게 지내야 하는가를 고민하는 모습에 대한 반성도 요구된다.

이번 총기난사 사건은 단순한 군 수뇌부만의 문제도 아니며, 신세대 버릇없는 젊은이의 일탈만도 아니다. 잘못을 보고도 그 자리에서 쉬쉬하면서 외면하다가 자신에게 더 이상 위해가 없는 뒷자리에서 군의 모순을 낭만의 한 자락으로 털어버리는 우리의 비겁함에 원인이 있다는 사실을 알아야 한다. 늘 하는 말이지만 역사는 작은 물방울이 모여서 큰 강을 만드는 법이다. 구체적인 한 사람 한 사람의 실천이 병영문화를 바꿀 것이다. 그 실천은 민주국가의 군대 역할이 정의롭다는 국민의 합의를 존경하는 마음에서 생성될 것이다.

지나친 향토애는 사이비 민족주의

우리 조상들이 뿌리를 내리고 살아온 우리 강토 어디에나 조상의 숨결과 얼이 담긴 문화유산이 산재되어 있다. 또한 국보나 보물, 지방문화재, 기념물 등을 위시하여 동구 밖이나 산기슭에 기나긴 세월동안 이끼가 끼고 돌보는 이가 없이 방치된 문화재까지 참으로 많은 문화재가 있다. 하지만 그러한 전통문화에 대한 통념은 하나의 신앙과도 같이 "그 모든 것이 아름답다"는 관념으로 시공간 속에 박제화되어 있다. 그동안 우리는 우리 지역의 문화유산이라면 그저 모든 것이 아름다웠다.

특히 특정지방의 유지인양 행세하면서 자기 지역 문화에 대한 종교적 찬사를 쏟아내는 앞으로 힘들게 하루하루 살아가던 사람들이 문득 그 연설을 힐끗 쳐다보면서 마치 광신도들이 '휴거가 다가왔다'고 고함치는 소리를 들은 듯한 모습처럼 비소를 머금으면서 지나가는 경우를 보기도 한다.

그동안 우리 지역사·향토사 인식은 자기 지역을 찬양하는 신비적 심성의 미학의 단계로 나아가고 있었다. 자기고장 뿌리찾기라는 자기 최면에 걸린 채 역사적 인과율을 무시하고 그저 충신과 열사, 항일운동가 등 이름난 것으로 영웅화하는데 진력하는 것으로 특징 지워진다. 나아가 과잉 해석된 문화유산이 복원과 미화의 대상이 되면서 지역 문화재의 성역화나 사실 전달에는 크게 고무되었지만 정작 지역사가 우리 전체 국사의 보편적 이해와 함께 고민되는 경우는 무척 적었다.

한국학이 근대 이후 서구가 한반도로 진출할 때 필요했던 '한국 알기'에서 출발했듯이 '지역학'이라는 이름도 사실 지방의 근대화 과정에서 발아한 지역주민의 자기인식 그리고 자기 문화의 독창성, 자랑거리를 외연적으로 확장하려는 노력에서 출발했다. 그렇지만 거기에는 늘 향토애라는 관념과 향토 사랑이라는 감성이 동반되었고, 그렇기에 근대주의적 지역 단위 상품화 전략에 교묘하게 지역주의 혹은 애향심이 가미되면서 지방과 지방민들을 위한 지방사 혹은 지역학으로 전개되어 왔다. 예를 들어 서울 신설동 토막민 촌이나 염천교 빈민 혹은 부산의 국제시장·도떼기시장·꿀꿀이죽 등등 실제로 많은 연구의 밑바탕에는 연구자 출신고장의 우수성과 낭만적 역사를 주변지역이나 국가적으로 자랑하는 한편, 지역주민의 자존심을 높이려는 의도가 은연중 드러나는 경우가 많았다.

하지만 이러한 지역애호 감정에 기초한 지역사 연구는 학문적 가치가 왜소할 수밖에 없다. 즉, 향토애에 기초한 지역사 연구는 자기고장의 문화유산을 연구하거나 답사하는 것을 마치 "자기 가문과 가족 그리고 우리 고장의 역사라는 애향심"을 촉구하거나 "학생들이 자기 고장을 참된 향토로 느끼게 하는데 관심"을 고양시키는 것으로 본다.

물론 자기가 사는 지역을 바르게 이해하고 향토문화를 사랑하는 정신을 기르게 하는 것은 중요하다. 그런데 그러한 사랑이 지나치게 되면 결국 오늘날처럼 지역 문화가 공적인 인정을 제대로 받지 못하게 된다. 왜냐하면 그러한 향토애에 의해서 향토사가 지나치게 과장되고 나면 과학적이고 실질적인 사회적 지지나 공감을 얻을 수 없기 때문이다.

그런데 정작 '향토애'는 그저 지역에 대한 막연한 관심이나 애정에서 만들어지는 것이 아니라 사랑할 이유와 자기만의 주체적인 해석이 가능할 때 나온다. 남녀의 사랑이 복합적이어서 심도 있듯이, 문화에 대한 사랑은 일방적인 애정이 만드는 것이 아니라 다양한 해석과 자기만의 해석을 연구지 스스로 만들어 갈 때 가능하다.

자신의 머리로 과학의 이름과 객관의 틀로 문화를 이해할 때 진정 문화에 대한 애호와 지역에 대한 애향심이 나오는 것이지, 그저 문화재만 본다고 길러지는 것은 아니다. 바람직한 지역사 연구는 특정지방에서 중앙과 다른 독특한 그 무엇을 찾는 것이라든가 혹은 지역주민의 자존심을 높여주기 위한 '뿌리 찾기' '자기고장 대발견' 사업 등과 다르다.

물론 한국인에 의한 한국학 연구에서 그 주관적 탐구욕이 전적으로 배제될 수 없는 이치와 같이 지방연구에서 연구자의 지역성이나 향토애가 배경이 되지 않을 수 없다. 하지만 이러한 주관성 침투의 여지가 점증하여 결국 연구 성과가 지역감정과 지역주의에 오염되어 관념화하고 말 개연성이 크다. 어쩌면 자기 고장에 대한 남다른 애정은 IMF와 같은 지방사회에 닥친 현실적 위기 그리고 세계화 과정에서 지방에 대한 정체성이 심히 훼손을 당하고 있는 현실과 무관하지 않다.

그렇지만 지방의 정체성을 이해하기 위한 노력이 개별 지방의 독자성이나 특별한 지역성을 고양하기 위한 수단으로 전락해선 안 된다. 이른바 지방 역사의 본류는 보편적 가치의 구현이며, 그 연구방법은 지방문화가 마치 순수한 그 무엇이 있는 것 같은 애향적·주관적 시각에서 벗어나서 구체적으로 지역의 보편적 가치를 규명하는 것이다.

그것은 이미 지방이라는 도시는 그 자체로 독자적일 수 없으며, 외래적 요소와 국제적 요소 그리고 전통적 요소가 화합하면서 비로소 독특한 문화가 만들어졌다는 사실을 인정하는 토대가 필요하다. 따라서 지역사·향토사 연구는 곧 한국학이며, 세계사 연구여야 한다.

간도협약을 읽으며

일본과 청국이 이른바 간도협약을 맺어 우리 역사에서 간도지역에 대한 역사적 연고권이 박탈 당한지 어언 100년이 다가온다. 어떤 사람은 국제법상 100년이 지나면 완전히 중국 땅이 되니깐 고토회복의 의기를 담아 간도 땅을 회복하는 데 최선을 다해야 한다고 하고, 어떤 이는 지난 날 우리가 힘이 없어서 어쩔 수 없이 생긴 일이라서 그냥 역사의 이불 속에 덮어 두자는 의견을 내기도 한다.

간도를 어떻게 처리하자는 궐기문이나 반성문 모두 읽어보면서 한결 같은 걱정거리가 있다. 왜냐하면 그 어디에도 간도 땅의 연고권을 박탈한 간도협약에 대해 국민들이 자세히 알 수 있도록 원문을 소개한 교양서가 없다는 것이다.

국사편찬위원회 소장 자료인 〈융희隆熙 3년 9월 4일(土) 간도間島에 관한 일청조약日淸協約〉을 우리 국민 중에서 과연 몇 사람이 꼼꼼히 찾아내서 읽어낼 수 있을까. 정말 간도협약에 대한 구구한 해설은 많아도 간도협약 자체를 소개하고 진상을 직접 국민에게 보여주는 경우는 극히 드물다.

과연 간도협약의 진실은 무엇이며, 간도협약에 담긴 일본의 의도는 무엇일까. 이후 역사를 반추할 때 적어도 이 협약은 단순한 한국과 청국간의 국경선 책정이라는 의미로만 해석할 수 없는 어떤 역사적 의미가 담겨있다. 그것은 바로 이 협약을 통하여 일본이 본격적으로 만주지역에서 정치, 군사적 영향력을 확보할 수 있었다는 점이다.

이러한 관심에서 간도협약의 원문과 본인의 해설을 함께 실으니 부디 간도 문제에 대해 우리 청년학생들이 관심을 가져주길 바란다.(본래 원문은 일문으로 되어 있으나 국한문 혼용으로 번역된 것이다.)

〈융희隆熙 3년(1909) 9월 4일(土) 간도에 관한 일청조약〉

(원문) 大日本國政府 及 大淸國政府는 善隣의 交誼에 鑑하여 圖們江이 淸韓 兩國의 國境된 事를 互相確認하고 竝 妥協의 精神으로서 一切의 辦法을 商定함으로써 淸韓兩國의 邊民으로 하여금 永遠히 治安의 慶福을 享受케 하고저 하여 左의 條款을 訂立함.

(대일본국 정부 및 대청국 정부는 그동안 양국이 선린으로 우의를 다져온 경험에 비추어, 도문강이 청국과 한국[대한제국]간의 국경임을 확인하며, 타협의 정신으로 법령을 합의함으로써, 변방에 사는 두 나라 사람들이 영원히 안정적인 복된 삶을 살도록 다음을 합의한다.)

第1條 日淸 兩國政府는 圖們江을 淸韓 兩國의 國境으로 하고 江源 地方에 在하여는 定界碑를 起點으로 하여 石乙水로써 兩國의 境界로 함을 聲明함.

(제1조 일본과 청국 정부는 도문강을 청국과 한국의 국경으로 하며, 강의 원류 지역 백두산정계비와 석을수[두만강으로 들어가는 백두산 지류의 최남단의 강]가 양국 국경임을 성명한다.)

第2條 淸國政府는 本協約 調印 後 아무쪼록 速히 左記의 各地를 外國人의 居住及 貿易하기 爲하여 開放함이 可함. 日本政府는 此等의 地에 領事館 或은 領事館分館을 酌設함이 可하되 開放의 期日은 別로히 此를 定함. 龍井村 · 局子街 · 頭道溝 · 百草溝

(제2조 청국정부는 본 협약을 조인한 용정촌 · 국자가 · 두도구 · 백초구 등 네 곳을 개방하여 외국인들이 거주하거나 무역할 수 있도록 한다. 일본정부는 이 지역에 영사관 혹은 영사관 분관을 설치하며, 개방 시일은 별도로 정한다.)

第3條 淸國政府는 從來와 같이 圖們江 北의 墾地에 在하여 韓民의 居住를 承認함. 其地域의 境界는 別圖로 此를 示함.

(제3조 청국정부는 이전처럼 도문강 북쪽 개간지 즉 간도지역에서 한국민의 거주를 승인한다. 그 지역의 경계는 별도로 정하여 알려준다.)

第4條 圖們江 北地方 雜居地 區域內 墾地居住의 韓民은 淸國의 法權에 服從하고 淸國地方官의 管轄裁判에 歸함. 淸國官憲은 右韓民을 淸國人과 同樣으로 待遇함이 可하며 納稅 其他 一切 行政上의 處分도 淸國民과 同樣됨이 可함. 右 韓民에 關係되는 民事 刑事 一切의 訴訟事件은 淸國官憲이 淸國法律을 按照하여 公平히 裁判함이 可함. 日本國領事館 又는 其委任을 受한 管吏는 自由로 法廷에 入會함을 得하며 但 人命에 관한 重案에 對하여는 須先 日本國領事館에 知照할 者로 함. 日本國領事館이 若 法律을 按치 아니하고 判斷하는 事가 有함을 認하는 時는 公正의 裁判을 期케 하기를 爲하여 別로히 官吏를 派하여 覆審할 事를 淸國에 請求함을 得함.

(제4조 도문강 북쪽의 잡거지대의 한국민은 청국 법권에 복종하며, 청국 지방관이 재판권을 가진다. 청국 관헌은 한국민을 청국민과 마찬가지로 대우하며, 세금 그밖에 모든 행정 처분도 청국민과 마찬가지로 한다. 한국민이 개입된 민·형사 소송은 청국관헌이 청국 법률에 따라 공평히 재판한다. 일본

국 영사관이나 위임받은 관리는 자유롭게 법정에 들어갈 수 있고 사람의 목숨 등에 관계한 중대 사안은 일본국 영사관에 알려야 한다. 여기서 영사관이 보기에 제대로 법률에 근거한 재판이 아니라고 판단할 때는 공정한 재판을 위하여 별도로 관리를 파견하고, 재심을 청구할 수 있다.)

第5條 圖們江 北 雜居區域 內에 在한 韓民所有의 土地 家屋은 淸國政府로부터 淸國人民의 財產과 同樣으로 完全히 保護함이 可하고 又 該江沿岸에는 場所를 擇하여 渡船을 設하여 兩方人民의 往來는 自由됨이 可함. 但 兵器 携帶한 者는 公文 又는 護照가 無히 越境함을 不得하고 雜居區域 內 產出의 米穀은 韓民의 販運을 許하되 最히 凶年에 際하여는 仍히 禁止함을 得함이 可하며 柴草는 依舊 照辦함이 可함.

(제5조 간도지역의 한국민 소유의 토지나 가옥은 청나라 국민의 재산과 마찬가지로 보호되며, 이 도문강 연안에는 도선장을 정하여 양국의 국민들이 자유롭게 왕래할 수 있도록 한다. 단 무기를 휴대하거나 공문이나 여권이 없이 국경을 넘지 못하게 하고, 이 지역에서 생산된 양곡은 자유롭게 한국민들이 판매할 수 있도록 하되, 흉년 때는 금지할 수 있다. 다만 땔감은 옛 방식을 참작하여 그대로 한다.)

第6條 淸國政府는 將來 吉長鐵道를 延吉 南境에 延長하여 韓國 會寧에서 韓國鐵道와 連結함이 可함. 其一切의 辦法은 吉長鐵道와 一律됨이 可하며 開辦의 時期는 淸國政府에서 情形을 酌量하여 日本國政府와 商議한 後 此를 定함.

(제6조 청국정부는 장래 길장철도를 연길 남쪽 경계까지 연장하여 한국의 회령에서 한국철도와 연계토록 한다. 그와 관련된 법령은 모두 길장철도 문제와 함께 협상되며, 협상 시기는 청국 정부가 잘 고려하여 일본정부와 상의하여 정한다.)

第7條 本協約은 調印 後 直히 效力을 生함이 可함. 統監府派出所 竝 文武各員은 아무쪼록 速히 撤退를 開始하여 2個月로써 完了함이 可하며 日本國政府는 2個月 以內에 第2條 所開의 通商地에 領事館을 開設함이 可함. 右證據로 하여 下名은 各其 本國政府로부터 相當한 委任을 受하고 日本文及 漢文으로써 作成한 各 2度의 本 協約에 記名 調印함이라.

(제7조 본 협약은 조인한 다음 곧바로 효력을 발생하도록 하고, 통감부 파출소 및 문관 무관 모두 2개월 내 속히 철수하며, 일본국 정부는 2개월 내에 제2조에서 말한 네 곳에 영사관을 개설한다. 그것을 증명하기 위하여 아래의 두 사람은 각기 본국 정부의 위임내용에 근거하여 협약문을 일본문과 한문으로 각 두통씩을 만들어 각기 서명한다.)

메이지 42년 9월 4일 대일본국특명전권대신 伊集院彦吉 (서명)
선통(宣統) 원년 7월 20일 대청국 흠명 외무부상서 회판대신 梁敦彦 (서명)

이처럼 간도협약에서 일본이 얻고자 한 것은 국사 교과서에 나오는 안봉선 철도 부설권과의 교환이 아니라 길장철도(장춘－길림선)를 도문까지 연결하여 장도선(장춘－도문선)으로 확장하며, 이후 조선의 함경선과 연결하는 것이었고, 둘째는 종래 대한제국 간도파출소나 통감부파출소를 해체한 대신 일본 영사관이 침투하여 일본의 대륙침략을 손쉽게 정비하는 것이었다. 무엇보다도 간도지역 조선인을 영사관이 직접 지배할 수 있게 하여 이 지역이 독립운동기지로 변하는 것을 미연에 막으려는 의도로 볼 수 있다. 이러한 일본의 속셈은 이후 적중하여 시베리아 출병(1918)이나 독립군기지 공격 등에 유용하였고 소련과의 대립을 격화시켜서 장고봉 사건(1938) 등을 야기하였다. 또한 20년 후에 마침내 함경철도(1928)와 장도선이 연결되면서 만주침략, 중국침략을 용이하게 하는 대륙침략루트를 완성할 수 있었다.

원칙과 당위의 주장만큼이나 역사적 사실에 대한 정확한 확인이야말로 우리가 간도 문제를 해결하는 바른 길을 연다는 사실을 우리 청년들은 잊지 말기 바란다.

자연적 우연성을 넘어서

인간이 옷을 만든 이유

옷이란 체온 유지나 피부보호 혹은 작업의 편의나 예술적 표현 및 유행의 적응을 위하여 착용하는 것으로 여겨지며, 역사적으로 볼 때 기후 변화에 부응하여 한서를 조절하거나 외부로부터의 장애를 막아 신체를 보호하는 실용성에서 옷이 발생했고, 점차로 거기에 장식성·사회성이 가미된 것으로 본다. 하지만 무슨 이유인지 옷이 단순한 자기표현이나 생활의 필요로 만들어졌다는 생각이 든다.

옷은 어디에서 왔을까? 역사학적 관점에서 본다면, 옷의 기원은 인간이 동물과 달라지던 시점, 즉 진정한 인간이 탄생하는 순간에 기원했다. 오랜 세월 수많은 고난을 겪으면서 인류는 인간으로 진화와 창조를 거듭하였고, 그러한 과정에서 인간은 자신이 동물계와 다른 그 무엇을 발견하게 되었다. 그것이 바로 자기 자신을 본다는 것이었다.

바꿔 말해 동물과 다른 인간의 형성은 비로소 인간의 눈에 세상이 보였고 분별이 가능해졌다는 점이다. 단순한 동물적 본능과 먹을 것을 위해 움직이는 짐승과는 달리, 자신의 눈으로 세상을 분석할 수 있었고, 주위에 있는 수많은 위험과 경이로움에 자각을 할 수 있게 된 것이다. 그러한 자각은 곧바로 인간 관계를 합리적으로 설정하려는 도덕률 혹은 계율을 만들었으며 그 덕분에 동물계와 비슷했던 부모, 자식 그리고 이웃관계를 합리적으로 설정할 수 있었다.

이렇게 자연과 다른 인간만의 독특한 특성을 확립하는 가운데 옷은 그러한 특성을 대변하는 상징으로 여겨졌다. 즉, 도덕적 인간계의 형성이 진정한 천지창조였으며 옷을 만들게 된 결정적 계기였다.

인간은 동물계와 달리 처음부터 동물의 털가죽이나 식물의 잎 등으로 몸을 가리고 있었다. 이어서 동식물에서 얻은 섬유로 베를 짜기에 이르렀다. 의복의 재료로 섬유를 이용하게 된 때부터 긴 세월이 흘렀다. 5000년 전의 이집트의 미라가 이미 마포를 두르고 있는 것을 보아도 그렇다.

각 민족은 기후 기타의 자연적 조건을 배경으로 하여 이집트에서는 마, 인도에서는 목화 등 식물성 섬유를, 중국에서는 견絹, 유럽에서는 양모 등 동물성 섬유를 원료로 한 의복재료를 생산하여 사용하게 되었다. 우리나라의 수렵과 채집 단계에서도 여성 의복은 채집생활에 따른 식물류가 주로 이용되고 사냥, 어로 등을 주로 했던 남성의 경우 동물성 가죽이나 털을 주로 이용했을 것으로 보인다. 이어 농경문화의 유입으로 정착생활을 하게 되면서 각종 마직물, 견직물, 모직물 등의 개발이 이뤄지고 이후 다양한 의복이 제작되었다고 할 수 있다.

실제로 우리나라 원시사회에서도 직물 제작도구를 예를 들어 골침(짐승뼈로 만든 바늘)이나 방추차(실 짜는 도구) 등이 사용된 것을 보아 단순히 동식물의 가죽이나 잎으로 몸을 가리는 정도가 아니라 옷을 가공하고 있었다는 사실을 확인할 수 있다. 이처럼 우리의 원시사회에서도 옷은 그 자체로 일종의 생산수단이자 동물계와 차별하는 중요한 증표였다. 부족국가가 통합되고 고대국가가 형성되는 시점에서 이제 옷은 동물계와의 구분을 위한 수단의 영역을 넘어섰다. 이제 역사의 진전과 더불어 인간간의 차별과 부의 과시, 권력의 상징으로 전환한 것이다. 삼국의 고분벽화는 계급사회의 확대과정을 의상을 통하여 명확하게 보여준다.

귀족들의 의복은 중국 의상을 빌려 그 권위를 내세웠으며, 특히 고대국가의 성립과정에서 중국식 제도를 수용하여 자색, 비색, 청색, 황색 등 색의로서 귀족의 등급을 매기는 등 신분의 구별수단으로 이용하였다.

고려시대에는 삼국시대 의생활 전통이 계승되었지만 원나라를 통해 유목국가의 의복문화가 광범하게 전래되었다. 댕기머리나 은장도는 이 시기에 몽골에서 전래되었고, 혼례 의상에서 여성의 족두리나 도투락댕기 등과 신랑의 청색 단령도 거기서 전래되었다. 두말할 것 없이 고려말 원나라에서 전래된 목면은 한국 의생활사에서 이정표를 그었다. 물론 최근의 연구에 따르면 고려말 이전에도 목면이 사용되었다고 한다. 어쨌든 고려말 이후 무명옷이 일반화된 것은 사실이다.

조선시대 민중들의 의류는 여름에는 주로 삼베와 목면을 겨울에는 목면에 솜을 넣어 누빈 겹옷을 입었다. 반면에 지배층은 여름에는 삼베와 모시옷을 겨울에는 명주에 솜이나 털을 넣어 누빈 옷을 즐겼다. 여름에는 등잠을 걸치고 토시를 낀 후에 땀에 젖어 옷이 늘어지는 것을 방지하였다.

지배층은 여름에도 버선 위에 미투리나 갖신을, 서민들은 맨발에 짚신을 신었다. 비가 오는 날에는 머리에 우장삿갓을 쓰고 나막신을 신었다. 조선 후기에는 남자의 경우 마고자가 유행했고, 부녀자들은 배자褙子를 즐겼다. 외출할 때는 남성은 풍차를, 부녀자들은 조바위나 아얌을 즐겨 썼다.

아울러 동북아에서 특별하게 한국 여성들만 주름치마를 입는데 이는 중국의 소매가 긴 창파오, 치파오나 일본의 꽉 조이는 품의 기모노와는 전혀 다르게 바지나 치마폭이 무척 넓다. 이는 바로 기마와 유목을 주로 하던 북방민족의 의상이 전래된 것이라 판단된다. 그리고 기단이 넓은 치마는 결국 여성의 활동성을 강화하였고 다양한 여성문화를 창출하는 계기가 되었다.

이러한 의상은 개항기 근대주의적 인식과 생활의 합리성이 강조되면서 전통복식은 일상에서 후퇴하고 그 자리를 양장이 대신했다. 양장으로의 전환은 식민지 문화의 급변을 예고했다. 전통적인 족대나 두루마리 대신 양말과 메리야스 사용이 급증하여 생활패턴의 변화 그리고 근대주의 의식의 확산을 수반했다.

요컨대, 옷은 인간이 동물계와 차별되게 특별한 진화의 길을 지향하는 순간 착용되기 시작했다. 동물과 달리 인간은 옷을 통하여 자신이 비로소 자각한 세상과 자연에 대한 자신을 표현한다. 그 표현은 자신의 존재와 권위 그리고 부와 권력을 과시하는 수단이기도 했지만 일면에는 부끄러움과 치부를 가리는 수단이었다. 그래서 다양한 의복이 제작되었고, 인간 삶의 여러 가지 모습을 외적으로 표현해 주었다. 하지만 옷의 진정한 역사성은 언제나 옷깃을 여미고 의례를 집행하며, 또다른 내일의 발전을 기대하는 인간의 마음속에 내재하고 있다는 사실이다.

부동산 혁명은 민주주의의 기초

부동산 투기 개입 가능성이 높은 1가구 다多주택자에 대한 60% 이상의 양도소득세 과세와 기준시가 6억 이상의 가구에 대한 종합부동산세의 강화, 그리고 전 국민의 50% 이상에 이르는 무주택 서민의 안정적인 내집 마련 기회를 높인다는 취지의 8·31조치. 이 조치는 사회주의적 토지혁명 및 토지 초과이윤 강제징수와 같은 토지공개념 정책을 제외하고는 강도 높게 '가진 자'의 도덕적 본분을 강요하는 시대적 요청이다. 그렇다면 이 조치로 천박한 투기 자본주의 시대의 종말은 과연 올 것인가. 역사학자는 역사상 유래가 없는 8·31조치의 역사성을 다시금 생각한다.

이번 조치로 피해를 볼 일부 계층은 어쩌면 이런 의문을 가질 것이다. '왜 사유재산이 보증되는 자본주의 국가에서 건전하게 축적한 재산을 보유한 우리를 겨냥하여 세금 폭탄으로 횡포를 부리는가'. '이것은 혹여 초헌법적 발상이 아닌가?' 그리고 어떤 이는 '늘 역사가 그렇듯이 가진 자의 일정한 안정 위에 비로소 국가와 일반 국민의 생활이 성장하는 것 아닌가'라고 항변하기도 할 것이다.

그러한 의문에도 불구하고 역사는 결코 그들의 손을 잡아주지 않을 것이다. 왜냐하면 부와 권력이 품격과 인격성을 포함하지 않을 경우 그들이 그렇게 꿈꾸는 세상의 독점, 사회의 독점을 성공한 경우가 없었기 때문이다. 가진 자가 가진 것을 오래 갖고 살기 위해서라도 힘든 백성의 고통을 일정하게 분담해야 한다. 예를 들어 임진왜란으로 명나라가 망하고 일본이 망하여 새로 정권이 들어섰던 이야기는 초등학생도 알 것이다. 중국의 명나라가 청나라로 바뀌고, 일본의 토요토미 히데요시 정권이 도쿠가와 이에야스 정권으로 교체되었다. 하지만 조선은 이웃나라와는 달리 왕조의 교체가 없었다.

혹자는 조선에서 이순신이나 의병장 등의 훌륭한 분을 죽이고 강권적으로 성리학 가치를 내세워 백성을 통제함으로써 정권을 유지할 수 있었다고 보는데 사실은 그 외에도 중요한 이유가 있다. 그것은 바로 대동법과 균역법이었다. 대동법은 그동안 백성의 노역으로 만든 공물을 바치는 공납제도를 쌀로 대신하게 하는 제도였다. 이것은 그동안 집집마다 가난한 백성의 힘겨운 가사노동이나 노역으로 힘겹게 채워야 할 공물이라는 세금을 땅을 가진 지주들에게 대신 내도록 하는 제도였다.

균역법도 본래는 집집마다 양반에게도 군포를 걷는 호포제를 추진했지만 양반은 군대 안 간다는 소위 양반불역론을 이기지 못해서 균역법으로 귀착되었다. 그래도 균역법은 그동안 생짜로 일반 양가의 남자 1인당 2필씩을 내던 군포를 1필로 감해주는 정책이었다. 군포를 한필로 감해주니 자연히 세수가 부족할 것이고 이에 결작結作이라고 하여 부농이나 호농의 토지에다 세금을 매겼다. 또한 왕실이나 종친이 이익을 획득하던 생선, 소금, 선박 관련 세금을 세무당국에 이관하여 부족한 군포 세수를 메우도록 했다.

대동법을 그냥 보면 공물을 쌀로 내는 것이지만 그 안에는 지주층의 양보가 존재했고, 균역법을 그냥 보면 또다시 양민에게 군포를 내게 하는 것 같지만 그 안에는 지주와 왕실의 양보가 존재했다.

이것이 임진왜란 이후 충무공 이순신과 한상궁(드라마 대장금의 가상인물)을 죽인 그 파렴치한 조선 왕조가 임진왜란이나 병자호란에도 멸망하지 않고 이후도 300년 이상을 같은 왕조로 이어갈 수 있는 힘이 되었다. 늙어죽도록 뼈 빠지게 벌어도 가족을 편히 쉬게 할 집 한 채 못 장만하는 오늘날을 보면서 임진왜란 이후 조선왕조가 당했을 왕조 몰락의 두려움을 느껴야 할 것이다.

땅이 부의 수준을 대신하던 십여년 전만해도 남편이 열심히 벌고 아내가 알뜰살뜰 모아서 저축하여 내집 마련을 할 수 있다는 희망이 있었다. 그래서 젊은 부부들은 미래의 안정을 위하여 열심히 일했고, 그 꿈은 대충 10년을 고비로 이뤄졌다. 그러한 희망이 근대화 추진과정에서 국가발전에 얼마나 큰 도움이 되었는지 모른다.

박정희 정부의 경제적 영도력뿐만 아니라 미래를 생각하고 희망을 안고 살려고 했던 지금의 50~60대가 가지는 성실함과 근면 의식은 그저 그들이 사상적으로 수구적이고 보수적이라는 부정적 측면이 일부 존재한다는 점을 제외한다면 싱싱한 한국을 건설하는 커다란 밑천이었다.

국민의 꿈을 갉아먹는 소수 부동산 독점 세력과 투기 세력의 청산은 이처럼 특정한 부자를 겨냥한 것도 아니며 오히려 국민의식이 있는 자와 없는 자로 양분되어 자칫 국가적 위기가 될지도 모르는 현상을 막고 국민의 대다수가 가지는 현실에 대한 좌절감을 치유하는 힘이 될 수 있기 때문이다. 대학교수가 10년을 모아야 벌 수 있는 그 돈이 아무 것도 생산하지 않고 서있기만 하는 아파트가 스스로 부풀린 두 달 집값에도 못 미친다면 누가 세상은 열심히 살만한 것이라고 말하겠는가?

그렇다고 부동산 경영에 투자를 해서 경영능력으로 부를 얻으려는 투자자를 왜 우리 사회가 욕하겠는가? 그리고 재산을 가졌다고 무조건 매도의 대상이 될 이유가 없을 것이다. 그리고 일하지 않고 경영도 하지 않고 사회의 생산력 대부분을 갉아먹는 불과 2%의 정당하지 못한 치부에 대한 분노와 청산이 어찌 헌법정신에 어긋나며, 사유재산제도를 부정하는 일일까?

21세기의 과제는 소수의 정예 엘리트를 키워 국가경쟁력을 높여가면서 나라의 장래를 계획하는 것도 중요하지만 그보다 더 큰 과제는 놀고먹는 자들 그러면서 세상을 독점하는 자들을 청산하는 것이다. 경영하고 노동하고 새로운 기술을 개발하는 사람이 많은 돈을 벌고, 좋은 집을 가질 수 있고 새로운 젊은 청년들이 희망을 가지고 스스로 노동해서 내집 마련의 기회를 가질 수 있도록 해야 한다. 그래야 일류 기술자도 나오고 국가경쟁력을 높일 인재도 나오며, 빈곤한 복지재정을 높일 건전한 세금 징수도 가능할 것이며, 가진 사람이 존경을 받는 시절이 될 것이다. 돈이 돈을 모으는 세상이라는 현실은 자본주의 사회라서 어쩔 수 없지만 그래도 사회적 도덕성을 확립하기 위해서는 더 이상 부동산 독점을 좌시해서는 안 된다.

이제 21세기 벽두부터 서투르나마 국가정책은 5천년간 견고하게 지켜졌던 부동산 독점과 기득권 세습구조의 일부를 무너뜨리는 명예혁명의 길로 가고 있다. 계급론과 혁명론을 말하지 않더라도 이미 공공의 적으로 이해되는 부동산 투기 집단에 대한 국가적 철퇴는 친일청산으로, 과거사 청산으로, 강제동원진상규명으로, 인권 신장으로 이어진 역사바로세우기의 구체화 과정이다. 암세포를 파괴하기 위해 잠시 고통 받는 정상 세포가 있듯이 잠시의 두려움은 역사를 위한 비용이라 생각할 필요가 있으며 혹여 부동산 투기 세력이 또다른 지능으로 시대의 정의를 외면하는 일은 없을지 경계해야 한다.

1950년 초반에 있었던 남한의 농지개혁이 북한에 의한 공산화를 막아준 것처럼 우리는 이 8·31조치와 앞으로 이어질 부동산 정책이 소수의 무제한 독점과 중산층의 하강 분해, 그리고 다수 무소유자들의 퇴적이라는 오늘날 우리 자본주의의 모습을 해결할 첫 번째 관문이었으면 한다. 그리고 부동산의 독점 해체라는 역사적인 장정뿐만 아니라 금융 독점세력, 즉 불로소득 계급에 의한 자본 독점 시대를 한시바삐 청산해야 한다는 역사적 과제가 한발 한발 우리 앞에 다가오고 있음도 인정해야 한다.

진정한 자유민주주의란?

> 동일한 수준의 재능과 능력을 가진 사람들로서 그것을 사용할 동일한 의향을 가진 사람들은 사회체제 내에서의 그들의 최초의 지위에 관계없이 동일한 성공의 전망을 가져야 한다. 동일한 능력과 포부를 가진 사람들의 기대치가 그들이 처한 사회적 계급에 영향을 받아서는 안 된다. 그래서 두 원칙(공정한 기회균등의 원칙과 차등의 원칙)에 대한 자유주의적 해석이 의도하는 것은 분배의 몫에 있어서 사회적 우연성이나 천부적 운명의 영향을 경감시키고자 하는 것이다.
>
> —존 롤즈, 『정의론』

대중의 역사에 대한 관심은 크지만 역사학이 점차 사회적 의미를 상실하는 것은 기본적으로 역사학의 과제가 '민족' '통일' '자유' 등의 거대한 가치에 경도되어 대중들의 현실과 괴리를 보인 까닭도 있다. 물론 역사학이 현실에 지나치게 간섭하면 세속적 가치와 정략에 휘둘리거나 금권의 노예가 될 위험도 크다. 그럼에도 21세기 역사학은 그동안 우리를 옥죄인 많은 보편가치에 대한 강박을 벗어나서 현실적인 의미에도 고민을 더해야 한다.

자유민주주의에 대한 구구한 연원을 따지기 전에 자유민주주의 체제의 본질에 대한 성찰에서 중요한 것은 바로 자유·평등·박애라는 근대적 이상이 자본과 같은 인위적 수단이나 혈연·지연·학연과 같은 자연적 우연성에 심히 왜곡되고 있다는 점이다. 자연적 우연성이나 천부적인 재능으로 세상의 모든 것을 독점할 수 있다는 자유주의가 과연 우리가 바라는 정의로운 사회의 모습인가?

우리는 자주 좋은 부모, 좋은 학교를 나온 것은 개인 능력이고 그것이 사회의 발전을 재촉하며 그 덕택에 그런 엘리트들이 부와 명예를 누리는 것으로 생각한다. 똑똑한 인물과 천재를 특별히 양성해서 무한경쟁의 세계사회에서 특출한 기량을 발휘하여 전민족의 최대행복을 누리게 하는 것이 작금의 자유주의가 지향하는 요체일 것이다. 그런데 그런 선언과 달리 소문난 몇 대학에서는 그러한 자연적 우연성을 선취한 결과 고교등급제를 요청하고 본고사 부활을 외치지만 정작 입학인원이 취약한 지방대는 그러한 외침과는 거리가 먼 생존의 위기감에 휩싸여 있다.

나아가 좀 덜 부유한 부모를 만나고 혹은 지방에서 태어난 이유로 그런 엘리트 그룹으로 가는 공정한 기회를 배제하는 '능력지상주의' 아래서 많은 부모들과 학생들의 생존전략은 참으로 힘겨워 보인다. 여기서 우리는 조금씩 우리가 하늘의 뜻이고 운수라고 생각했던 그 많은 사람들의 '공감대'가 실은 자유민주주의의 이상을 지극히 왜곡하고 있다는 점을 알아둘 필요가 있다.

문제는 그러한 자연적 우연성과 자본의 세습이 그 자체로 '귀족의 책무'를 방기한채 지속적으로 현실 삶에 영향을 주면서 다수 사람들이 누려야 할 공정한 기회를 왜곡한다는 사실이다. 여기서 기회균등이란 사회주의적인 방식으로 모든 사람을 같은 출발선상에 놓고 일률적 평등을 강제하는 것이 아니다.

중요한 것은 청소부가 되었건 대통령이 되었건 자기가 사는 현실에 대해 적어도 이 정도가 되면 공정하다고 암묵적으로 합의되는 그런 질서가 존재하고 그 질서에 깊은 신뢰를 보내는 경우 그 사회는 진정한 자유민주주의 사회이다. 박지성 선수의 훌륭한 기량에 열광하면서 그가 벌어들이는 거액의 연봉에 대해 우리들은 그다지 질시하지는 않는다. 그것은 그의 노력과 능력에 대한 우리의 기대치와 만족감이 그대로 일치하기 때문이다.

기대치와 만족감이 일치하는 공정한 사회는 결코 공정하게 이룬 부의 세습에 대해서도 원망하지 않는다. 왜냐하면 모든 사람이 자기 자식이 행복하고 풍요롭게 살아가주길 바라는 마음으로 열심히 노력하기 때문이다. 그리고 우리는 자유와 평등에 관해선 말하되 박애(우애) 문제에는 복지 및 불우이웃돕기 수준의 관점을 벗어나지 못한 것이 사실이다. 박애는 그저 인간적 사랑을 베푸는데 끝나는 선행이 아니라 출생과 학연의 영향 아래 자신의 기량을 제대로 구현하지 못하는 계층에 대한 기회제공의 확립이라는 의미가 크다.

사회적으로 담당할 그 무슨 직종이 되던 자신이 생각하는 기대치와 만족도가 극히 일치하는 방향으로 사회의 기본가치를 재구성하려는 합의가 중요하다. 공부를 못한 사람을 판검사가 되게 하자는 것이 아니라 공부를 하면 공정하게 그 직위를 얻어낼 수 있다는 암묵의 합의가 신성하게 받아들여지는 사회를 만들자는 것이다.

제헌헌법이 그렇게 훌륭한 언사와 이상을 표방하고 있지만 11년만에 우리 국민이 저버린 것은 바로 제헌헌법이 구현하고자 하는 기대치에 비해 그것을 합의한 계층은 소수의 친일파, 우익인사에 불과했기 때문이다. 따라서 자연적 우연성과 자본 및 재산의 축적에 대한 통제를 합의할 수 있는 사회적 공감대야말로 진정 우리 힘없는 국민들이 바라는 자유민주주의의 이상일 것이다. 서로 다른 생각을 존중하고 개별 인간의 자유를 보장하자는 민주주의의 대원칙을 생각하면서 한편으로 자본과 출생의 폭압 아래 다수 국민의 기본권리가 무시되는 현실은 분명 자유민주주의의 본의와 거리가 먼 파시즘 사회의 그것이다.

사학법 개정이든 작통권 환수 문제든 나아가 FTA 협상 문제든 모든 사회적 이해관계의 예봉에서 서슬 퍼렇게 허덕이지 말고 차근히 삶의 본질에 대한 고민을 축적할 필요가 있다. 그러면 의외로 그 많은 사회적 갈등의 답은 이슈간의 투쟁에 있지 않고 서로 다름을 이해하고 만족의 총량을 공평히 하는 속에 있다는 것을 알게 될 것이다. 역사 연구는 그래서 소중한 것이다.

요컨대, 자유민주주의는 종래 왕정에 맞서서 공화주의를 수호하려는 부르주아 엘리트들의 해방이데올로기에서 출발했지만 이제는 진정한 주권자의 정치적 권리를 보존하고 출생과 지연의 우연성을 벗겨서 자유롭지만 공정한 기회균등의 사회를 구성하는 원리로 재정립해야 할 미완의 이데올로기이다.

월드컵, 차별과 열등의 세월을 넘다

어깨가 적어 늘 힘센 유럽에 밀리고 다리가 짧아 남미나 아프리카에 밀리면서도 아시아인들은 유난히 월드컵 경기에 열광한다. 유럽의 어느 작은 나라는 평소 아무런 호기심도 주지 못했지만 월드컵 시즌에는 축구 제국이 되어 아시아 선수를 우왕좌왕하게 만든다. 그래도 한판 정도는 이겨야 한다는 아시아 참가국의 열망은 단순한 신명이 아니라 종교적 감성처럼 느껴질 때가 있다.

사실 축구가 잉글랜드에서 처음 나온 것도 아니었다. 축구는 중국에서 이미 오래 전에 시작되었고, 전문적인 선수가 게임으로 기량을 선보이면 관중이 구전을 주고 이것을 받아 선수들이 먹고 살았다. 중국 전통 축구는 축제였으며, 마을 잔치였다. 축구에 대한 아시아인의 감성은 거기서 출발한 듯하다. 그리고 지금 월드컵의 미래 모습일 수도 있다.

그런데 영국에서 개발된 신식 축구는 마치 미국이 자신의 정체성을 위해 수퍼볼에 집요한 자부심을 느끼듯이 대영제국의 정체성을 대변하고 서구인의 인종적 우수성을 단순한 방법으로 식민지에 보여주는데 기여했다. 축구는 마치 그럴듯한 합리적 규율에 의해 공정한 게임처럼 보이지만 서구인의 튼튼한 골격에서 조장된 몸싸움에 식민지 약골들이 추풍낙엽처럼 나뒹구는 모습을 재생산함으로써 식민지인의 자기열등을 조장하고 독립저항을 정신적으로 분쇄하는 데 적합했다.

공정한 게임에서조차 식민지는 식민지일 뿐이라는 열등의식을 심어주는 과학적 수단이 축구였지만 정작 귀족들은 축구가 아닌 골프나 크리켓 등 고급스포츠로 자신들의 정치력과 정체성을 확인하였다. 어처구니

없는 이러한 민족 차별의 스포츠를 축구 후진국이라 그렇게 멸시받던 아시아인이 오히려 더욱 열광하는 정서는 참으로 아이러니하다. 하지만 아이러니 속에 파고든 역사적 의미는 오히려 각별하다.

총칼이 아닌 방식으로 그동안 우리를 우습게 보았던 유럽의 강적을 무찌르고 싶은 열정이 그 아이러니 발생의 주범이었다. 마치 일본인보다 훨씬 태평양전쟁에 기대를 걸고 광적인 침략주의를 외쳤던 친일 조선인의 '탈열등을 향한 열정'처럼 초기 우리나라 축구도 그러한 열등의 잔재와 힘센 서구에 대한 부러움과 저항심을 포함하고 있었다. 즉, 서구에서는 식민지 지배와 민족 차별을 공정한 게임으로 호도하려는 의미로서 축구를 발전시켰다면, 한쪽 아시아에서는 불공정한 현실을 이기거나 열등의식을 이기기 위한 통로로서 축구를 받아들였다.

물론 한국 축구도 산업혁명을 성공하고 신분질서를 벗어던져서 앞서간 서구 열강의 부국강병 성공담에 대한 부러움과 '차별로부터의 해방'을 희구하는 수단으로 시작되었다. 축구를 선호한 일부 선각자들은 민족적 전통에 대한 심대한 불신이 있었다. 그래서 뼈와 살조차도 서구화·근대화해야 조선의 미래가 있다고 믿었다(민족개조론).

그 덕분에 정치력과 경제력이 열등한 조선에서 외국 선교사가 전래한 축구는 서구적 진화와 발전 모델을 빈손으로 따라잡을 수 있는 몇 안 되는 통로였다. 오늘날 K-리그 축구에 관심을 보이지 않던 국민들이 국제경기 특히 월드컵에 열광하는 정서도 바로 그러한 연원 때문이다. 민족개조와 부국강병에 대한 열정의 대변으로서 축구는 급속히 전국적으로 퍼져나갔다. 주어진 공정한 규칙에 의해 서로 대립하고 화합하는 경기를 관전함으로써 봉건적인 이해관계에서 잠시라도 벗어나는 해방감을 주었다.

하지만 식민지인에게 축구는 잠시 힘든 현실을 잊게 하고 심장에 기쁨과 환희를 던져주는 아편의 역할은 했을 뿐 현실을 개선하는 구체적인 수단은 될 수 없었다. 해방이 되었어도 그런 '탈열등론'과 '서구 뒤따르기' 중심의 축구 정서는 계속되었고 오히려 확대되었다. 50년대 처음 월드컵에 출전한 한국인의 악바리 정신은 전쟁의 참화로 만신창이가 된 현실 그리고 세계 극빈의 소득수준에서 오는 박탈감을 서구강대국의 축구팀을 이김으로써 해소하려는 의식에서 출생하였다.

60~70년대에는 옛날 선각자들이 부국강병에 대한 인식으로 국가와 민족의 이름을 외쳤듯이 국가주도의 경제개발계획이 본격적으로 진행되었다. 특히 박스컵 대회, 즉 박정희 대통령배 국제축구대회는 새마을 사업이나 경제개발 사업과 함께 강력한 서구의 체력과 경제력을 동시에 이겨낼 수 있다는 신념을 낳았다.

80년대 이후 축구를 통한 국가적인 행진곡은 절정에 달했다. 특히 청소년세계축구 4강 진출 이후 한국의 축구는 '국가와 민족의 이름'을 더욱 강화하면서 군부 재집권의 정당화와 경제개발에 소요되는 국민적 단합의 수단이 되었다. 그것을 위하여 지속적으로 월드컵 본선 진출을 향한 국민적 여망을 조장하였다. 국가의 이름으로 전개된 한국인의 축구사랑은 80년대 후반 이후 민주화 시대를 맞이하면서 새로운 의미를 더하게 된다. 일부지만 더 이상 축구는 종래와 같은 관주도나 선각자 중심의 부국강병과 탈열등을 위한 수단이 아니라는 자각이 그것이다.

민주정권의 쟁취과정과 경제성장 속에서 민주적 인간관계도 음으로 양으로 확대되었고, 열등감에 기초한 '헝그리 축구' 시대는 점차 종말을 고하였다. 그동안 한국 축구팀의 주무기가 정신력이나 근성과 끈기로 상징되었다면 이번 월드컵에서는 그동안 생소했던 막강 체력, 지속력, 자부심 등이 한국 축구팀을 상징하게 된 것은 그러한 역사적 변화의 구체상이다.

게다가 한류의 세계화 등 우리식 문화에 대한 자부심이 고양되면서 독특한 한국식 응원문화가 자연스럽게 만들어짐으로써 세계인을 놀라게

한 것도 더 이상 근성과 정신력에 의존한 한국축구가 아님을 보여주고 있다. 무엇보다도 우리 것에 대한 자랑을 넘어 자발적으로 월드컵 시즌을 국민축제의 시간으로 만들어가고 있다는 점이다. 물론 언론과 매체가 의도적으로 조장한 불편한 흔적이 없는 것도 아니다.

요컨대, 2002년 월드컵에서의 4강 진출을 전후하여 한국인들은 그동안 축구를 통해서 대리만족했던 세계와 세계사에 대한 부러움과 맹목적 부국강병의 노이로제에서 확연히 벗어나고 있다.

현재 우리 국민의 월드컵에 대한 열광은 식민지인으로 타자화된 조선인의 열등의식의 연장인지 아니면 열악하지만 자존심을 회복하기 위한 약소국의 피나는 열정인지 등 다양한 논의를 촉발한다. 하지만 이제는 그 어느 쪽도 아닌 듯하고 그래서도 안 된다. 월드컵 그것이 모든 이에게 주는 열광의 외면성은 한결같지만 열광에 내재하는 정서는 '민족과 국가를 위하여'에서 이제는 '민족을 넘어서 나와 함께'로 변화하고 있다.

동원된 응원이 아니라 스스로 우러나온 '나'의 자발적 응원이 우리 월드컵 팀의 빛나는 전공을 만든 토양이다. 그러한 자발적 축제는 승패를 넘어서 곧이어 닥칠 삶의 현장에 대한 보다 자발적인 각성을 불러올 수도 있을 것이다. 각고의 노력으로 우수한 기량을 빛낸 우리 한국 대표팀에게 나의 내면에서 우러나오는 환호성을 응원이라는 이름으로 띄운다.

"대~한민국~! ! ! ! !"

흑인 성모 마리아와 추기경

유럽의 옛 성당에는 성모 마리아를 흑인으로 묘사한 그림이 많다고 한다. 어떤 사람들은 성모 마리아가 흑인이면 어떻고, 백인이면 어떤가 하고 논쟁을 피하고 싶겠고, 어떤 사람은 택도 없는 말장난일 뿐이라고 할 것이다. 그런데 성모 마리아를 흑인에 가깝게 보는 데도 논리가 있고, 만약 그것이 사실이라면 예수 크리스트가 흑인일 가능성을 말하는 것이기도 하다.

성모 마리아는 에베소에서 태어나고 자랐다고 한다. 에베소는 고대 이오니안(Ionia 그리스 아테네를 포함한 부근 지역)지역으로 그리스 신화에서 사냥꾼의 여신이자 달의 신이었던 아르테미스(로마인에게는 다이아나) 여신을 모시는 신전으로 유명하다. 그리고 사도 바오로(바울)가 에베소 교회에 쓴 편지가 바로 성서의 에베소서이다.

바오로가 왜 에베소 교회에 편지를 썼는지는 성서마다 자세히 기록하고 있는데, 대체로 아르테미스 여신을 모시는 에베소 지역을 포교 거점으로 하려는 바울의 전략이 깔린 것으로 볼 수 있다. 그래서 신약성서 『에베소서』에서 바오로는 이교도가 자행하는 범죄와 간음 그리고 향락과 무질서에 찌든 에베소에서 제대로 자신의 신앙을 지키기 위한 방법을 자세하게 기록하고 있다. 이 에베소는 서기 262년 고트족의 침략을 받아 크게 약탈을 당하였고, 431년에는 교황 클레스틴 1세는 이곳을 마리아의 출신지라고 생각해서 그랬는지 모르지만 통일기독교 종교회의를 개최하였다.

에베소 종교회의에서는 예수의 신성神性과 인간성人間性의 기점에 대한 논쟁이 분분했다. 어떤 주교는 임신까지는 마리아가 수태한 단계로 단지 인간일 뿐이고 출생하면서 신성을 획득했다고 했다. 그리고 어떤 주교는 크리스트는 임신 순간부터 신성을 가졌으며 마리아는 진실로 주님의 어머니였다고 주장했다. 후자의 주장, 즉 임신 순간부터 신성을 가졌다고 주장한 주교들과 이들의 추종자들은 에베소 종교회의 내내 에베소의 길거리를 돌아다니면서 "거룩한 마리아! 주님의 어머니!"라고 외쳤다고 한다.

이것이 도화선이 되어 성모 마리아에 대한 숭배 감정이 격앙되었다고 하고 멀리까지 퍼져갔다. 그때 만들어진 기도가 바로 "거룩한 마리아여! 주님의 어머니, 우리 죄인들을 위하여 기도하소서, 지금 그리고 우리의 죽음을 알리는 시간에, 아멘"이라고 하는 '아베 마리아'였다. 물론 이후 계속해서 다듬어지면서 오늘날의 아베마리아가 되었다.

이러한 종교회의의 논쟁을 기점으로 성모 마리아는 기독교도의 중요한 경배 대상이 되었고, 성모환영幻影(apparitions)을 통하여 세계 도처에서 그 모습이 나타나면서 많은 기적의 당사자로서 천주교인들의 사랑을 받았다. 나아가 성모 마리아의 완전한 처녀성 여부는 종교개혁 논쟁상에서 뜨거운 감자가 되었다.

그런데 유럽 지역의 주요한 성당에서는 성모마리아를 흑인으로 묘사하고 있는 그림을 다수 소장하고 있다. 왜 성모 마리아가 흑인의 얼굴을 하고 있을까? 진짜 흑인이었던 것일까? 그런데 정작 성모 마리아의 피부색 논쟁은 실제의 사실에 대한 확인과는 거리가 먼 이데올로기적인 것이다.

지금까지 그 원인에 대해선 학자들이 다양한 의견을 내고 있다. 일부는 성모 마리아의 얼굴색이 검은 것은 예술적 우연성에 의한 것이며, 오랜 세월의 흐름 동안에 발생된 그을음 등이 원인이었다고 한다. 그리고 일부는 은판 혹은 그림이 산화해버린 경우라고 하며 혹은 그림 밑바탕에 있는 숙성된 목재의 표면이 탈색한 결과라고 한다.

그런데 재미있는 해석이 하나 있다. 이 해석에 따르면 앞서 말했듯이 마리아는 에베소에서 살았다고 하는데, 당시 에베소에서는 로마 화가들이 사냥꾼의 여신인 다이아나를 흑인으로 그린 것처럼 자주 달의 여신인 아르테미스도 흑인으로 그렸다는 사실이다. 여기서 아르테미스 여신은 로마시대 다이아나 여신과 같은 신이었다.

그렇다면 왜 아르테미스 여신을 흑인으로 그렸을까? 아마도 흑인 여성은 고대사회에서부터 무척 큰 힘을 소유한 기적을 만드는 존재로 여겨졌던 듯하다. 따라서 결국 다이아나(=아르테미스)에 대한 존경 방식에서 성모 마리아에 대한 의례와 그림이 나온 것은 아닐까하는 것이다. 즉, 초기 기독교도들은 마리아를 흑인으로 묘사하여 숭배한다면 아르테미스여신에 한 것보다 더욱 큰 축복을 얻을 수 있다고 믿었던 것이다.

이처럼 성스러운 종교의 심오한 의례에도 그것을 믿고 따르는 백성들의 마음과 여망이 담겨져 있다. 한국 사람이 보는 성모 마리아는 또 된장과 두부찌개를 잘 드시는 마리아이길 바랄 것이다. 바로 여기서 종교의 깊고도 은밀한 의례는 그것을 숭배하는 사람들이 바라보는 현실과 그들의 문화와 밀접히 관련되고 있다는 사실을 알 수 있다.

진정한 종교적 관용이란 단순한 사랑과 자비가 아니라 이처럼 역사와 연대하는 과학적인 사회인식에서 출발한다. 흑인 성모 마리아는 그렇게 힘을 간절히 고대하던 백성의 마음에 투영된 결과인 것이다. 당시 그러한 백성의 마음을 저버린 교회였다면 오늘날의 천주교는 없었을 것이다.

정진석 서울교구 대주교가 한국인으로는 역사상 두 번째 추기경으로 서품되었다. 이제 한국에도 두 사람의 추기경이 있기에 한국 천주교의 위상이 높아질 것이라 평가들을 한다. 그런데 정작 역사학자로서 기대하는 것은 바로 추기경이 두 사람이기에 한 사람이 하던 평화와 관용 그리고 사랑의 노력이 더욱 확대되겠구나하는 것이다. 그리고 그러한 관용과 포용의 정신이 고달픈 일상을 견뎌야 하는 수많은 민중들을 달래고 위안을 주는 힘이 되었으면 한다.

한때 천주교의 잘못된 관용주의는 무조건 포교의 수단으로 이용되었기에 결국 일제의 괴뢰국인 만주국(1932~1945)을 인정하는 잘못을 범하기도 했다. 그리고 일본 침략자와 친일파와 결탁하여 한국의 식민지화에 일정한 기여를 한 것도 사실이다. 아울러 한국의 민족운동에서도 별다른 항일의 전통을 보여주지 못했다.

반대로 최근에는 그러한 포교를 위한 관용주의를 버리고, 진정한 관용의 정신을 통하여 불교계와 화합하고, 각국의 민족적 전통을 용인하는 의례를 채택함으로써 많은 변화를 보였다. 그러한 긍정적 기풍은 아마도 요한 바오로 2세 이후 교황청의 지속적인 과거사에 대한 반성을 토대로 한 것으로 보인다. 나아가 천주교의 관용과 평화사상은 21세기에 유난히 강조되는 시대적 조류와 일치하고 있다.

오늘날 주변에서 종교를 마치 배타적인 자기만의 신을 모시는 의식 행위로 착각하는 사람들을 자주 본다. 개별적 관념의 마법에 휘청거리면서 자기만의 신념을 '전도'라는 이름으로 남에게 강요하는 정서는 참으로 후진적이다.

종교란 속류 신학자들이 말하는 신념과 신앙의 결정판이 아니라 그 자체로 하나의 힘이며, 거대한 힘을 느끼고 자신의 내면으로 끌어와 자신을 고양시키는 것이 종교 생활의 본질이다. 두 사람의 추기경이 있는 한국 천주교의 진정한 하늘의 축복은 어쩌면 배타적이며, 독점적인 사회 풍토 아래서도 사람간의 화해와 공존을 회복하고 모색하는 것이다. 바꿔 말해 성모 마리아를 흑인으로 그렸던 그 고달픈 주민들의 아픈 마음을 어루만지는 축복에서 비로소 추기경 두 사람의 역사적 가치는 더욱 빛날 것이다.

아세라 여신은 한때 이스라엘의 하느님이었다

최근까지도 교회나 성당에서 여성이 신부나 목사가 되는 경우를 발견하기 힘들었다. 말로는 자유와 민주주의를 외치는 교회와 하나님의 거룩한 영광을 주장하는 사람들이 여성을 배제한 채 이렇게 오랫동안 신국神國을 독점해왔는지 참으로 놀랍다. 물론 일부 종교에서는 이미 여성 사제를 오래 전부터 인정하는 경우가 있어 모든 종교가 그렇다고 말하지는 않는다.

아주 오랜 옛날에는 여성이 최고의 신이었다. 고대 셈족의 풍요의 여신인 아스타리테(Astarte)나 고대 이집트의 풍요의 여신인 이시스(Isis)와 이시타르(Ishtar) 여신은 오래전부터 유태인이나 이집트인의 여성 하느님이었다. 여신으로 이름 높은 것은 이들만이 아니다. 로마신화를 주름잡는 신들은 대체로 아르테미스, 아테나, 아프로디테와 같은 여신이었고, 동양에서도 많은 사람들이 숭배한 신이 대체로 여성이었다.

일본의 국조는 아마데라스 오오미카미라는 여성이었으며, 하늘에 제사하는 그룹은 여성 모계의 후예인 사루메기미猿女君(천선녀 아메노무스메의 딸들)였다. 한국도 제사는 무당이라는 여성이 지내왔다. 이들 여신들이 존경을 받은 이유는 다양한 원인이 있겠지만 대체로 그녀들이 가지고 있는 풍요로운 이미지 때문으로 보인다. 그리고 출산과 사회적 생산력을 지키는 현명한 창조주와 보편질서의 원천으로 존경을 받았다. 그래선지 동서양을 막론하고 당시에는 여성들이 재산을 파고 살 수 있었고, 시장에서 교역을 하였으며, 직위와 재산을 어머니로부터 이어받아 자신의 딸에게 전할 수도 있었다. 그런데 무슨 일이 일어났을까. 어찌하여 남성들이 종교를 장악하고 그 모든 것을 가지게 된 것인가. 믿던 안 믿던 간에 적어도 그 실마리는 구약성서에 있다.

서기전 2000년 경 팔레스타인과 남부 시리아 지역에서는 카나안 사람들이 하늘의 여왕이라고 불리는 여신 아스다롯(Ashtoreth 혹은 아세라 Asherah로 부름)과 그의 남편 바알(Baal)신을 숭앙하면서 풍성한 문명을 일구고 있었다. 그렇기에 당시에는 많은 이스라엘 사람들이 아스다롯을 숭배하고 있었다.

그러나 구약성서를 지지하는 이스라엘의 유일신주의자들은 팔레스타인인은 물론 이스라엘 사람들이 "여호와를 믿는 종교를 타락시켰다"고 강도 높게 비판하고 있다. 성경 『사사기』를 보면 "그들이 여호와를 버리고 바알과 아스다롯을 섬겼으므로"라든가 "이스라엘 자손이 여호와 목전에 악을 행하여 자기들의 하나님 여호와를 잊고 바알들과 아세라들을 섬겨"라고 되어 있다. 『사무엘』에서도 "여호와께 돌아오려거든 이방 신들과 아스다롯을 너희 중에서 제하라"고 주장했다. 그리고 헤브류 성경에서도 바로 레위족 사제들이 여신 숭배를 막았다고 기록되어 있다.

그들이 여신을 몰아내는 방법은 대단히 비열했다. 즉, 헤브류 남성사제들은 여신들을 마치 바람둥이, 타락녀, 이단자 등으로 묘사하여 종교적인 통제권을 장악하고자 했다. 이브를 선악과를 먹은 원죄의 주모자 겸 아담을 유혹한 악랄한 여성으로 묘사하였다.

그리고 조로아스터교에서는 아담의 위세를 억누르고 자유롭게 자신의 일을 추진한 여성이 릴리스였다. 그런데 유태교에서는 모세가 본처인 릴리스를 아담과 강제로 이혼시키고 이브와 재혼하게 만들었다. 그 모든 노력이 남성이 종교적 통제권을 장악해가는 과정이었다. 그러한 '노력' 위에서 로마시대 그리고 기독교시대에 들자 급속히 여성 하느님은 몰락하고 말았다.

대체로 3세기 후반까지도 아스다롯은 사람들의 숭배를 받고 있다는 기록이 있다. 하지만 그나마도 서기 300년, 로마황제 콘스탄틴이 아파카의 아스다롯 신전을 폐쇄한 데 이어 팔레스타인 지역의 아스다롯 신앙을 "음란한 것"이라 하여 탄압을 가했다. 380년에는 로마황제 테오도시우스가 에페수스와 엘로우시스에 있는 아르테미스(혹은 다이아나) 여신전을 폐쇄하였다. 그리고 450년에도 로마황제 유스티니안이 그동안 남아 있던 최후의 이시스 여신전을 기독교 교회로 바꾸었으며, 아테네에는 미케네 시대 이래로 여신들의 성역인 파르테논 신전을 교회로 개종시켰다.

기독교만이 아니라 이슬람교에서도 여성의 종교적 권위는 철저히 박탈되어 갔다. 이미 무하마드(일명 마호멧)가 이슬람교를 창도할 무렵인 7세기경 적극적으로 태양의 여신 알라트(Al-Lat)와 알우자(Al-Uzza)에 대한 숭배를 종식시키고 남성신인 알라(Al-La)만을 유일한 신으로 대접하게 만들었다.

그러면서 무하마드는 코란에다 이렇게 글을 남겼다.

> "남자는 여성을 지배할 권위를 가지고 있다. 왜냐하면 하나님은 전자를 후자에 비해 우수하게 만들었기 때문이다. 그리고 남성들의 재물로 여성들이 살아가기 때문이다. 그래서 훌륭한 여성은 복종적이고, 하나님이 그들을 보호하시는 것처럼 보이지 않는 부분을 지키는 것이다"

이처럼 구약성서는 남성 중심의 기독교와 이슬람교를 만드는데 지대한 공헌을 하였다. 이 책은 수 세기 동안 여신이나 이교신앙을 파괴하고자 열심히 노력했던 남성 사제들이 엮은 것이다. 실제로 구약성서 작가들 중 상당수는 대단히 잔혹하게 여성을 짓밟았던 자들이었다.

초기 유태교에서 여성은 하나님의 말씀을 들음으로써 예언자도 될 수 있었다. 하지만 나중에는 교회에서 여성들은 토라 성경(유태교의 성경, 구약성서와 유사함)을 가르치거나 봉헌을 주도할 수 없도록 금지되었다. 오늘날 많은 유태교의 남성들은 다음과 같은 기도를 매일 한다고 한다.

> "은총의 우리 주 우리 하나님, 우주의 왕이시여, 당신은 나를 여자로 만들지 않았습니다."

기독교가 서구에서 꽃피우는 시기가 도래하면서 여신들은 죽었고, 여성들은 마찬가지로 부엌으로 내몰렸으며, 베일을 쓰고, 앞치마를 입고, 무릎을 꿇어야만 했다.

우리나라에서 삼국시대 천관녀 이야기나 고려시대 윤행輪行풍습처럼 제사를 여성이 모셨다는 기록은 여성의 종교적 위치를 잘 보여주는 것이다. 하지만 세상이 합리적이지 않고 난세가 닥쳐서 힘의 각축의 시대가 오면서 힘을 갖춘 남성신이 풍요의 여성신을 몰아내고 모든 기득권을 장악하기 시작했다.

성서를 보면, 이브가 먹었던 선악과 덕분에 어쩌면 고통스런 세상을 자각하게 되어 생로병사의 괴로움을 알게 되었고, 인간이 죄를 짓기 시작했다고 한다. 하지만, 다른 한편에서 보면 이브 덕분에 짐승처럼 살다가 세상을 비로소 자각하고 불합리한 것을 재구성하여 인간다운 삶을 살게 되었다는 사실도 생각해야 한다. 적어도 인간 역사는 이브의 작품이었다. 그것이 긍정적이든 부정적이든…

어쩌면 이시스와 아르테미스 여신의 누명을 푸는 길 혹은 아테나, 알라트 등 인류의 역사 속에서 여성의 권위와 위상을 지켜낸 여신들을 다시금 역사의 제자리로 돌려주는 길은 다름 아닐 것이다. 그것은 여성에게 지워진 수많은 사회적 봉금지대를 열어서 자유롭게 자신의 말을 할 수 있는 공간을 열어주는 것이다. 그래야 인류 종교의 진정한 공생이 가능해질 것이다.

대한민국의 정체성은 무엇인가?

한때 동국대 강정구 교수의 '6·25 통일전쟁 발언'을 기화로 번진 대한민국 정체성 논란은 우리 사회에서 자유와 민주에 대한 이해가 얼마나 정치집단의 구미에 맞춰서 말해지는지를 보여주는 전형적인 사례이다.

역사학자로서 특히 근현대 역사학자로서 필자는 강정구 교수의 몇 가지 역사적 사실에 대한 인식이 학자로서의 객관적 분석적 자세에서 멀어진 과잉판단으로 여겨진다. 예를 들어 해방당시 국민의 70%가 사회주의를 선호했다는 주장은 액면으로 보면 마치 당시 국민이 대부분 사회주의 체제를 지향하려고 했다고 하지만 실제로는 자본주의와 공산주의와 다른 별개의 사회민주주의적인 견해를 표명한 것이다.

그래서 공산주의 지지설문 또한 자본주의처럼 10% 이하에 불과했다는 점도 그렇고, 사회주의 지지 응답자의 대부분은 좀더 계급적 불평등을 해소할 수 있는 적절한 체제에 대한 기대감과 일제의 침략 아래서 잊어버린 전통적인 한국적 공동체주의에 대한 희구가 복잡하게 결합된 것이라서 지금의 사회주의체제를 지지했다고 볼 수 없다.

그럼에도 강정구 교수의 발언에서 유의미한 것은 누구도 작금의 수구적 반공분위기 속에서 그러한 사실을 용감하게 자신의 견해로 만들어 표현할 진정한 자유를 느끼지 못하고 있었다는 점이고, 이에 과감하게 실천했다는 점이다.

6·25통일 전쟁은 역사적으로 그것이 남이든 북이든 통일을 지향한 것은 마찬가지일 것이다. 우리가 지금 남북분단 상황에서 통일전쟁이고 김일성은 위대한 근대적 지도자라는 말이 전쟁의 상흔과 고통 그리고

분단시대의 이데올로기에 휩싸여 도저히 용납할 수 없을지라도 먼 훗날 역사가는 객관적으로 평가할 기회가 올 것이다. 통일이라는 개념이 너무나 추상화되고 미화된 결과이기도 하겠지만, 통일전쟁 또한 전쟁인 이상 도저히 역사적으로 바람직한 평가가 어려운 점도 있다는 것이다.

또한 강정구 교수의 통일전쟁 발언은 외면상 놀라운 용기에도 불구하고 근현대 역사가의 종합적 판단을 뒤로한 채 지나치게 개인적이고 선언적으로 주장되면서 보수 우익에게서 북한 손들어주기라는 비판을 온몸에 받아야 하는 상황은 참으로 유감스럽다. 무엇보다도 그가 역사를 학문적 엄밀한 태도에서 추구하는 것이 아니라 마치 역사를 운동의 수단으로 이해하는 경향은 무척 우려된다.

이와 더불어 법무장관이 강교수 불구속 수사 원칙을 지휘했다는 이유로 대한민국의 정체성 논의가 불거지고 보수우익 단체가 시국선언을 하는 등 수구세력의 반역사적인 행동이 본격적으로 결집하는 모습을 본다.

이러한 경향은 비단 이번 일뿐만 아니라 사회전반에 걸친 기득권 수호 세력들의 그간의 고민이 얼마나 컸는지 말하는 것이다. 지난번 퇴임한 어떤 대법관은 우리 사회는 통일과 민족의 열망이 너무 커서 자유민주주의의 기본 법질서를 무너뜨리고 있으며, 최근 한나라당 대표는 대한민국의 정체성이 좌파적 지식인이나 정부에 의해서 무너지는 상황에서 구국운동을 추진해야 한다고 소리 높였다.

도대체 무엇이 대한민국의 정체성이고 자유민주주일까? 민족주의만큼이나 자유주의도 다양한 왜곡가능성이 존재한다. 즉 수구 집단이 주장하는 대한민국 정체성은 자유민주주의라는 도식이 과연 그들 자신이 자유와 민주라는 명찰에 자신만의 반공주의적이고 이분법적인 냉전논리 혹은 적대논리를 위장하고 있지 않는가 하는 점이다.

본래 자유민주주의는 19세기 초기 서구에서 일체의 전체주의적 봉건적 속박에서 벗어나려던 초창기 고전적 자유주의와 맥락을 같이한다. 초

반기에는 부르주아 혁명을 주도한 혁명가들이 중세적인 가톨릭과 봉건적 공동체 규제를 벗어나기 위해 주창한 것으로 개인주의와 공화제적 정체를 중시하고, 일체의 종교적 도그마와 집단주의를 거부하는 역사적으로 의미 있는 주장이었다.

오늘날 우리 대한민국이 자유민주주의체제를 지향하는 것도 어쩌면 그러한 중세적, 일본식 집단주의와 군국주의에 저항하는 의미를 가진다. 따라서 친일 매국세력의 국가주의나 사회주의에 대한 저항도 포함하고 있다. 그런데 정작 자유주의가 여타의 관념론보다 자본주의와 결합하여 오랫동안 생명을 유지하게 된 데는 반공이나 반가톨릭, 반사회주의 같은 적대적인 논의를 발전시켜온 것 때문이 아니었다.

진정한 의미의 자유주의는 대한민국의 정체성을 제대로 구현할 수 있는 바람직한 자유주의일 것이다. 적어도 바람직한 자유주의란 '적대적인 논의간에 중첩적 합의'를 도출하고 '이질적인 논의간의 공존'의 가능성을 타진하면서 그러한 대립적 이해관계들이 다양한 연구 시각과 다원적인 연구방법을 통하여 공리적으로 합의되거나 그들의 차이를 공공의 이성 안으로 복귀시키는 데 기여하는 논리이다. 그래서 역사학자들은 자유주의를 진보로 이해하는 경우가 있다.

진정 그런 자유주의의 생명을 유지시켜온 신선한 공기인 '공존의 가치관'이 과연 지금 대한민국의 정체성 회복을 주장하는 사람들에게 있는지 의문이다. 그들은 자유주의를 마치 "반공주의적인 대한민국의 정체를 옹호"하는 것으로 선험적으로 상정하고, '공존과 역사적 진실의 추구'를 목표로 전개되는 작금의 역사바로세우기나 친일청산 혹은 국가보안법 폐지 문제를 마치 대한민국 정체성을 유린하는 행위로 이해하고 있다.

어쩌면 이러한 주장들은 대한민국의 반공주의 정체성 확립과 반공주의적 성과를 높이려는 주장이 이분법적 냉전적 세계관을 용납하지 않는 상황에서 대한민국 정체성 논의 속에 그것을 은폐하려는 행태는 아닌지 고민이 된다.

진정한 개인주의를 말하고자 한다면 공존과 평화의 가치를 먼저 깨달아야 한다. 자유민주주의가 하나의 반공과 냉전의 도그마로 작용하기 때문에 엄밀한 의미에서 본래 근대민주주의의 선각자들이 말한 자유주의와는 질적으로 다르며, 오히려 자유민주주의의 적이다. 최근 뉴라이트 운동권에서는 우리 국사학계가 마치 우리의 통일·민중운동이 구호와 명분에 편향되고 그것 때문에 남·북간 역사 이해도 편향적이라고 하면서 '민간인 학살 문제'나 '박정희 정권 폄하' 등으로 나타난다고 했다.

그것은 지금 우리 사회의 개혁을 추진하는 세력이 일방적으로 북한의 비리는 언급하지 않으면서 남한의 오류만 들추어냄으로써 친북 반미 성향을 노골화한다는 논의이고, 이는 대한민국을 좌향좌로 몰고 간다는 중요한 증거라는 것이다. 강정구 교수의 통일전쟁 발언이나 보수측의 대한민국 정체성 주장은 결국 우리 사회의 자유민주주의에 대한 이해가 지나치게 자기 기득권과 계급적 이해를 바탕으로 하거나 통일에 대한 이해가 추상적으로 미화될 경우에 나타나는 현상이다. 그럼에도 적어도 강 교수는 진실을 말하려는 용기는 존재하지만, 수구계급의 정체성 주장은 진정한 우리 대한민국의 본연의 정체성을 독점의 수단으로 수사화한 것이다.

역사학자가 보는 진정한 대한민국의 정체성은 반공과 친미반공이 이름표를 빌린 자유민주주의가 아니라 평화와 공존의 자유민주주의라는 점을 상기할 필요가 있다. 진정한 개인주의, 민주주의는 나와 적대적인 이해관계라도 하나의 이념으로 합의하지 않고 중첩적으로 합의할 수 있는 자신감에서 출발한다.

그래서 세계를 공존과 평화의 눈으로 자유민주주의를 바라본다면 새로운 진실을 발견하게 된다. 그것은 자기만의 독점적 세상에 길들여져서 숨어 지내려는 기득권 계급의 자기 보존의 미학인 사이비 자유민주주의가 더 이상 그들의 방파제가 아니라는 사실이다.

요컨대, 진정한 공존의 자유민주주의를 지지하고 현실에서 그 원리를 실천하고자 하는 일이 우리 역사 5천년 이래 가장 국운을 높인 대한민국의 자존심을 지켜가는 길이며 대한민국의 정체성 그 자체를 고양하는 일이다.

무기 수입 논란과 군축의 역사성

1990년대 이른바 율곡사업이라 하여 무릇 10조 원대 예산을 놓고 차세대전투기 구매사업을 벌였다. 당시 공군에서는 F-16보다는 F-18을 구매해야 한다는 의견을 국방부에 올렸다. 그러나 공군의 염원과는 달리 노태우 정권은 F-16을 선정했고, 공교롭게도 그에 반대하는 공군총장이 독직혐의로 구속되고 말았다. 많은 염문을 낳은 이 사업은 예후마저 좋지 않아서 고가로 구입한 F-16은 우리 공군의 주력기종이 되기는 했어도 '맹물전투기사건'을 비롯하여 각종 니어미스나 시스템 불량, 혹은 의문의 추락사건이 해마다 끊이지 않아 국방행정에 대한 항간의 불신을 가중시켜 왔다.

이제 세월이 흘러 지난 30년간 미 공군의 주력기인 F-15를 한국형으로 교체하여 구매하는 문제 그리고 그동안 미국 조기경보기에 의존하던 경보체제를 자주적으로 바꾸기 위해 조기경보기를 구입하는 문제와 관련하여 여론의 동향도 예사롭지 않다. 그러다 보니 항간에는 왜 하필이면 미국제품이냐 라팔이나 유로파이터가 나을 것이라는 등의 '대안론'이 나오는가 하면, 반대로 일부는 기존 한국공군의 주력기가 보잉사의 F-○○계열이니 그동안 우리 군의 운영체계를 보존할 수 있는 F-15가 현실적이라는 '옹호론'도 적지 않다. 또한 이스라엘제 조기경보기가 수입가격이 싸고 탁월한 기능도 좋으며 국지전에 유리하니 미국 위주의 경보체제에서 이제 벗어나자는 이야기도 들린 반면, 미국 대사의 구매 압력이 거세다는 후문도 만만치 않다.

F-15K 구매나 이스라엘제 조기경보기 수입을 둘러싼 찬반론이 격돌하

는 상황을 보면서 하나 아쉬운 것은 설사 옹호론이 우세하든 대안론이 우세하든 우리 민족의 미래와 관련하여 그러한 논쟁들이 바람직한 결과를 가져오겠는가 하는 점이다.

한때 우리 사회 일각에서는 우리도 핵무장을 해야 한다고 하면서 마치 핵능력이 선진국 혹은 강대국으로 가는 지름길인 양 여기는 경향들이 있었다. 덕분에 박정희 정권 말년의 핵무장계획을 영웅시하는 소설이 밀리언셀러가 되기도 하고, 이스라엘이 핵무기를 가진 것을 부럽게 여기기도 했다. 과연 핵무장은 필요했을까?

우리는 해방정국에서 민족을 두 동강이 낸 신탁통치 찬반문제를 놓고 생각할 것이 있다. 많은 사람들은 찬탁이 옳았다고 말하기도 하고, 어떤 사람은 반탁이야말로 애국과 독립의 지표라고 말하기도 한다. 그런데 찬·반탁을 통해서 우리가 얻었던 것은 민족의 분열이었고, 반민족 세력〔소위 친일파〕이 당당하게 남한사회에서 활보하게 만든 비참한 결과만 남았을 뿐이었다.

한때 반탁이 바른 길이라고 보기도 했고, 한때 우리도 핵무장을 해야 한다고 믿었던 적이 있었다. 그러나 그런 세월을 지나 곰곰이 돌아보면 핵을 가진다고 혹은 찬탁이나 반탁을 한다고 한들 우리 역사의 얽힌 매듭을 푸는 데 별반 도움이 되지 못했다. 역사적 정답에 가까운 길이 있었다면, 찬탁이니 반탁이니 하는 열강들이 만든 무대에 꼭두각시 춤을 추는 것이 아니라, 민족주의이든 사회주의이든 민족자주세력이 대동단결하여 일제에 협력한 친일매국 세력을 축출하고, 더불어 통일임시정부를 구성하는 이른바 민족자주화운동을 벌여나가는 길이 긴요했다.

아울러 국가보위란 단순히 군사력이나 화력만으로 담보되는 것이 아니라는 사실이다. 핵이 있다고 해서 수백 수천 개 핵을 보유한 열강들과 힘으로 대적할 수는 없을 것이다. 진정 외세로부터 우리를 지키는 길은 민주적인 사회운영 원리와 경제적 평등이 보장되는 가운데 해당구성원들이 자신의 나라에 대한 애정을 쌓아 가는 것에서 비롯된다. 그것은 자본의 폭정에서 벗어난 바람직한 공동체의 확충이자, 부정과 투기로 만연된 사회체제를 개혁하여 국민본위의 사회정의를 실현하는 데 있다. 그것을 통하여 민중 삶의 질이 향상되는 한편 양질의 사회정의가 사회운영의 기폭제가 될 때 비로소 강한 국가보위력을 가질 수 있다는 말이다.

만약 우리가 F-15를 보유하게 된다면, 북한의 경우 다시 북한민중들의 고혈로 군비증강을 기획해야 한다. 그렇다면 다음 차례는 우리가 보다 고급의 기종으로 바꿔야 한다. 결국 한반도의 군비증강은 남한은 혈세로 북한은 고혈로 소중한 국민들의 피와 땀을 전쟁무기화하려는 위험한 책동이다. 혹자는 100년 전 우리가 군비가 모자라 군대가 약해서 일제의 식민지가 된 것처럼 생각하기도 한다. 하지만 그것은 착각이다. 군비가 모자라서가 아니라 당시 조선은 국가의 주권이 왕에게 일임되고 전제주의적 봉건통치 위에 군림하는 왕실만 구워삶으면 총칼로 쉽사리 한반도 병탄이 가능했기 때문이다.

대한제국이 당시로는 거대한 3천 톤급 구축함을 도입했던 사실을 아는 사람은 극히 드물다. 하지만 빈약한 봉건정부는 그것을 운영할 능력도 없었고, 결국 고철로 처분되고 말았다. 만약 당시 국가운영권이 국민의 손에 달려 있고, 민의를 바탕으로 한 근대민족국가가 조속히 우리 힘으로 달성되었다면 강한 군비보다 훨씬 쉽게 식민지를 피할 수도 있었다고 본다. 물론 고가의 구축함도 제 기능을 발휘했을지도 모른다.

F-15구매와 관련한 청년학생의 역사인식은 바로 불평등한 사회구조를 탈바꿈하고, 올바른 민족의 자주의식을 함양하여 자신의 운명을 스스로 관장할 수 있을 때 다시는 '군비증강에 의한 전쟁억지론' 같은 파시즘적 발상이 발호하지 않을 것이라는 점이다. 우리는 군비증강을 반대할 필요가 있으며, 군축을 향한 역사적 요구가 가일층 간절해지는 시점에 서 있음을 자각할 필요가 있다.

임종을 앞둔 국가보안법에게

〈국가보안법〉은 인간을 억압하는 국가적 학대기구를 이른바 역사적 관례로 포장하고 있으며, 인간 삶의 구체적인 행복조차도 전체적이며 기득권 계급의 과제에 일치시키고 있다. 이것은 진정으로 바라는 역사적 당위를 철저히 배반한 것이다. 왜냐하면 민족주의나 국가주의에 기반을 둔 모든 법이나 규율은 결국 관념적 공동체의 규율일 뿐이기 때문이다.

관념은 사실과 구체성에서 출발한 모든 인간 삶을 자의적이고 허구적으로 심판할 가능성을 높인다. 그러한 관념과 관례에 기초한 국가주의적 논법의 정점이 현재로서는 〈국가보안법〉이다. 실제로 반국가 단체 및 활동이 뭔지 찬양, 고무, 불고지죄가 뭔지에 대해 일부 법을 전공한 사람 이외에는 알지 못하며 대부분의 국민들은 상식적으로 북한과 친한 남한 내 간첩이나 적화를 음모하는 세력을 잡기 위해 만든 법 정도로 이해할 것이다.

하지만 이 법의 제1조는 참으로 그럴듯하게 그러한 모순을 관념적으로 포장하고 있다. '이 법은 국가의 안전을 위태롭게 하는 반국가활동을 규제함으로서 국가의 안전과 국민의 생존 및 자유를 확보함을 목적으로 한다'고 하고, '이를 확대 해석하거나 헌법상 보장되는 국민의 인권을 부당하게 제한하는 일이 있어서는 아니 된다'고 규정하고 있다. 이 규정을 몇 번 꼬아서 '알고 보니 전체주의적 발상이다'이라는 지적은 고사하고라도 말그대로 반국가활동을 규제하는데 인권침해의 요소를 강요하지 않겠다는 다짐은 참으로 이 법의 과거행적을 무색하게 한다.

즉, 이 법에서 '나라를 파탄시킨 세력에 대한 무시무시한 징벌'을 예고하고 있으나 정작 친일파나 침략지원세력, 혹은 부동산투기꾼, 부와 권력의 독점 세력 등 나라를 말아먹은 집단에 대하여 적용된 적은 없었다. 대부분이 정권에 반항하는 진보적 세력이나 반정부활동가에 대한 탄압의 도구로 작동했다. 인권을 농단한 집단이야말로 진정 자유민주주의의 적이고 국가변란의 주모자였지만, 고문하고 상처를 입힌 세력은 아직도 버젓이 거리를 활보하고 있으며 전쟁으로 이유 없이 학살당한 채 아직도 빨갱이 누명을 쓰고 자손이 제사도 지낼 수 없는 수많은 억울한 민간인에 대하여 〈국가보안법〉은 불구대천의 원망이다.

국가의 안위는 참으로 소중한 말이다. 진보든 보수든, 남녀노소가 한국인인 이상 조국의 위기를 뉘라서 좌시할 것인가. 그런데 그 말이 어쩌다 섬뜩한 군사정권의 망령을 되새기고, 어쩌다 전면 폐지나 철폐와 같은 험악한 입담에 시달리는지 생각해보자.

그 이유는 단하나 이 법이 그동안 법의 정신과 달리 너무나 역사와 국민을 기만했기 때문이다. 국가보안의 방법은 시대에 따라서 다른 모습일 수 있다. 동학농민전쟁을 눌렀던 조선의 국법은 현재 국보법의 선행하는 제형태로서 왕조에 저항하는 그 어떤 세력에 대해서도 극렬한 보복과 학살이 동반되었다. 그런데 정작 그 법은 나라를 지키지도 못하고 의병을 억누르는 이른바 일제 침략의 후원법이 되고 말았다. 또한 한국전쟁 때에도 좌익을 소탕한다는 핑계로 수많은 민간인을 학살해도 정당성을 부여하는 사악한 입법이 바로 〈국가보안법〉이었다. 평화통일을 주장한다고 하여 '진보당사건'을 일으켜 조봉암을 처형한 것도 이 법이었다.

반대로 우리 국군의 통수권과 작전권을 미국에 넘긴 세력은 국가안보를 외세에 양도한 신판 을사오적이자 매국세력임에도 오히려 그들의 지위와 안정을 위하여 이 법을 이용해 먹었다. 한국의 핵 보유 현황을 폭로하여 조국을 국제사회에 눈치를 보게 한 세력에 대해서 〈국가보안법〉이 아무런 역할을 하지 못하고 있다. 이 법이 좌익척결에 기여했다고 하지만, 정작 한국전쟁 당시 피학살자의 90%를 죽인 국내의 살인범들을 잡는데 소홀했으며, 통일논의를 가로막아 민족의 화합을 지체시킨 반민주 반통일 세력을 제거하지 못했다.

이 법조문의 상당부분은 관념적인 내용으로 채워져 있어서, 그것은 늘 자의적인 해석을 불러올 수밖에 없다. 인간의 공상과 꿈마저도 관념의 그물로 낚아서 징벌하는 제도인 바로 이 법은 인간을 괴롭히는 중세적 악법이다. 그래서 자유주의 역사학자조차도 〈국가보안법〉을 혐오하는 것이고, 역으로 좌익 척결의 공상조차 〈국가보안법〉의 적이 됐다. 역사적 진실을 수호할 수 없다면 그 법은 더이상 법이 아니다.

격랑을 헤치고 마음을 달래고

마음의 무질서를 이기는 길, 정약용

1801년 노론 수구세력이 진보적인 정조의 측근 인사들을 제거하기 위하여 천주교 신앙을 명분으로 신유사옥을 일으켰다. 그때 정약용 선생도 탄압을 받아 모진 풍파를 겪게 되고 결국 경북 포항 근처의 장기에서 귀양살이를 하는 처지가 되었다. 그때 큰 형님인 정약현이 자신의 당호를 수오재守吾齋라고 지었다는 소식을 듣고 문득 자신의 삶을 돌이켜보고 다음과 같은 글을 지었다.

> "천하의 물건은 지킬 만한 것이 못되나 오직 마음만은 지켜야 한다. 내 밭을 지고 갈 자가 있겠는가? 내 집을 이고 달아날 자가 있겠는가? 내 원림園林에 있는 꽃과 나무를 어찌 뽑아갈 수 있겠는가? 그렇다고 내 책을 훔쳐다가 없앨 수 있겠는가? 성경聖經과 현전賢傳이 널리 퍼져 물과 불처럼 흔한데, 누가 그걸 없앨 수 있단 말인가?"
>
> 그렇다면 모든 천하의 물건들은 지킬만한 것이 못된다. 그런데 유독 마음이라는 것은 그 성품이 달아나기를 잘하여 드나듦이 일정치 않다. 비록 친밀하게 붙어 있어서 서로 배반하지 못할 것 같으나 잠깐이라도 살피지 않으면 어느 곳이든 가지 않는 데가 없다.
>
> 이익과 작록이 유혹하면 그리로 가고, 위엄과 재화가 위협하면 그리로 간다. 상조商調나 경쾌한 우조羽調의 흥겹고 고운 소리를 들으면 그리로 가고, 새까만 눈썹에 흰 이를 가진 아름다운 미인을 보면 마음이 거기로 간다. 한번 가면 되돌아 올 줄을 몰라 붙잡아도 멈추

게 할 수 없다. 그러니 끈으로 잡아매고 빗장과 자물쇠로 잠가 굳게 지켜야 하지 않겠는가." 나는 마음을 잘못 간직하여 마음을 잃은 자이다.

—정약용, 『守吾齋記』

즉, 천하의 모든 것은 자기 자리에 돌아가길 원하는데 오직 인간 마음만이 참으로 기묘하여 온갖 유혹과 간사함 그리고 부정에 흔들려서 제자리를 잃고 만다는 내용이다.

이 글을 액면만 보면 그저 정약용이 자신의 삶을 되돌아보며 자기 마음이 제자리를 잡지 못해 남겼던 수많은 회한들을 반성하는 글로 볼 수 있다. 하지만 이 글은 오늘날 우리 청년학생이나 지식인이 가져야 할 진정한 마음가짐이 무엇이며, 흔들리는 마음을 어떻게 다스려야 하는지 뛰어난 자기 성찰의 모습으로 그 비결을 우리에게 전하고 있다.

태초의 인간들이 가장 공포스러워 했던 것은 무엇이었을까? 천둥과 번개였을까? 아니면 호랑이, 사자 같은 맹수였을까. 정작 그들이 정말 무서웠던 것은 사납던 호랑이가 풀을 뜯거나, 느닷없이 여름에 눈 내리며 가을에 개나리 피는 자연의 무질서였을 것이다. 늘 그 자리에서 변함없이 있을 것이라는 믿음을 주던 자연이 하루아침에 내일을 예측할 수 없는 상황이 된다면 그것은 자연의 불길함을 넘어 인간 삶 자체를 바꿔버리고 만다.

인간이란 늘 자연이 일정한 모습일 것이라고 생각하기 때문에 가을이 오면 추수할 것을 예측하고 오늘 씨를 뿌리는 법이다. 자연에 대한 믿음이 자신의 삶에 대한 미래를 예측할 수 있도록 하고 자신의 꿈을 만들고 희망을 심어가는 것이다. 호모사피엔스가 다른 유인원과 달랐던 점은 바로 미래를 고민하고 상상하는 예측능력에 있었다는 점이다. 그래서 오늘날 우리 인류는 세상 만물을 지배하는 유일한 존재가 된 것이다. 그래서 인간은 자연을 숭배했고, 자연을 종교의 대상으로 삼았다.

그런데 종교가 된 자연을 자세히 보면, 인간들은 갑자기 뒤바뀌는 자연의 기적에 놀라서 숭배한 것이 아니라 봄이 오면 여름이 오고 여름이 가면 가을이 오는 자연의 항상성, 일정함을 숭배했던 것이다.

역사도 마찬가지다. 역사학이란 오랜 세월 인간의 특이한 격변을 모으는 작업인 듯 알기 쉬우나 알고 보면 인간 삶의 일정한 패턴을 이해하고, 그 속에서 삶의 원리나 철학 그리고 있는 그대로의 모습을 복원하는데 심혈을 기울이는 학문이다. 무릇 이 세상의 모든 만물은 다 고향이 있고 자신의 자리를 찾고 싶어 한다. 그런데 오직 인간 마음만이 제 머무는 곳을 몰라서 세상의 온갖 금전과 부도덕과 부패 유혹에 이리 쏠리고 저리 흔들리는 특징이 있다.

정갈하고 정연한 마음이 사라지면 결국 무책임과 비인간적인 힘에 자신을 맡기게 되며 이처럼 흔들리는 마음 즉 마음의 무질서에 불안한 사람들은 그 불안감을 씻고, 자기 자신의 존재감을 재확인하기 위해 특이하고 괴팍한 행동을 일삼기 마련이다. 폭력조직을 만들거나 사회의 다양한 사교와 사이비 집단을 만드는 이유도 바로 그 결과이고, 이러한 행위는 결국 그 스스로 또 다른 공포의 대상으로 전락시키고 만다.

그래서 옛 성현들은 만병의 근원인 마음의 무질서를 다잡기 위해 도道를 말하고 법法을 세우기도 하면서 심신을 수련했다. 이것은 오늘날 학생들이 왜 마음을 다스리는 일을 게을리하지 말아야 하는지에 대한 이유이다. 마음이 제자리를 잡아야 인간의 꿈이 살고, 온갖 세상의 무책임이나 부도덕과 싸울 힘이 키워지는 법이다.

우리가 공부를 하고 기술을 배우는 것도 알고 보면 알 수 없는 미래에 대한 불안한 예측을 자아내는 마음의 무질서를 극복하기 위한 것인지도 모른다. 마음의 무질서가 지속된다면 결국 인간이 다른 동물의 삶과 어떠한 차이도 발견할 수 없는 상황에 이를 것이다. 마음의 무질서는 또한 우리 주변의 모든 것에 대한 경계심을 자아내고 자신의 허상을 감추기 위한 헛된 위세를 연출한다. 마음의 무질서는 인간관계의 파괴를 가져오고 인간 공동체에서 또 다시 자신을 격리시키는 요인이 되고 만다.

다산의 수오재기는 오늘날 우리 마음을 흔드는 다양한 환경에 의해서 자칫 발생할지도 모르는 인간관계의 갈등이나 의견의 불일치마저도 넓은 아량으로 포용하고, 서로 공존하고 호혜를 나누는 삶을 통해서 마음의 무질서를 잡으라는 메시지로 여길 수 있다. 어쩌면 사람에 대한 신뢰만이 마음의 무질서와 무지의 빗장을 걷는 유일한 길일 수도 있다.

진정한 사은謝恩의 길

嚴師之捶楚、慈母之訶叱, 但見其恩, 未見其讎
"엄한 스승의 매질과 사랑하는 어머니의 꾸지람은 다만 그 은혜만 보일 뿐이며, 그 원수 되는 일은 보이지 않는 법이다" —황희, 『태종실록』

스승과 어머니의 훈계를 비교하는 이 말은 아이들이 세상에 나가서 부끄럽게 살지 않도록 지성을 다하려는 마음은 스승과 부모가 한가지라는 말이다. 거기에 스승의 가르침에는 인간적 애정을 넘어 삶의 지혜, 시간의 소중함을 읽고 세상을 분별하면서 인간이 서로 공존하라는 사회적 희망을 함께 전달하려는 메시지가 있다. 그리고 그 안에는 혹여 제자들이 나를 배반하는 현실에서 불쌍하게 낙오하지 않고서 제대로 키워진 자아로 살아가라는 기원도 있을 것이다.

不貴其師, 不愛其資, 雖知大迷, 是謂要妙
"자기 스승을 존경하지 않고 그 도움에 감사하지 않으면 비록 천하의 오묘한 이치를 안다고 해도 큰 미혹에 빠지나니 이것을 일러 요묘라고 한다".

왜 스승의 날이 5월 15일인가. 왜 세종대왕의 탄신일로 날을 잡았을까. 어쩌면 그 안에는 겨레의 스승인 세종의 실천적 현실인식이 있고, 그것이 백성에 대한 사랑으로 이해되어 왔기 때문이다. 즉, 자연에 묻혀 우민화된 채 극락을 약탈당하고, 귀족만의 천당을 위하여 뼈골 빠지게 일해야 했던 백성에게 비로소 사회와 역사의 진실을 문자文字로 깨달을 수 있게 한 것이 큰 사랑의 하나이고, 그들이 살아갈 인간적 도리를 스스로 만들어 갈 수 있는 기회를 열어준 것이 그 두 번째이다.

요즘 항간에는 일부 교육자의 독직과 부덕한 행실로 인해 대다수 묵묵히 사도의 길을 걷는 선생님마저 오해와 경계의 시선을 받는 안타까운 현실이 있다. 그렇다고 그 원인을 무조건 공교육의 부실이나 교육 기반의 부족 등 요인에 돌리면서 교사 스스로의 변화를 거부한다면 사회적 우려는 지탄으로 바뀔 것이다. 그러니 선생님으로서의 자존심을 새기고, 정의롭고 능력을 갖출 필요가 있다.

인간 사회에서 은혜와 감사는 비록 의무로 규정되지 않았지만 보이지 않는 사람간의 의무이며, 자아들의 성숙을 도모하는 사람간의 성장요소의 교환과정이다. 그런데 어쩌다 스승의 날이 이처럼 외면되는 일이 생겼는지, 감당하기 힘든 현실로 받아들여지는지…

참으로 기괴한 현실에 우리는 살고 있다. 사은이 강제되지 않는 삶의 의무라는 것은 다름 아니라 강제되지 않지만 인간이기에 반드시 해야 할 당위적 자율이라는 것이다. 그럼 스승의 은혜를 무엇으로 어떻게 갚아야 하는가. 물질적인 답례만은 아닐 것이다. 물론 카네이션 한 송이에 정성을 모으고 마음을 전하는 것조차 부정될 필요가 없겠다. 그럼에도 진정한 사은의 의미는 딴 곳에 있다.

『조선왕조실록』(태종 4년, 1404년)을 보면 권근이 『예경천견록禮經淺見錄』을 찬집撰集하고자 사직하면서 스승의 뜻을 계승하는 문제를 놓고 다음과 같이 태종 임금과 대화를 나눈다.

"신이 이 책을 편찬하기 시작한 이래로 이제 10년이 지났는데, 아직도 완성하지 못하였습니다. 신은 하루아침에 질병을 고치기가 어려워 해는 서산西山에 가까워져서 갑자기 성대盛代를 하직하여, 신의 스승이 부탁한 바를 길이 저버리고 땅에 묵힐까 두렵습니다."

그러자 태종은 "이미 스승의 가르침을 저버리지 아니하였으며, 또한 내 뜻을 그대가 저버리지 않는다면 그것이 어찌 오로지 오늘 시대當代에만 보탬이 되겠는가! 거의 장차 사문斯文을 불후不朽하도록 장수長壽하게 하리니, 도리어 위대하지 않겠는가!"라고 말했다.

역시 세종의 아버지다운 모습이다. 즉, 스승에 대한 보은이란 겉으로 드러나는 선물이나 답례가 아니라, 죽음을 앞둔 그 시점까지도 스승의 역사관과 세계관을 세상에 실현하고자 노력하는 그 자체에 이미 보은이 있다는 내용이다. 그렇지만 스승의 뜻을 따른다는 이유로 당대의 한때 반짝임으로 그치게 하지 않고 적극적으로 역사와 현실에 연대함으로써 그 자신이 후대에 이르기까지 낡아지지 않는 것… 바로 그것이 진정한 스승에 대한 보은이라는 것이다.

그리고 진정한 스승의 욕심은 자신의 영혼이 제자의 마음에 감화되어 제자를 고양시켜서 더 큰 자아로 커가게 하는 것이다. 태종은 작은 스승의 뜻을 계승하는 제자로서보다 오히려 큰 차원에서 조선과 역사의 제자가 되도록 권근에게 부탁한 것이다.

오늘날 교직사회에 대한 온갖 사회적 시선에도 불구하고 교직사회만큼은 바른 삶을 보여 달라는 간절한 민족적 바람이 있을 것이다. 그러한 바람이 존재한다는 것은 그래도 한국사회의 미래 희망을 교직에서 찾는다는 사회적 함의를 보여주는 것이겠다. 만약 그것이 진정한 사회적 요구라면 은혜를 받은 자의 강제되지 않는 필연적 의무가 제대로 실현되도록 해야 한다.

그리고 그 경우, 진정한 사은의 길은 스승의 그림자 끝을 따르되 그 영향에 매몰되지 않고 역사와 연대하는 큰 자아를 만들어 가는 데 있을 것이다. 스승이라는 징검다리를 가슴 아프게 넘어서는 그것이 진정한 사은이다.

요컨대, 과학이 없던 그 시절, 인터넷 지식의 바다가 없던 시절, 부모가 자식에게 자신의 모든 것을 아낌없이 전달함으로써 사랑을 완성한 것처럼 스승의 가르침도 그러해서 자신의 경륜을 자식 대하는 마음으로 아낌없이 전했다. 당시로서는 군사부일체라는 말이 도덕군자의 빈말이 아니라 사회적 실체였고 생활이었다.

사관과 기자

사관史官이란 각 왕조의 역사편찬소에서 당대의 여러 기록을 담은 사초史草를 작성하던 관원을 말한다. 그들의 지위는 실록청 당상을 제외하고 대체로 6품 이하의 당하관이었지만 그들에게는 역사를 작성할 모든 국가적 특권이 보장되었고, 그들이 작성한 사초는 결코 타인에게 누설할 수 없도록 법적인 보호를 받았다. 그래서 그들이 남긴 한 글자, 한 글자에 왕이나 측근 관료들은 행여나 자신들의 오점이 남지 않을지 걱정했으며, 이에 모든 일을 조심하면서 치국의 도를 지향했다.

조선시대 사관들의 대표적인 성과인 『조선왕조실록』은 지금도 세계에서 내로라는 역사서의 반열에 있으며 뛰어난 당대의 기록 문화로서 높은 숭앙을 받는 것도 사관들의 투철한 역사사랑과 전문의식 덕분이었다.

사관이 역사를 만들고 기록한 것은 언제부터일까? 어쭙잖게 중국이나 유럽의 연원을 들먹이지 않더라도 그 연원은 어쩌면 인간의 시원까지 거슬러 올라간다. 왜냐하면 인간이 하늘의 별을 보고 달을 보고 세상과 삼라만상의 변화를 자각하면서 이른바 분별하는 힘을 가지게 되었고, 이후 점차 분별한 세상의 이치를 기록으로 남겨 후세에 전하고 싶은 마음이 생겼기 때문이다.

세상을 분별한다는 것, 즉 별과 태양, 아버지와 동생, 호랑이와 시냇물, 꽃과 같은 세상의 존재들을 분별할 줄 알고 마음속으로 그것을 추상하며 진정 세상을 사는 길이 무엇인지 깊게 고민하게 되었다. 세상이 분별되면서 먹어야 할 것과 먹지 말아야 할 것을 구분하고, 세상의 위험에서 벗어나는 지혜나 방편을 알게 되었다. 할아버지, 할머니가 겪었던 경험이 이야기로 저축되면서 후손들이 독사의 위험이나 호환과 사회적 굴레에서 벗어나는 지혜를 입에서 입으로 이어가게 된 것이다.

이처럼 역사서술은 우주(삼라만상)의 절대적 힘과 소통하여 인간을 고양시키고 발전시키는 또 다른 영靈이었고, 기록의 모습을 한 소중한 경험의 영靈을 구성원이나 후손들끼리 나눔으로써 인간이 더욱 신성한 존재로 발전하는 계기를 열었다. 이를 통해 역사라는 것을 서술하게 된 것이다.

하지만 이러한 역사는 세상에 권력이 만들어지고, 국가가 형성되고, 정복이 이어지면서 그들의 힘과 권위를 정당화하는 수단이 되고, 세상을 지배하는 이데올로기를 배양하는 연구서로 둔갑했다. 중국 주나라 때 태사太史, 소사小史 등을 설치하고 한나라에서 태사공을 만든 것은 역사를 국가 정통 혹은 왕조 정통을 대변하는 수단으로 삼고자 했기 때문이다.

물론 서구에서 역사는 이른바 뮤즈의 여신에게 바치는 세상의 진귀한 보물이나 이야기로 기록되기도 했다. 그들이 작성한 역사는 인간의 지배질서를 정당화하는 여러 가지 원리들의 기원을 설명하는 노력의 결실이었다. 그리고 그러한 질서의 연원은 올림푸스 산 위의 여러 신들이 만든 법리에 따르고 있었다.

그들의 역사서술은 신과 선택받은 인간간의 대화를 하나로 묶는 연결고리 역할을 하게 되었다. 이는 후대 서구의 팽창주의적 선민주의적 역사서술의 기원이다. 그들만이 구원받고 문명화되었다는 논리는 사실 세상을 누리고 싶어하는 배타적인 힘의 논리에서 기원한 것이다.

권력과 신분의 험악한 지배 아래서도 인간의 삶은 끊임없는 역사서술을 통해 자신을 개선시킬 수 있는 영감을 얻고자 노력했으며, 지배자의 권력에 대한 견제와 독재 전횡을 견제하는 삶의 혜안들을 담아내기 시작했다. 한국에서의 사관은 전통적인 부정과 불의를 거부하는 전통의 분신으로 이해되었다. 그래서 한국의 사관은 지위의 고하를 막론하고, 시대의 양심이나 소신으로 추앙 받게 된 것이다. 모든 사회가 병들고 삼정의 문란이 극에 달하고, 왕의 실정이 하늘에 닿아도 사관은 항상 고통스런 한 시대를 조용히 기록해야 했으며, 추잡한 왕실이나 귀족의 전횡을 불편부당하게 기록하여 후세에 그 진실을 남기고자 하는 정신으로 무장했다.

한국사에서 사관이 설치된 것은 아주 옛적이겠지만 공식 기록에 의하면 고려 광종 시절로 알려져 있다. 당시에는 이른바 감수국사監修國史·수국사修國史라는 귀족 출신의 학자들이 역사 집필권을 행사하며, 문벌귀족 정치의 필연성과 당위성을 말하는 수단으로 역사기록을 이용했다.

조선 시대에는 춘추관과 그 전임자로서 문한文翰을 두어 백관과 시정을 고스란히 기록하게 했다. 특히 유교가 발전하면서 술이부작述而不作(있는 그대로 작성하고 윤색하지 않는다)이라는 유교적 사관에 입각하여 왕과 정부의 일을 있는 그대로 기록하여 남기는 전통이 강했다. 그러나 조선시대 사관은 종래 왕실의 영광과 왕의 업적을 높이기 위한 수단을 대신하여 왕의 잘못마저도 엄격한 보안 아래 기록하는 주체가 되었고, 역사는 왕권을 견제하는 장치로 발전했다. 이것이 정도전의 꿈이었다.

그들은 춘추관에 상주하면서 조회나 경연, 백관회의 혹은 각 관서의 회의나 국가행사에 참가할 수 있는 특권을 갖고 있었고, 단순히 기록하는 데 그치지 않고 그들의 언동이나 일의 실마리에 시시비비를 따지고 기록했다. 그들이 만든 사초는 춘추관시정기로 발전했고, 나중에 왕이 승하하면 실록의 집필 자료가 되었다.

사관이 그랬던 것처럼 오늘날에 우리 시대의 양심을 지키는 사관의 역할을 자임할 수 있는 유일한 계층은 바로 기자라고 할 수 있다. 정치세력 간의 흥정을 주워 담는 정치세력의 부스러기가 아니라, 시대의 아픔과 고통을 담는 그릇이고 조상 대대로 내려오는 훌륭한 민족적 미풍양속을 지키는 거대한 조국혼의 담당자이다. 모든 인간이 사회의 정치적 이해관계에 자신을 편입시키더라도 기자만큼은 그 영혼을 정치적 이해

득실에 파묻는 것이 아니라 역사적 진실과 감성적 인간의 삶과 연대해야 한다.

복잡하고 다양한 세상의 일들을 있는 그대로 기록할 수 있는 능력은 아무에게도 없다. 비록 그가 기자라고 해도 온전히 할 수 없는 일이기도 하다. 그렇기에 기자의 붓끝은 신중하고 조심스러워야 한다.

하지만 기자가 말하는 사회적 진실이란 설사 4천만 국민이 한결 같이 대한민국만의 정체성과 분단의 영속을 요구하는 것이라 할지라도 그것이 바른 길이 아니라면 충성하지 않아야 하며, 시대의 잡스런 여론과 공론에 편승할 필요도 없다. 기자의 진정한 진실은 역사 속에 존재하며, 역사가 말하는 진실 속에 기자 자신이 있어야 한다. 이를테면 신탁통치를 미국이 반대했고, 소련이 주장했다는 여론 앞에서 무력했던 당대의 신문이 씻지 못할 역사의 죄인이 된 것은 언론이 그러한 역사적 진실 앞에서 여론 눈치보기에 휩쓸렸기 때문이다.

진실은 역사적이어야 한다. 하지만 기자도 인간인지라 그런 역사적 진실이 가물가물 보일 때는 참으로 고통스럽다. 그럴 때는 붓끝에 힘을 주기보다 잠시 깊이 있는 사실과 사건의 객관적인 탐구와 자성에 매진하는 것이 나을 것이다. 그래서 기자들의 마음은 치밀해야 하고, 여론의 깊이에 현혹되지 말아야 한다. 명심해야 할 것은 역사적 진실은 당대 여론 속에서 그 모습을 드러내지 않는 경우가 오히려 많다는 것이다.

부디 우리 젊은 대학언론의 기자들만큼은 역사의 진실과 여론의 격랑 가운데 표류하지 않기를 바란다. 그리고 가능한 역사적 진실과 사회적 여론의 간극을 메우기 위하여 객관적인 진실추구에 혼신을 다할 필요가 있다. 그렇게 한다면 전통시대 사관들이 추앙받았던 이른바 시대적 양심과 소신이라는 이름값을 제대로 드러낼 기회를 얻게 될 것이다.

강화도 조약과 한미FTA

우리는 1876년 일본과 체결된 강화도 조약을 생각할 때 우리나라를 식민지로 전락시키고 일본과 열강이 손쉽게 우리나라를 침략하게 길을 열어준 불행한 사건으로 생각하기 쉽다. 과연 그럴까. 1867년 일본이 메이지유신으로 왕정복고를 이루자 곧바로 근대화 정책을 추진하였고, 그 일환으로 조선에 국교를 요청했다(1869). 하지만 대원군 정권은 일본의 통교를 요청하는 국서가 예의격식에 어긋난다고 하여 접수를 거부하였고(書契 문제), 이에 분개한 일본정계는 소위 정한론征韓論에 휩싸였다.

정한론은 막부체제에서 유신체제로 바뀌면서 몰락한 여러 무사계층의 불평을 밖으로 돌리기 위한 수단으로 조선을 정벌하자는 호전적 군벌관료들이 제창한 주장이었다. 결국 내적인 부국강병을 주장하는 측의 반대로 실현되지 못했고, 대신 구미열강과 맺은 불평등조약을 개정하는데 총력을 기울이자는 방향으로 정책을 추진했다. 이러한 상황에서 1873년에 조선에서 대원군이 하야하자 일본은 다시 문호개방을 위한 통상조약 체결을 강요했고, 마침내 1875년, 9척의 군함을 출동시켜 부산항 내에서 무력시위를 감행하였다.

또한 운요호雲揚號를 강화도 해역에 출동시켜 초지진의 조선 수비병의 발포를 유도하였다. 일본은 이 사건을 이유로 1876년에 구로다 기요마사黑田清隆를 특명전권대신으로 임명하였고 함선 6척에 800여 군대를 대동하고는 강화도 갑곶에 와서 담판을 강요하였다. 이에 조선정부는 박규수의 유지를 받아들여 통상 방침을 결정하고, 접견대관 신헌申櫶 및 통역관 오경석 · 강위 등을 파견하여 구로다와 협상케 하여 수호조약을 체결하였다(1876, 강화도조약, 병자수호조약丙子修好條約).

조선정부가 이 조약을 체결한 것은 대원군 집정 시기 두 번의 양요와 토목공사의 강행에 따른 민중의 반발에 직면하여 일본과 분쟁을 피하고 타협하는 것이 정권유지에 유익하다는 판단에서였다. 또한 박규수가 조약체결을 강력히 주장한 것은 당시 조선의 힘으로 일본의 무력침공을 막을 수 없다는 판단 때문이기도 했다.

강화도조약의 핵심은 먼저 '조선국은 자주지방으로 일본국과 평등권을 보유한다'라는 첫 조목에서 드러나듯이 조선의 독립을 이유로 청의 조선에 대한 종주권을 배격하는 점이 주목된다. 일단 이 대목은 민족적 자각과 근대적 의식을 갈구하는 많은 청년들에게 기쁜 소식으로 들렸을 것이다. 물론 일본의 본격적 침략에 앞서 조선을 청나라의 종주권에서 벗어나도록 하려는 일본의 전략이기도 했다.

그리고 제4~5조에서 부산과 그밖에 두 항구의 개항[인천·원산], 제7조에서 연해 측량·해도 작성 용인, 제10조에서 일본거류민에 대한 치외법권 약정 등을 인정하는 이른바 불평등조약 형태로 체결되었다. 즉, 일본은 자신이 서양에게서 강요당한 불평등조약을 국제법에 어두운 조선에게 대신 적용하고자 한 것이었다.

한편 경제적 측면에서는 수호조규 부록인 통상장정을 체결하여 일본화폐가 조선에 유통될 수 있게 되었고, 조선에 일본상인들이 진출할 기회를 열었다. 그런데 우리 측의 경제적 대응도 만만치 않아 1880년대 초까지 조선정부의 개화정책이 드라이브 걸렸을 때 조선 상품의 수출이 급속히 증대하여 한때 대일흑자를 기록하기도 했다.

문제는 조선정부가 마치 이 조약을 기존에 행하던 왜관무역과 유사하게 생각하고 일본에게 항세와 상품의 수출입에 관세를 부과하지 않은 점이다. 아울러 군사적 정치적 의미가 큰 원산만과 인천을 개항하게 함으로써 일본의 군사적·정치적 침투를 방조하는 결과를 초래한 점이다.

이러한 일본의 의도에도 불구하고 강화도조약은 조선이 국제무대에 처음 등장하는 계기가 되었고, 서양열강과 문호를 개방함으로써 서양 신문명이 들어와 조선이 근대화하는 계기가 되었다. 이후 위정척사운동을 비롯한 수많은 반대에도 불구하고 근대 문물의 수용루트로서 개항장에는 새로운 시대를 염원하는 세력들이 활발하게 움직이고 있었다. 개방이 가져오는 고통만큼이나 새로운 세계질서를 이해하고 이에 대응할 우리의 각오를 다지는 기회를 만들었다는 점에서도 강화도 조약은 큰 의미가 있다.

한미자유무역협정(KORUSFTA)이 타결되었다. 그러면서 많은 사람들은 이를 평가하면서 얼마만큼 우리 측에 이익이 되고 유리한 협상으로 이끌었는가 하는 이른바 손익계산에 골몰한다. 하지만 정작 역사학자가 고민하는 것은 이 협정이 우리 삶과 우리의 미래를 어떻게 바꿀 것인가 하는 문제이고 그 속에서 생존의 위기와 힘든 삶을 살아야 하는 많은 국민들의 고통을 어떻게 보살펴야 하는가이다.

물론 한미FTA를 보는 일반의 생각에는 우리 산업의 긍정적 체질 개선과 우리 삶의 다양한 변화를 가져오리라는 전망이 일반적이다. 어떤 이는 자동차 및 섬유산업은 기대가 클 것이고, 농축산 산업은 생존의 큰 실험대에 도달하리라는 전망을 하기도 한다. 특히 농축산 분야 외에도 노동 분야에서도 대대적인 실업사태를 예고하기도 한다.

자동차 산업이나 섬유산업이 일부의 대기업과 가족재벌에 독점된 현실을 생가하면 역시 모 재벌 일간지가 왜 현 FTA타결을 제3의 개국이니 하는 화려한 언술로 찬양을 거듭하는지 이해할 만하다. 물론 자유무역협정은 시대의 대세이고, 반드시 체결되어야 우리 국가와 사회가 좀더 나은 사회로 발전할 가능성이 크다는 것은 올바른 지적이다.

루소는 “위대한 재능의 화려한 개화에 따르기 마련인 몇 개의 가시에 두려워 말라”고 했다. 마찬가지로 한미자유무역협정에도 그러한 독한 가시가 있지만 그 이상으로 우리에게 새로운 기회와 기대를 던져 준다는 측면에서 긍정적으로 볼 필요가 있다. 그러면서도 잊지 말아야 할 것은 여전히 협정의 발효로 이익을 보는 측이 기존에도 많은 이익을 보던 측이라는 사회적 원망을 어떻게 어루만질 것인가이다.

금욕과 절제, 그 자연의 충고

우리는 자본주의적 사회관계 속에서 생존하며, 태어날 때부터 그러한 환경에 길들여졌건만 자본주의를 인정하고 살아가는 사람이든 아니면 그것을 부정하는 사람이든 자본주의가 인간의 얼굴을 한 것은 아니라는 데 동의한다. 대기업의 CEO조차도 자본주의는 곧 물신숭배이고, 인간소외 그리고 끊임없는 경쟁에서 소수의 가진 자와 다수의 못가진 자가 양분된 사회라는 생각이 그리 틀리다고는 말하지 않을 것이다.

그래서 어떤 사람들은 한때 사회주의혁명이나 민족해방운동을 말하기도 하고 자본주의와 다른 제3의 길을 모색하여 평등한 자유와 공정한 분배를 말하며, 사회적 정의를 일깨우려 했지만 그런데 정작 자본주의의 생존 비결을 깊숙이 고민해 본 사람은 그리 많지 않은 것 같다. 오로지 언제 자본주의가 죽을 것인가만 연구했다.

하지만 우리는 막스 베버가 남긴 고전 『프로테스탄티즘 윤리와 자본주의 정신』을 통하여 자본주의가 인간을 그토록 아프고 힘들게 하면서도 아직도 사멸하지 않고 굳건히 유지되는 비결을 찾아보고자 한다. 자본주의가 왜 그렇게 끊임없이 생명력을 얻고 오히려 힘차게 뻗어가는 것일까.

베버는 자본주의란 "합리적인 자본주의적 경영에 의한 이윤추구"와 같다고 하면서 그러한 합리적 지성은 서구에만 존재했다고 한다. 그리고 서구만 그렇게 합리적인 것들을 '계승'할 수 있었던 이유는 바로 그 토대에 어떤 윤리적인 의무 관념이 있었기 때문이라고 한다. 그러면서 서구적 합리주의가 자본주의를 만들어 내게 된 데에는 내세(예정설)가 존재한다고 믿는 신념과 서구의 자본가들이 서구세계의 가치를 합리적으로 계승하여 실현한 "금욕과 긴장"이라는 정신을 들었다.

이 두 가지 사고(예정설, 금욕과 긴장)가 서구적 합리적 성격을 현실의 자본주의를 살리는 구체적인 윤리적 신념이었다고 했다. 그리고 그는 자본주의 출현에 필요한 다양한 요인들 중에서도 특별히 청교도주의의 도덕적 에너지(물질세상에서의 소명을 기다리는 것)와 가톨릭의 금욕정신 등에 특별한 의미를 부여했다.

처음에는 금욕과 소명이라는 말은 직업의식이나 자본가 정신을 만드는 것과 관계없는 종교적인 이야기였다. 금욕을 통해서 구원을 향한 자기 확신과 악마의 유혹을 벗어나고자 한 것이다. 하지만 중세적 금욕의 전통은 그냥 종교적 신앙의 유령으로 끝나지 않고 칼빈이라는 사람에 의해서 속세로 확산되었다. 이것이 현실의 도덕을 지배하게 되고, 이에 전통적 서구의 금욕과 소명이라는 가치는 종교의 영역을 벗어나 현실의 자본주의를 지키는 힘이 되었다는 논리이다. 과연 그럴까?

베버의 생각에는 많은 반대파가 있었다. 베버가 말하는 자본가 정신과 기독교 윤리는 따지고 보면 서구중심 혹은 서구 부르주아(자산가)의 이익을 온전히 대변하기 위한 논의일 뿐이라는 비판이 그것이다. 또한 적어도 자본주의에서 자본가의 금욕은 금욕적 전통보다는 다른 요소에서 발생한다는 비판도 위력이 있다. 금욕은 오히려 자본가 정신이 아니라 바로 생산과 노동과정 그 자체에서 발생한다는 비판이다.

그렇다면 무엇이 진실일까. 사실 자본가들의 금욕과 소명의식은 처음 자본주의 사회가 만들어질 때 다양한 전통주의와 저항세력과 싸워 이길 수 있는 큰 힘이 된 것은 사실이었다. 그러한 싸움을 위한 신념체계가 바로 그가 말하는 윤리적 자질로서 금욕과 절제였다. 그래서 그들은 스스로 책임감을 북돋았다.

사실 자본뿐만 아니라 노동도 이미 중세 때부터 중요한 구원의 수단으로 여겨졌다. 근대사회에서도 노동의식은 모든 사람이 알아야 할 직업 소명으로 여겨졌고, 단순한 부의 축척 욕망이 아니라 신의 명령에 복종하는 것으로 보았다.

요컨대, 베버의 생각은 이러한 금욕과 긴장 그리고 절제를 통하여 자본가들은 계속해서 직업 소명을 성취하였고, 그래서 이렇게 거대한 자본주의 사회를 창출하는 큰 힘을 만들어갔다는 논리이다.

엘리엇이라는 시인은 "따뜻한 겨울을 비집고, 죽은 땅에서 라일락을 키워내고 추억과 욕망을 뒤섞고 잠든 뿌리를 봄비로 깨운 4월은 참으로 잔인하다"고 했다. 잔인한 4월이란 말은 마치 인간이 어쩔 수 없이 당면해야 하는 모진 현실의 슬픔에 대한 비애를 표현한 것이 아니다. 진정 잔인한 것은 새로운 인간사회의 탄생을 목격하면서도 현실의 타성에 안주한 우리의 게으름이고, 보다 나은 삶을 만들기 위한 거대한 실험에 무사안일하는 우리의 두려움이다.

나아가 4월의 혹독함은 보다 나은 내일의 삶을 위하여 오늘을 수고롭게 하고 그래서 새로운 탄생을 위해 온갖 어려움을 이길 수 있는 우리 자신의 금욕과 절제를 요청하는 자연의 충고이다. 젊은 5월의 탄생을 위해 숨죽이는 많은 새싹들에게 그리고 우리 젊은 대학생들에게 금욕과 절제라는 말이 얼마나 소중한지… 그것을 말해주는 것이 4월의 끝자락인 것이다.

조부모 손자녀 가정을 생각하며

조손祖孫가족이란 손자 손녀의 부모가 이혼이나 사고로 아이들을 양육할 수 없을 때 할아버지 할머니가 대신 양육하는 가족을 말한다. 이른바 소년소녀 가장과 더불어 우리 사회에서 힘겨운 삶을 이어가는 이웃들이다. 조손가족에 대한 사회적 동정은 오래 전부터 있었다.

조선시대에도 이들의 수용보호를 규정한 진휼청임시사목賑恤廳臨時事目(1696)과 자휼전칙字恤典則(1783)이 있었고, 고종 22년(1885) 서울 명동 성당에 천주보육원이 설립되면서 본격적으로 이들에 대한 사회적 고민이 확대되었다. 그 결과로 1906년에는 경성보육원(설립자 이지하)을 위시하여 사회적 자선운동이 확산되었다. 『매일신보』 1914년 10월 24일자 기록을 보면 인천자애원仁川慈愛院에 최국신이라는 사람이 조손가정을 위해 3원을 헌납하는 기사가 나온다.

일제말기에 아버지는 징용가고 어머니는 보국대로 끌려가면서 많은 조손가정 및 결손가정이 발생하였고, 조선총독부는 〈조선구호령朝鮮救護令〉(1944)을 공포하여 조손가정에 대한 구호방안을 전쟁동원으로 조선인의 민심 이반을 막았다.

해방 이후에도 부모 없는 결손가정 및 조손가정의 수는 좀처럼 줄지 않았다. 자세한 통계는 알 수 없으나 지난 50년 동안 16만명(그중 미국에 10만명)에 가까운 한국 아동들이 해외로 입양되었다고 하는 조사를 보아도 그 규모를 짐작할 수 있다.

실제로 2000년 노인인구 337만명 중에 12만여명의 노인이 손자 손녀를 양육한다고 하며 2005년 인구주택 총조사 통계에 따르면 2005년 우리나라 조손가족은 5만8천 가구에 달하며, 이는 2000년의 4만5천 가구보다 29%, 1995년 3만5천 가구보다 66%나 늘어난 것이다.

지역별로 보면 서울은 7,207가구에 24,074명이, 부산은 3,771가구에 12,617명이 조손가족이다. 그런데 일반가구에 대한 비율을 보면 서울의 경우 총 가구의 0.21% 부산은 0.32% 울산은 0.2% 그리고 전라남도는 0.7%에 달한다. 조손가정이라도 서울이나 울산보다 부산 지역에서 그리고 광역시보다는 지방(농촌)에서 비율이 높다. 상대적으로 산업지역과 수도권에서는 조손가정 발생 요인이 적다는 것이고, 반대로 지방과 농촌일수록 그만큼 크다는 것이다.

사회적으로는 6 · 25전쟁이나 일본의 침략전쟁 시기를 제외하고는 주로 경제적 요인이 조손가정을 확대시키는 원인이 되었다. 특히 IMF(국제통화기금) 사태 이후 부모의 가출이나 이혼, 사망 등으로 조손가정이 폭증하고 있다. 또한 손자녀를 양육하는 농촌의 할아버지와 할머니들 대부분은 경제적 형편이 어려운데다 부모 없는 자식을 양육해야 하는 스트레스와 사회적 편견 등이 겹쳐 이중삼중으로 고통받고 있다.

경제적 고통보다 더 큰 고통이 있다. 그것은 바로 부모 없이 자라는 조손가정의 아이들이 청소년 문제를 많이 일으킬 것이라는 사회적 편견이다. 유감스럽게도 많은 사회과학적 연구가 조손가정의 불안정성을 들추기 위해 정상 가정의 자녀들의 학업성적이나 생활태도 등과 비교하는 경우를 본다. 모 일간지에 의하면 73.2%가 "부모가 있는 가정에 비해 그렇지 않은 가정의 자녀가 학업 성취도가 낮다"고 하며, 여성정책개발원조차도 조손가정에서 자라는 학생들의 비행과 일탈 가능성을 강조하면서 사회적 이목을 요청하고 있다.

조손가정 아이들이 진정으로 힘들어하는 것이 무엇일까? 그것은 단순히 동정어린 빵이나 지원금이 아닐 것이다. 정말 참기 힘든 고통은 "애비 없는 자식"이나 "애미 없는 자식"이라는 자괴감과 편견을 유발하는 요인들이다. 어떤 연구는 조부모들이 부모의 학대나 방임에서 고통 받는 손자들을 대신 키움으로써 힘들게 살던 손자녀의 심리적 안녕과 사회적 적응에 무척 좋은 영향을 남긴다고 한다.

이외에도 수많은 연구나 경험에서 할아버지와 자란 아이들이 비록 가난하고 힘들게 살았지만 풍성한 할아버지의 사랑과 격려 그리고 지원을 받아 훌륭한 인물로 성장하고 좋은 인격을 갖춘 능력 있는 사람으로 성장한 경우를 보여주고 있다. 결국 조손가정 아이들이 힘들어하는 것은 조손가정이라는 그 자체만으로 사회적 우려나 고민의 대상이 된다는 점이다.

따라서 그들에게 진정 필요한 것은 그들의 삶을 긍정적으로 바꿔가는 사회적 동정이나 지원만이 아니라 세상에 대한 자기 판단과 해석 능력을 키워주는 객관적 조건 부여 그리고 최소수혜자로서 최선의 만족도를 줄 수 있는 선택의 기회를 제공하는 일이다. 그러나 현실은 최소수혜자라는 사실도 마음 아픈데, 그들의 비행과 일탈가능성에 대한 지속적인 사회적 경고로 상처받고 있다는 점이다.

그러므로 조손가정을 돕는 일은 사회적인 지원과 더불어 그들의 자존감을 일깨우고 인격적인 편견에서 벗어나도록 돕고 나아가 사회적 고민의 주체로서 인정하면서 사회적 지위와 최소만족을 향한 그들 삶에 대한 선택권을 충실히 보장하는데 있다.

청년학생의 11월을 위하여

교정에 형형색색의 낙엽들이 뒹구는 것은 어쩌면 내년에 다시 피어날 새로운 희망을 열기 위한 생명의 다양한 모색일지도 모른다. 비록 현재로서는 그 쓸모가 다했다고 하더라도 마지막 순간까지 후손에 대한 서비스를 게을리 하지 않은 참으로 '인간적인' 자연의 질서를 보면서, 역사학자는 오늘 강의실과 도서실에서 밤을 밝히는 청년학생의 고고한 열정이 결코 헛되지 않을 것이라는 진리를 직감하게 된다. 이처럼 지성과 야성이 함께 하는 캠퍼스의 가을은 쌀쌀한 날씨를 상쇄하고도 남을 열정의 계절로 탈바꿈하는데 여념이 없다.

수십년 전 1929년 11월은 광주학생운동을 출발점으로 조선 전역에 펼쳐진 학생독립운동은 민족해방과 항일전선에서 싸움의 뜨거운 씨앗을 뿌리던 청년들의 함성이 수놓던 뜨거운 청년의 가을이었다. 그것은 5천년 역사, 3천리 강토, 2천만 민족이 제대로 한번 싸움도 벌이지 못한 채 왜적에게 내어주고, 왜적의 비위를 맞추면서 조국의 심장을 팔아 호의호식하던 매국 세력에 대한 분노의 함성이었다.

그런데 학생들의 고민과 투쟁의 지나긴 세월이 지나고 수많은 파란곡절 끝에 오늘날 와서 상당한 기본적 자유를 획득하면서 특별한 외부의 개입이 없이 자발성과 개성을 키우고 미래를 희망으로 간직하게 된 우리 청년학생들에게, 과연 그 옛날의 학생독립운동은 무슨 의미가 있을 것인가?

늘상 우리는 대학을 상아탑象牙塔이라고 부른다. 대학 새내기들은 대학이 무엇이기에 코끼리 상아에다 비유하는지 궁금할 것이다. 사실 그 어원은 코끼리가 죽을 때 자기들만 아는 은밀한 곳에서 죽기 때문에 은둔한 코끼리 묘지에 상아가 쌓인 것을 비유하여 대학을 그리 부른 것이다. 이는 세속과 떨어져 고고한 자신만의 세상을 만들어가는 대학의 모습을 환유 방식으로 표현한 것이다.

그렇게 놓고 보면, 대학생은 그저 공부하는 존재, 세상과 격리되어 자기만의 세상에 몰두하는 존재로 무작정 그려지기 쉽다. 그런데 상아탑의 의미는 전혀 다른 곳에 있다. 어쩌면 청년학생의 직분은 세상의 잡다한 지식을 축적하여 지성인인양 행세하는 데 있지 않다.

오히려 역사적으로 축적된 세상의 운행질서와 삶의 원리에 대한 고민을 터득하여 일면 무질서해보이는 세상을 체계적으로 정리하고 나아가 보다 나은 사회를 만들기 위한 다양한 모색을 꾀하는 한편, 미래의 삶을 준비하는 곳이라는 의미로 받아들일 필요가 있는 것이다. 즉, 고립된 지역에서 자기만의 세상을 만드는 그런 속류적 기원에서 상아탑이라는 말이 나온 것이 아니라 인간 삶을 옥죄는 중세의 신분질서와 경제외적 강제의 굴레에서 진정 농노를 해방시키고, 그들에게 자유를 주는 역사의 길을 모색하는 '특별한 공간'임을 일깨우는 뜻에서 그 말이 나온 것이다.

불교에서 참선을 한다는 것이 무념무상의 공空만을 쫓는 것이 아니듯이 우리의 대학생활도 그저 학점에 혈안이 되고, 잡다한 지식의 축적을 통해 적당하게 세상과 타협하는 길을 모색하는 시간은 아닐 것이다. 보통 주어진 과제에 충실하고 지각 결석을 하지 않는 것이 학생의 본분인 듯 말하지만 어쩌면 더 큰 본분이 있다.

그것은 바로 말하지 않아도 시키지 않아도 해야 하는 '청년학생의 책무'를 깨닫는 일에 있다. 그럴 때 그 책무란 바로 '진실을 구하는데 나태하지 않는 일'이다.

진리탐구를 생각할 때 그것은 마치 특별한 이성이나 종교를 신념을 통해서 구현되는 것처럼 말하지만 청년이 가져야할 진정한 진리탐구 자세는 우선 세상의 일각을 깨우치는 기쁨을 향유하는 데 있다.

'진리가 너희를 자유롭게 한다'는 성경의 유명한 구절을 말하지 않더라도 인간존재의 최고 기쁨은 깨달음이며, 그 깨달음의 하루를 위해 인내의 여정을 달려가는 그 모습이 참으로 아름다운 것이다. 그러한 깨달음을 토대로 고양된 자아가 조심스레 판단하려는 사회적 진실을 말하는 것이 바로 진실을 구하는 일이며, 그것은 인간을 고통스럽게 하는 그 모든 질곡을 고민하고 해결하려는 의지의 자연적인 산물인 것이다.

수많은 색의 자유의지들이 있겠지만 적어도 고양된 한국 학생의 사회적 책무란 식민지 시대에는 조국의 해방을 고민하고 전근대적인 인습을 근대적인 기본권으로 바꾸는데 최선을 다하는 것에 있었다. 그리고 해방 이후에는 민족통일과 민주주의를 추구하는 모습으로 자신의 책무를 다하는 것이었다.

하지만 오늘날 학생의 책무는 그런 민족해방과 민주주의의 대열에 동참하는 것에 그치는 것이 아니다. 이제는 치열한 사회참여의 노력보다 더 큰 책무가 있다는 것이며, 그것은 사회의 여러 측면을 이해하고 삶의 실체적 진실을 고민하며 서로 다른 것을 관용할 줄 아는 성숙한 도량을 채워가는 일이다. 성숙한 도량은 그저 말로 동정심과 이타심만을 늘여가는 것이 아니라 인간 존재에 대한 차분한 이해와 역사적 진실과 연대하는 바른 삶을 키우고 살피는 일이다.

인간이란 어쩌면 이상과 현실, 구체와 추상, 천국과 지옥의 경계선에 위치하는 모호한 좌표 위의 참으로 애매모호한 중간적 존재이다. 특정한 신념을 이유로 특정한 행위를 강요하지 않고, 나와 다른 또 다른 좌표의 인간과 공존을 약속하는 것이 진정한 자유민주주의라고 할 때, 우리는 삶의 진실을 추구함으로써 비로소 우리가 선택하지 않은 사회적 질서에서 벗어나 진정한 자유와 진실이 의미를 가지는 선택된 사회에 살게 될 것이다.

항일학생운동 기념일을 맞이하는 오늘, 우리는 진정한 관용과 포용이 무엇인지 고민해야 한다. 그래야 시인 임화가 묘사하듯 '외국상관의 늙은 머슴이 꿈꾸는 영화를 위해서가 아니라 산 동포의 진정한 자유를 위하여 싸움의 뜨거운 씨앗을 뿌리는' 당시 청년학생의 고고한 함성을 오늘날 새롭게 해석해낼 수 있는 것이다.

사회적 약자의 고뇌와 비탄을 어루만지며 서로 다른 생각을 가져도 함께 공존할 수 있는 그런 인간적 세상을 만드는데 기여하는 것이야 말로 수십년 전 항일전선의 그 선배들의 목매이게 외친 그 함성을 계승하는 것이다. 그리고 그것을 캠퍼스에서 실현하고자 할 때 우리 대학의 상아탑에 내리는 따뜻한 햇살이 신선한 공존과 관용의 새벽을 깨울 것이다.

토요휴무제의 역사적 가치

이제 각급 학교를 비롯하여 사회 각 공공기관의 토요휴무제가 확대되어 국민들의 여가시간이 더욱 많아지고 있다. 늘 6일을 일하고 하루를 쉬는 것이 종교적인 불문율이요, 사회적인 굳은 약속인 줄만 알던 지금까지와 달리 토요휴무제는 인류 역사의 큰 이정표가 될 것이다. 왜냐하면 인간이 한주의 이틀을 쉴 만큼 여유를 얻게 된 것이고, 나머지 5일의 생산력으로도 인류의 재생산을 지탱할 자신감을 피력한 결과이기 때문이다. 그리고 우리는 노동에서 해방된 그 하루를 어떻게 써야 할지 고민할 때가 되었다.

사람들은 토요일은 반공일半空日 내지 주말로 이해했지 정작 휴일이라고 생각하지 않았다. 오히려 일요일을 주의 날(주일)이라고 하여 쉬었으며, 그와 더불어 7일 = 1주일이라는 규칙을 지켜왔다.

하지만 토요일을 안식일이라고 하여 쉬는 민족도 있었다는 것을 알면 생소할 것이다. 즉, 헤브류 사람 = 유태교도들은 토요일을 안식일이라고 하여 쉬어왔다. 토요일을 쉬는 헤브류의 안식일은 서기전 13세기 이집트에서의 노예상태로 있던 이스라엘 사람들을 구원한 바로 출애굽을 기념하기 위한 것인데, 점차 종교적 관점이 강하게 투영되면서 천지창조를 완성한 하느님의 휴일로 상징화되었다.

예수가 활동하던 시기, 안식일은 헤브류 야훼를 신성하게 봉헌하는 날이었다. 그래서 지극히 신성했으며, 누구든지 신분고하를 불문하고 사회적 활동에 제약이 가해졌다. 즉, 안식일은 유태교를 증명하는 가장 중요한 표상이었다. 크리스트가 죽은(부활한) 다음, 그의 제자들도 여전히 유태교 관습 즉 일곱일째(토요일)를 예배일로 보는 관습을 버리지 않았다.

일요일을 중시하는 생각은 사도의 시대인 1세기 말엽 교회 주체가 유태인이 아닌 로마나 주변 민족으로 대체되면서 나타났다. 이때 기독교는 유태교와 다른 이교도로 인식되기 시작했고, 무언가 차별을 기해야 하는 시점에 달한 것 때문이었다. 그것은 심각한 전통에 대한 도전이었다. 마치 조선후기 천주교가 전례(제사) 문제로 포교에 발목이 묶였듯이 기독교는 자기 전통을 부정하기 어려웠다. 그래서 이후 수백 년간 기독교도들도 토요일을 예배일로 정하는 관습을 지켜왔다.

일요일을 주일로 보는 성서상의 기원은 『마가복음』 16장 2절에서 마가가 예수 크리스트가 "안식 후 첫날 매우 일찍이 해돋을 때에…" 부활했다는 말을 남긴데서 시작된다. 주일을 일요일로 하는 좀더 구체적인 기록은 서기 95년경 요한이 쓴 『요한계시록』 1장 10절에서 "주의 날에 내가 성령에 감동하여"라는 말을 하면서였다. 그리하여 서기 4세기 초반 로마 제국에서 기독교가 공식적인 종교로 되면서 점차 주일은 안식일을 완전히 대체하였다. 기독교인들에 의해서 일곱째 날, 즉 토요일을 준수하는 것이 쇠퇴하게 되었고 전적으로 유태인만이 그것을 준수할 뿐이었다.

그 당시로부터 매 일요일은 크리스트의 부활을 기념하기 위한 작은 부활절로 인식되었다. 일요일(Sunday)의 어원은 라틴어의 Solis Dies 글자 그대로 "태양의 날"에서 왔다. 로마의 태양신과 닮은 이름이었다. 그것이 영어로 들어가서 앵글로 색슨의 동의어 순난데그(Sunnan Daeg)를 거쳐서 영어로 흘러갔다. 오늘날 우리가 사용하는 각 요일의 이름은 앞으로 살펴보게 될 것이지만, 이교도 신 즉 그리스 · 로마신의 이름을 흉내 낸 것이다.

같은 야훼 신을 모시는 하느님의 자손들이 굳이 창조자에 대한 예배일을 토요일에서 일요일로 바꾼 것은 종교적으로 대단히 혁명적인 것이다. 그리고 그 안에는 신의 뜻과는 상관없는 기독교회와 유태교회간의 끊임없는 헤게모니 다툼이 있었다. 배타적인 선민의식을 표방한 유태 종족주의적 표현에서 세계인의 종교로 거듭나면서 그러한 전통의 아성은 새로운 의식에 의해서 대체된 것이다.

그리고 지극히 신성한 예배일조차도 그리스 신화에 나오는 신들의 이름을 이용하여 기독교적인 날짜를 만들었다는 점에서 모든 종교적 신념은 오직 하나의 배타적 신념에 기초할 때 자신을 확장할 수 없고, 그것이 오히려 교회의 의미를 상실한다는 점을 분명히 보여주고 있다.

종교란 어쩌면 자신이 믿는 신앙의 존재를 존경함으로써 그치는 것이 아니라 그 신념을 통해서 전지전능한 힘을 인간 내면으로 끌어당기려는 인간적인 노력 그 자체이며 그 결실이다. 종교는 신만을 모시는 종교가 아니라 신을 통하여 흩어진 힘들을 교회라는 덩어리 속에 뭉쳐서 거대한 힘을 만들어가고, 자신의 인생 소외를 극복하려는 인간성숙의 노력이다.

많은 종교들이 신을 숭배한다고 표방하지만, 정작 신의 뜻과는 다른 인간의 뜻을 신의 뜻으로 합리화하면서 자신의 힘을 길러왔고, 그 신념을 수많은 이교도들에게 강요해왔다. 자기 신념만을 유일한 구원의 길이라고 믿는 그 자체는 어쩌면 종교적 심성이나 그것을 세상에 강요하는 것은 또다른 파시즘이었다.

처음 세계종교화하는 기독교의 일요일이 오늘날 세계 모든 사람의 일요일이 된 것은 그러한 자기만의 신념을 강요하고 그들만의 천국을 이방인에게 강요한데서 발생한 것이 결코 아니다. 이교도의 태양신을 기념하는 일요일조차도 포용하는 마음에서 비롯된 것이며, 자신들이 믿는 거룩한 예수의 생일마저도 아폴론 신의 생일과 같은 날로 만들어서 기념한 것도 그러한 정신의 산물이었다. 물론 그 안에는 아폴론 신에 대한 민중들의 열망을 예수교로 옮기겠다는 교부들의 철학이 반영된 것이지만 그 덕분에 기독교는 세계종교로 뿌리내릴 수 있었다.

기독교적 종교적 의식의 대부분은 예를 들어 아멘이나 할렐루야, 혹은 아담과 이브의 설화나 크리스마스조차도 각각 이집트나 바벨론 그리고 조로아스터교의 의례를 수용함으로써 오늘날의 기독교 의례가 된 것이다. 오늘날 많은 기독교인 가운데 배타적이고 자기만의 신에 집착하던 유태교의 전통이 아직도 남아있는 것을 자주 발견한다. 자신의 신앙만이 유일한 가치로 보고 세상에 강요하는 것은 진정한 신의 뜻이 아니라 그들만의 독점 세상을 구현하려는 야욕일 뿐이다.

토요일이 휴무가 된 것은 어쩌면 일요일을 숭배하는 기독교 정신과 어긋날지도 모른다. 하지만 토요일을 인간에게 돌려주라는 신의 뜻을 안다면, 그리고 산업혁명 이후 뼈 빠지게 일해 왔던 근로자나 우리 아버지들의 염원의 결과라는 사실을 안다면 토요일은 많은 사람들의 진정한 휴식의 날이 되어야 한다. 그런데 그 휴식을 허송세월할 것이 아니라 빈곤과 양극화의 고통에서 괴로워하면서 그리고 인생을 자책하면서 보내는 사람들을 위해 쓸 줄도 알아야 한다는 것이 역사학자의 배타적 신념이다. 일자리를 나누는 것이 그 첫 번째 실천이다.

모두가 아버지이자 스승이었던 계절, 5월

잔인한 4월의 도약은 연중 가장 아름다운 5월을 열었다. 어제의 기다림이 오늘의 하얀 철쭉이 되고, 아카시아 향 자욱한 거리의 기쁨을 만들었다. 5월의 여왕인 장미가 고개를 들고, 삶의 거친 땀방울을 식혀 줄 청록의 바람이 귓가를 감싼다.

황사를 이긴 젊은 봄비가 내 삶의 흥분을 한껏 부풀릴 때 하루하루 밤을 설레면서 알 수없는 불안한 미래로 인해 짙은 고민에 쌓였던 시간은 잠시간 계절의 향긋함에 취해 푸른 기대감으로 변했다. 인생에서 잠깐 머무는 이 교정이 오늘따라 아름다운 언약의 터전이자 추억의 한 장인 듯 느낄 때 우리는 아주 잠깐이나마 '아~'하는 행복감을 느낄 것이다.

한껏 내닫고 싶은 청춘이 비록 면학이라는 시험이라는 미래를 위한 대장정에 발목을 잡힐 지라도 그래도 5월은 생의 고귀함을 들녘에서 산야에서 즐기고 싶다. 하지만 면학의 전당에서 가져야 할 즐김은 공허한 음풍명월이 아니며, 행복 없는 쾌락이 아닐 것이다. 기나긴 배움의 정거장에서 잠시 머물면서 내 자신을 돌이킬 때, 5월의 아름다움은 우리에게 무언가 말없이 지켜야 할 인간의 도리를 일깨우기 위한 신호로 여겨진다.

5월을 '가정의 달'이라 한다. 왜 이 아름다운 5월의 미감을 가족사랑, 스승에 감사하는 삶으로 감정이입하려는 것일까. 어쩌면 일 년 중 가장 고운 날들을 사심 없이 나를 아껴주는 사람을 위해 봉사하고 바치라는 뜻일지도 모른다. 신에 대한 헌신이 내 자신을 고양시키듯, 부모와 자식에 대한 사랑이 우리 사회를 아름답게 고양시킨다.

일년내내 '어린이 날'이라는 작금의 사회적 비소에도 불구하고, 그래도 어린이날이 있어 잠시 엄마 아빠 손잡고 동물원에도 갈 수 있는 작은 꿈들이 실망하지 않는 법이다. 이마에 내천[川] 그리면서 고단한 생존의 하루를 이어가다 주무시는 아버지 어머니의 얼굴을 보면서 가슴 아픈 자식이 본능적으로 달려가서 효도하고픈 어버이날도 5월에 있다. 사회의 부모인 '스승'의 큰 뜻을 새기며, 은혜의 그림자를 따라 성숙한 자아로 성장하도록 키운 스승에 대한 감사의 날도 5월이다.

그런데 이처럼 가족과 스승의 소중한 정과 도리를 되새기게 하는 모든 기념일이 5월에 집중된 것은 무슨 이유일까? 과학이 없던 시절, 모든 경험적 미덕과 현명한 지혜를 간직한 아버지와 스승을 존경하는 마음이 태양신을 만들고, 세배를 만들었으며, 혹시라도 못넘길까 당신의 입안에 꼭꼭 씹은 애잔함이 어머니를 대지의 여신이 되게 했다. 어쩌면 5월을 은혜와 사랑의 달, 가정의 달로 삼은 것은 그러한 인간의 기본적인 보은의 마음을 내 이웃까지, 세계동포까지 넓혀서 진정한 인간의 천국을 만들기를 기대한 연유에서 출발한 것인지도 모른다.

사실 몇십년 전만해도 삼천리 방방곡곡 모내기를 준비하면서 서로 돕는 노랫가락이 들판을 가로질렀다. 아버지에게서 농사일 배워 그 비법을 자손에 전하고, 마을 훈장의 엄격한 훈도에, 이웃과 따뜻한 정을 나누는 보이지 않는 사랑이 풍성한 계절이었다. 너나없이 서로 아버지가 되었고, 동네 어른이었으며, 부모였다. 그래서 할아버지, 큰아버지, 작은아버지, 할머니, 큰 엄마. 작은 엄마, 고모, 이모 등 모두가 아버지, 엄마였다. 하다못해 당숙도 아저비였다.

그래서 5월은 사랑을 이웃에 확장하기 위해 내 안의 소중한 것을 소중히 정돈하는 시절이다. 바꿔 말해 사랑의 실천을 배타적인 가족만의 사랑으로 끝내라는 말이 아니라 거기서부터 사회에 대한 사랑을 시작하라는 의미로 볼 수 있다. 모든 사람을 아버지 어머니처럼 배우고, 존경하라는 뜻이 바로 그것이다. 그리고 배우는 사람이란 바로 그러한 책무를 깨닫는 데 힘쓰는 사람이다.

그러면서 5월의 미감 속에는 진정한 인간미가 무엇인가에 대한 심오한 대답이 숨어있는 듯하다. 너무 지나치지 않는 너무 뻣뻣하지도 않은 화가도 흉내 내지 못할 묘한 신록의 잔잔함이 있어서 인간의 온유함과 너그러움 그리고 잔잔한 애정이 가지는 소중함을 일깨우는 듯하다. 참으로 5월이 지니고 있는 계절의 미덕은 이토록 넉넉해서 아쉽다.

요컨대 우리 삶은 그야말로 5월의 미덕을 배워야 한다. 차지도 덥지도 않고, 없는 듯 있는 그 따스함이 부모의 사랑이고 스승의 은혜라는 소중한 삶의 이치를 일깨우는 계절이 바로 5월인 것이다.

부록 원문으로 보는 한국사의 쟁점

01 고조선 〔왕검조선〕 삼국유사
02 계연수, 한단고기 범례(1911)
03 동명왕, 삼국사기 고구려본기(BC. 37)
04 광개토왕릉 비문(414)
05 중원고구려비 비문(5세기말)
06 진덕왕眞德王, 치당태평송(650)
07 진흥왕 창녕 순수비(561)
08 유득공, 발해고 서문(1784)
09 김종서, 진고려사절요전(1452)
10 박제가, 북학의 서문(1778)
11 정약용, 애절양(1803)
12 정약용, 탕론(1830?)
13 정약용, 전론(1799)
14 강화도 조약(1876.2.3)
15 을사조약(1905.11.7)
16 한일합방조약 문건(1910.8.22)
17 신채호, 조선혁명선언(의열단, 1923)
18 임화, 청년의 6월 10일로 가자(1946.6)
19 반민족행위처벌법(1948.9.22)
20 대한민국 국방부, 북괴군 전면공격에 관한 담화(1950.6.25)
21 김일성, 전체조선 인민에게(1950.6.26)
22 5 · 16 혁명 제1성(1961.5.16)
23 박정희, 대통령 긴급조치 제1호(1974.1.18)
24 광주시민군 궐기문(1980.5.22)
25 6 · 10국민대회 선언문과 결의문(1987.6.10)

01 고조선 [왕검조선] 삼국유사

古朝鮮 [王儉朝鮮]

魏書云 乃往二千載有壇君王儉 立都阿斯達(經云無葉山 亦云白岳 在白州地 或云在開城東 今白岳宮是) 開國號朝鮮 與高同時

古記云 昔有桓因(謂帝釋也)庶子桓雄 數意天下 貪求人世 父知子意 下視三危太伯可以弘益人間 乃授天符印三箇 遣往理之 雄率徒三千 降於太伯山頂(卽太伯今妙香山)神壇樹下 謂之神市

是謂桓雄天王也 將風伯雨師雲師 而主穀主命主病主刑主善惡 凡主人間三百六十餘事 在世理化

時有一熊一虎 同穴而居 常祈于神雄 願化爲人 時神遺靈艾一炷 蒜二十枚曰爾輩食之 不見日光百日 便得人形 熊虎得而食之 忌三七日

熊得女身 虎不能忌 而不得人身 熊女者無與爲婚 故每於壇樹下呪願有孕 雄乃假化而婚之 孕生子 號曰壇君王儉

以唐高卽位五十年庚寅(唐堯卽位元年戊辰 則五十年丁巳 非庚寅也 疑其未實)都平壤城(今西京)始稱朝鮮 又移都於白岳山阿斯達 又名弓(一作方)忽山 又今彌達 御國一千五百年 周虎王卽位己卯封箕子於朝鮮

02 계연수, 한단고기 범례(1911)

桓檀古記 凡例

古記引用 始自一然氏之遺事 而今其古記 不可得見乃以 三聖記 檀君世紀 北夫餘紀 太白逸史 合爲一書名曰 桓檀古記

三聖記 有二種而 似非完編 安含老氏所撰 余家舊傳今爲三聖記全上篇 元董仲氏所撰 得於泰川白進士寬默氏今爲三聖記全下篇 總爲之三聖記全

檀君世紀 紅杏村所編乃杏村先生 文貞公所傳也 此書亦得於白進士 進士文藻古家也 素多藏書 而今兩種史書俱出其家 奚譬諸百朋之賜 可謂祖國之萬丈光彩也

北夫餘紀上下 休崖居士 范樟所撰也 舊有以檀君世紀合編者得於朔州梨洞 李進士亨家 檀君世紀 與白進士所藏無一字異同 今又有別本而行於世者 此本內容 自與前書頗有所殊 故更不及之也

太白逸史 一十堂主人 李陌氏所編 乃海鶴李沂先生所藏也 蓋桓檀以來 相傳之敎學經文悉備 取材典據 可一見燎然者也 且其天符經三一神誥 兩書全文俱在篇中 實爲郎家之大學中庸也 嗚呼 桓檀相傳之三一心法 眞在 是書果太白眞敎 重興之基歟手自舞足自蹈 興欲哄喜欲狂也

桓檀古記 悉經海鶴李先生之監修 而且余精勤繕寫 又因洪範圖吳東振 兩友之出金 付諸 一爲自我人間之發見主性 而大賀也一爲世界人類之對合共存 而大賀也

神市開天 五千八百八年 卽光武十五年 歲次辛亥 五月廣開節太白遺徒 宣川桂延壽仁卿 書于妙香山之檀窟庵

03 동명왕, 삼국사기 고구려본기(BC. 37)

始祖 東明聖王 姓高氏 諱朱蒙 一云鄒牟 一云衆解 先是 扶餘王解夫婁老無子 祭山川求嗣 其所御馬至鯤淵 見大石 相對流淚 王怪之 使人轉其石 有小兒 金色蛙形 蛙一作蝸 王喜曰 "此乃天賚我令胤乎" 乃收而養之 名曰金蛙 及其長 立爲太子 後其相阿蘭弗曰 "日者天降我曰 '將使吾子孫立國於此 汝其避之 東海之濱有地 號曰迦葉原 土壤膏宜五穀 可都也'" 阿蘭弗遂勸王 移都於彼 國號東扶餘

其舊都有人 不知所從來 自稱天帝子解慕漱 來都焉 及解夫婁薨 金蛙嗣位 於是時 得女子於太白山南優渤水 問之 曰 "我是河伯之女 名柳花 與諸弟出遊時有一男子 自言天帝子解慕漱 誘我於熊心山下鴨邊室中私之 卽往不返 父母責我無媒而從人 遂謫居優渤水" 金蛙異之 幽閉於室中 爲日所炤 引身避之 日影又逐而炤之 因而有孕 生一卵 大如五升許
王棄之與犬豕 皆不食 又棄之路中 牛馬避之 後棄之野 鳥覆翼之 王欲剖之 不能破 遂還其母 其母以物之 置於暖處 有一男兒 破殼而出 骨表英奇 年甫七歲 然異常 自作弓矢射之 百發百中 扶餘俗語 善射爲朱蒙 故以名云

金蛙有七子 常與朱蒙遊戲 其伎能皆不及朱蒙 其長子帶素言於王曰 "朱蒙非人所生 其爲人也勇 若不早圖 恐有後患 請除之" 王不聽 使之養馬 朱蒙知其駿者 而減食令瘦 駑者善養令肥 王以肥者自乘 瘦者給朱蒙 後獵于野 以朱蒙善射 與其矢少 而朱蒙獸甚多 王子及諸臣又謀殺之

朱蒙母陰知之 告曰 "國人將害汝 以汝才略 何往而不可 與其遲留而受辱 不若遠適以有爲" 朱蒙乃與烏伊·摩離·陜父等 三人爲友 行至淹水 一名盖斯水 在今鴨東北 欲渡無梁 恐爲追兵所迫 告水曰 "我是天帝子 河伯外孫 今日逃走 追者垂及如何" 於是 魚鼈浮出成橋 朱蒙得渡 魚鼈乃解 追騎不得渡 朱蒙行至毛屯谷 魏書云『至普述水』遇三人 其一人着麻衣 一人着衲衣 一人着水藻衣

朱蒙問曰 "子等何許人也 何姓何名乎" 麻衣者曰 "名再思" 衲衣者曰 "名武骨" 水藻衣者曰 "名默居" 而不言姓 朱蒙賜再思姓克氏 武骨仲室氏 默居少室氏 乃告於衆曰 "我方承景命 欲啓元基 而適遇此三賢 豈非天賜乎" 遂揆其能各任以事

與之俱至卒本川 魏書云『至紇升骨城』觀其土壤肥美 山河險固 遂欲都焉 而未遑作宮室 但結廬於沸流水上居之 國號高句麗 因以高爲氏 一云『朱蒙至卒本扶餘 王無子 見朱蒙知非常人 以其女妻之 王薨 朱蒙嗣位』時朱蒙年二十二歲 是漢孝元帝建昭二年 新羅始祖赫居世二十一年甲申歲也

四方聞之 來附者衆 其地連靺鞨部落 恐侵盜爲害 遂攘斥之 靺鞨畏服 不敢犯焉 王見沸流水中 有菜葉逐流下 知有人在上流者 因以獵往尋 至沸流國

其國王松讓出見曰 "寡人僻在海隅 未嘗得見君子 今日邂逅相遇 不亦幸乎 然不識吾子自何而來" 答曰 "我是天帝子 來都於某所" 松讓曰 "我累世爲王 地小不足容兩主 君立都日淺 爲我附庸可乎" 王忿其言 因與之鬪辯 亦相射以校藝 松讓不能抗

04 광개토왕릉 비문(414)

惟昔始祖鄒牟王之創基也, 出自北夫餘, 天帝之子, 母河伯女郎. 剖卵降世, 生[而*]有聖□□□□□. □命駕,] 巡幸南下, 路由夫餘奄利大水. 王臨津言曰, 我是皇天之子, 母河伯女郎, 鄒牟王, 爲我連 浮龜. 應聲卽爲]連 浮龜. 然後造渡,於沸流谷, 忽本西, 城山上而建都焉. 不樂世位, 因遣黃龍來下迎王. 王於忽本東，[履]龍頁昇天. 顧命世子儒留王, 以道興治, 大朱留王紹承基業. [遝]至十七世孫國 上廣開土境平安好太王]二九登祚, 號爲永樂大王. 恩澤[洽]于皇天, 武威[振]被四海. 掃除□□, 庶寧其業. 國富民殷, 五穀豊熟. 昊天不]弔, 有九, 寔駕棄國, 以甲寅年九月廿九日乙酉遷就山陵. 於是立碑, 銘記勳績, 以示後世焉. 其詞曰.]

永樂五年歲在乙未, 王以稗麗不□□[人], 躬率往討. 過富山[負]山, 至鹽水上, 破其三部洛六七百營, 牛馬群]羊, 不可稱數. 於是旋駕, 因過襄平道, 東來□城, 力城, 北豊, 五備□, 遊觀土境, 田獵而還. 百殘新羅, 舊是屬民]由來朝貢. 而倭以辛卯年, 來渡□破百殘□□[新]羅以爲臣民.

以六年丙申, 王躬率□軍, 討伐殘國. 古利城, □]利城, 雜珍城, 奧利城, 勾牟城, 古[模]耶羅城, [頁]□□□□城, □而耶羅[城], [ ]城, 於[利]城, □□城, 豆奴城, 沸□□]利城, 彌鄒城, 也利城, 太山韓城, 掃加城, 敦拔城, □□□城, 婁賣城, 散[那*]城, [那*]旦城, 細城, 牟婁城, 于婁城, 蘇灰]城, 燕婁城, 析支利城, 巖門□城, 林城, □□□□□□□[利]城, 就鄒城, □拔城, 古牟婁城, 閏奴城, 貫奴城, 穰]城, [曾]□[城], □□盧城, 仇天城, □□□□, □其國城. 殘不服義, 敢出百戰, 王威赫怒, 渡阿利水, 遣刺迫城. □□][歸穴]□便[圍]城, 而殘主困逼, 獻出男女生口一千人, 細布千匹, 王自誓, 從今以後, 永爲奴客. 太王恩赦□]迷之愆, 錄其後順之誠. 於是得五十八城村七百,將殘主弟并大臣十人, 旋師還都.

九年己亥, 百殘違誓與倭和]通, 王巡下平穰. 而新羅遣使白王云, 倭人滿其國境, 潰破城池, 以奴客爲民, 歸王請命. 太王[恩慈], 矜其忠[誠],] □遣使還告以□計.十年庚子, 敎遣步騎五萬, 往救新羅. 從男居城, 至新羅城, 倭滿其中. 官軍方至, 倭賊退.]#□□背急追至任那加羅從拔城, 城卽歸服. 安羅人戍兵□新[羅]城□城, 倭[寇大]潰.城□]#□□盡□□□安羅人戍兵[新]□□□□[其]□□□□□□□言]□□□□□□□□□□□□□□□□□□□□□□□□□□辭□□□□□□□□□□□□□潰]□□□□安羅人戍兵.

昔新羅寐錦未有身來[論事], □[國 上廣]開土境好太王□□□□寐[錦]□□[僕勾]□□□□朝貢.十四年甲辰, 而倭不軌, 侵入帶方界. □□□□□石城□連船□□□, [王躬]率□□, [從]平穰]□□□鋒相遇. 王幢要截 刺, 倭寇潰敗. 斬煞無數.十七年丁未, 敎遣步騎五萬, □□□□□□□□□師]□□合戰, 斬煞蕩盡. 所獲鎧鉀一萬餘領, 軍資器械不可稱數. 還破沙溝城, 婁城, □[住]城, □城, □□□□□]□城.廿年庚戌,東夫餘舊是鄒牟王屬民, 中叛不貢. 王躬率往討. 軍到餘城, 而餘□國駭□□□□□□□]□□王恩普覆. 於是旋還. 又其慕化隨官來者, 味仇婁鴨盧, 卑斯麻鴨盧, 社婁鴨盧, 肅斯舍[鴨盧], □□□]鴨盧. 凡所攻破城六十四, 村一千四百.守墓人烟戶.

賣句余民國烟二看烟三, 東海賈國烟三看烟五, 敦城]民四家盡爲看烟, 于城一家爲看烟, 碑利城二家爲國烟, 平穰城民國烟一看烟十, 連二家爲看烟, 俳婁]人國烟一看烟 三, 梁谷二家爲看烟, 梁城二家爲看烟, 安夫連卄二家爲看烟, [改]谷三家爲看烟, 新城三]家爲看烟, 南蘇城一家爲國烟. 新來韓穢, 沙水城國烟一看烟一, 牟婁城二家爲看烟, 豆比鴨岑韓五家爲]看烟, 勾牟客頭二家爲看烟, 求底韓一家爲看烟, 舍城韓穢國烟三看烟卄一, 古[模]耶羅城一家爲看烟,] [炅]古城國烟一看烟三, 客賢韓一家爲看烟, 阿旦城, 雜珍城合十家爲看烟, 巴奴城韓九家爲看烟, 臼模盧]城四家爲看烟, 各模盧城二家爲看烟, 牟水城三家爲看烟, 幹 利城國烟一看烟三, 彌[鄒*]城國烟一看烟,]# 七 也利城三家爲看烟, 豆奴城國烟一看烟二, 奧利城國烟一看烟八, 須鄒城國烟二看烟五, 百]殘南居韓國烟一看烟五, 太山韓城六家爲看烟, 農賣城國烟一看烟七, 閏奴城國烟二看烟卄二, 古牟婁]城國烟二看烟八, 城國烟一看烟八, 味城六家爲看烟, 就咨城五家爲看烟, 穰城卄四家爲看烟, 散那]城一家爲國烟, 那旦城一家爲看烟, 勾牟城一家爲看烟, 於利城八家爲看烟, 比利城三家爲看烟, 細城三]家爲看烟.國 上廣開土境好太王, 存時敎言, 祖王先王, 但敎取遠近舊民, 守墓掃, 吾慮舊民轉當羸劣.] 若吾萬年之後, 安守墓者, 但取吾躬巡所略來韓穢, 令備 掃. 言敎如此, 是以如敎令, 取韓穢二百卄家. 慮]其不知法則, 復取舊民一百十家. 合新舊守墓戶, 國烟 看烟三百, 都合三百 家.

自上祖先王以來, 墓上]不安石碑, 致使守墓人烟戶差錯. 唯國 上廣開土境好太王, 盡爲祖先王, 墓上立碑, 銘其烟戶, 不令差錯.] 又制, 守墓人, 自今以後, 不得更相轉賣, 雖有富足之者, 亦不得擅買, 其有違令, 賣者刑之, 買人制令守墓之.

05 중원고구려비 비문(5세기말)

前面 :

高麗建興四年

第1行 五月中高麗太王祖王命勅新羅寐錦世世爲願如兄如弟

第2行 上下相和安撫東夷之寐錦憑太子共前部大使者多分桓

第3行 奴主薄貪德佃類出安聆之告迺善對至跪官家太子其節

第4行 問塾上恭看節賜咸羅郡諸食丐賞賜寐錦之衣服建立處

第5行 用者賜之隨遣諸夷賜奴客令節敎諸位賜上下衣服敎東

第6行 夷寐錦遝還來節敎賜寐錦土內諸邑人賤客□□王國土

第7行 大位諸位上下衣服來受教跪賞之十二月廿三日甲寅東
第8行 夷寐錦上下至于伐城教來前部大使者多分桓奴主薄酋
第9行 德新羅境內募人三百新羅土內幢主下部拔位使者補奴
第10行 □流奴招撫凶斯蓋盧共謀募人新羅土內衆人踐動 □

左側面：
第1行 □□□中陳兵□伐城不獲發村捨□□受取時便抄□□
第2行 □□□帥衆□□邑部功德興慰忩□□□賜節人刺□□
第3行 □□□來賜□辛酉年恩德□十□□□□歸太王國土□
第4行 □□□□□□□□□還□奴客賣句□□□節賜境安撫□
第5行 □□□□□梁□□□土有□辛酉年□新羅東夷寐錦土
第6行 □□□□□多分桓奴彌沙□斯色穀命古鄒加共軍至于
第7行 □□舍于□古牟婁城守事下部大兄躬率□□□□□□

右側面：
第1行 □東夷寐錦賞賜□□前部大兄□□□□□孫繼□□來
第2行 命□□□□□□□□利嗣東部小兄□歸□□□□□□
第3行 □□領衆□□憲治域節賜□□□□□□□□□□□□
第4行 □□□□□□□婁□□□□□□□□□□□□□□□□□
第5行 □等自□□□□殘合□□□□□□□□□□□□□□
第6行 □歸鄉□□彌沙□□□□□□□□□□□□□□□□

출전: 耿鐵華(通化師範學院 歷史系 敎授 판본)

06 진덕왕(眞德王), 치당태평송(650)

致唐太平頌

四年 夏四月 下敎 以眞骨在位者 執牙笏 六月 遣使大唐 告破百濟之衆 王織錦作五言太平頌 遣春秋子法敏 以獻唐皇帝 其辭 曰

『大唐開洪業　巍巍皇猷昌
止戈戎衣定　修文繼百王
統天崇雨施　理物體含章
深仁諧日月　撫運邁時康
幡旗何赫赫　鉦鼓何

外夷違命者　剪覆被天殃
淳風凝顯　　遐邇競呈祥
四時和玉燭　七曜巡萬方
維嶽降宰輔　維帝任忠良
五三成一德　昭我唐家皇』

高宗嘉焉 拜法敏爲太府卿以還。

07 진흥왕 창녕 순수비(561)

27	26	25	24	23	22	21	20	19	18	17	16	15	14	13	12	11	10	9	8	7	6	5	4	3	2	1	
											沙	珎	干	△	屈	△	法	其	△	山	使	而	取	古	事	辛	(1)
									等	沙	尺	列	沙	智	珎	△	追	餘	烋	塩	与	已	利	△	末	巳	(2)
							軍	大	喙	喙	干	沺	喙	一	智	于	△	少	之	河	外	土	除	△	△	年	(3)
					上	抜	主	等	居	刀	喙	次	都	尺	大	時	人	小	雖	川	村	地	林	△	△	二	(4)
			西	使	州	軍	沙	喙	七	下	比	公	設	干	一	昏	与	事	不	△	主	彊	榚	不	立	月	(5)
			阿	大	行	主	喙	末	夫	智	叶	沙	智	喙	伐	烋	上	知	△	歃	審	時	△	△	哭	一	(6)
			郡	等	使	喙	登	淂	智	及	△	尺	沙	△	干	大	△	古	△	以	照	山	△	△	△	日	(7)
	奈	鳥	使	沙	大	福	△	智	一	尺	△	干	尺	△	△	△	△	△	△	△	故	林	△	△	恩	立	(8)
智	末	人	大	喙	等	登	△	△	尺	干	智	喙	干	夫	喙	△	△	沺	△	△	△	△	△	△	赦	△	(9)
述	書	喙	等	春	沙	智	智	尺	干	沙	沙	尒	沙	智	△	△	△	△	△	△	△	△	△	△	△	△	(10)
干	人	德	喙	夫	喙	沙	沙	干	△	喙	尺	亡	喙	迊	△	△	△	△	△	△	△	△	△	△	△	寡	(11)
	沙	文	北	智	宿	尺	尺	沙	且	△	本	智	伐	干	智	△	△	△	△	△	△	△	△	△	△	人	(12)
	喙	兄	尸	大	欣	干	干	喙	夫	△	波	沙	夫	沙	一	△	△	△	△	△	△	△	△	△	△	幼	(13)
	導	奈	智	奈	智	甘	漢	七	智	智	末	尺	智	喙	伐	智	△	△	△	△	△	△	△	△	△	年	(14)
	智	末	大	末	及	文	抜	聰	一	及	△	喙	一	另	干	葛	△	者	△	△	△	△	△	△	四	承	(15)
	大	比	奈	喙	尺	軍	軍	智	尺	尺	智	耶	吉	力	△	文	△	△	心	△	功	△	△	△	方	基	(16)
	舍	子	末	就	干	主	主	及	干	干	及	述	干	智	△	王	△	△	△	△	△	△	点	△	△	政	(17)
	村	伐	沙	舜	喙	沙	喙	尺	沙	喙	尺	智	沙	迊	折	△	△	以	△	△	△	也	△	△	改	委	(18)
	主	停	喙	智	次	喙	竹	干	喙	鳳	干	沙	喙	干	夫	△	此	上	河	△	海	大	△	△	囚	輔	(19)
	奀	助	須	大	叱	心	夫	四	甘	安	喙	尺	忽	喙	智	△	以	大	△	△	州	等	△	△	△	弼	(20)
	聰	人	仃	舍	智	婁	智	方	力	智	△	干	利	小	一	△	△	等	△	△	白	与	△	人	後	俊	(21)
	智	喙	夫	于	奈	夫	沙	軍	智	△	△	喙	智	里	尺	者	△	与	△	△	田	軍	此	普	地	智	(22)
	述	覓	智	抽	末	智	尺	主	△	△	智	△	一	夫	干	漢	看	古	△	△	畓	主	△	拾	土	△	(23)
	干	鹽	奈	悉	下	及	干	比	△	△	△	△	△	智	凡	只	其	奈	仗	△	△	幢	州	山	△	△	(24)
	麻	智	△	坎	州	尺	碑	子	干	△	△	△	△	△	△	△	身	末	于	△	△	主	△	△	陝	行	(25)
	叱	大	亢	何	行	干	利	伐	△	△	△	△	△	△	△	△	受	典	之	人	与	道	△	心	也	悉	(26)
																								△			(27)

출전 : 신나라, 진흥왕 순수비 서체연구, 원광대학교 서예학과 박사학위논문, 2004.

08 유득공, 발해고 서문(1784)

渤海考 序

余嘗西踰鴨綠道靉陽 至遼陽 其間五六百里 大抵皆大山深谷 出狼子山 始見平原無際 混混茫茫 日月飛鳥升沈于野氣之中 而回視東北 諸山環天塞地 亙若畵一 向所稱大山深谷 皆遼東千里之外障也 乃喟然而歎曰 此天限也 夫遼東天下之一隅也 然而英雄帝王之興 莫盛於此 盖其地接燕齊 易覘中國之勢故渤海大氏 以區區散亡之餘 劃山外而棄之 猶足以雄視一方 抗衡天下 高麗王氏統合三韓 終其世不敢出鴨綠一步 則山川割據得失之跡 槪可以見矣。

夫婦人之見 不逾屋脊 孩提之遊 僅及門閾 則固不足語垣墻之外矣 士生新羅九州之內 錮其目而廢其耳 且不知漢唐宋明興亡戰亡之事 而况於渤海之故哉 吾友柳君惠風 博學工詩 嫺於掌故 旣撰二十一都詩註 以詳域內之觀 又推之爲渤海考一卷 人物郡縣世次沿革 組縷織悉 錯綜可喜 而其言也 歎王氏之不能復句驪舊疆也 王氏之不復舊疆 而鷄林樂浪之墟 遂貿貿焉自絶於天下矣 吾於是有以知前見之相符 而歎柳君之才能審天下之勢闚王霸之略 又豈特備一國之文獻 與胡恢馬令之書 挈其長短而已哉 故序而論之如此 上之九年秋。

高麗不修渤海史 知高麗之不振也 昔者高氏居于北 曰高句麗 扶餘氏居于西南曰百濟 朴昔金氏居于東南 曰新羅 是爲三國 宜其有三國史 而高麗修之是矣及扶餘氏亡 高氏亡 金氏有其南 大氏有其北 曰渤海 是謂南北國 宜其有南北國史 而高麗不修之非矣 夫大氏者何人也 乃高句麗之人也 其所有之地何地也乃高句麗之地也 而斥其東斥其西斥其北而大之耳 及夫金氏亡大氏亡 王氏統而有之 曰高麗 其南有金氏之地則全 而其北有大氏之地則不全 或入於女眞或入於契丹 當是時爲高麗計者 宜急修渤海史 執而責諸女眞曰 何不歸我渤海之地 渤海之地乃高句麗之地也。

使一將軍往收之 土門以北可有 執而責諸契丹曰 何不歸我渤海之地 渤海之地乃高句麗之地也 使一將軍往收之 鴨綠以西可有也 竟不修渤海史 使土門以北鴨綠以西 不知爲誰氏之地 欲責女眞 而無其辭 欲責契丹 而無其辭 高麗遂爲弱國者 未得渤海之地故也 可勝歎哉。

或曰 渤海爲遼所滅 高麗何從而修其史乎 此有不然者 渤海憲象中國 必立史官 其忽汗城之破也 世子以下奔高麗者十餘萬人 無其官則必有其書矣 無其官

無其書 而問於世子 則其世可知也 問於隱繼宗 則其禮可知也 問於十餘萬人 則無不可知也 張建章唐人也 尙著渤海國記 以高麗之人 而獨不可修渤海之史乎 嗚呼文獻散亡 幾百年之後 雖欲修之 不可得矣。

余以內閣屬官 頗讀秘書 撰次渤海事 爲君臣地理職官儀章物産國語國書屬國九考 不曰世家傳志 而曰考者 未成史也 亦不敢以史自居云 甲辰閏三月二十五日。

09 김종서, 진고려사절요전(1452)

進高麗史節要箋

大匡輔國, 崇祿大夫, 議政府右議政, 領集賢殿, 經筵事, 監春秋館事, 世子傅, 臣金宗瑞等, 謹將新撰高麗史節要, 繕寫投進, 臣宗瑞等, 誠惶誠恐, 稽首稽首。

上言, 竊謂編年本於左氏, 紀傳創於遷史, 自班固以後, 爲史者, 皆祖述遷史, 而莫之違者, 以其規模宏博, 而著述得以該備也, 然不免冗長難究之患, 此史家之互有長短, 而不可以偏廢也. 粤惟高麗, 起於唐季, 以雄武而剗羣兇, 以寬大而得衆心, 遂建大業, 以裕後昆, 迨夫立郊社, 定章程, 興學校, 設科擧, 置中書, 總機務, 而體統有所繫, 遣廉使, 察州縣, 而貪汚不敢肆, 府衛之制, 得寓兵於農之法

田柴之科, 有仕者世祿之意, 刑政擧而品式備, 中外寧謐, 民物殷阜, 大平之治, 可謂盛矣, 中葉以降, 不克負荷, 內爲嬖幸之所惑, 外爲權姦之所制, 强敵交侵, 干戈爛熳, 陵夷至於假姓竊位, 而王氏之祀, 已不血食矣, 恭讓返正, 竟以昏懦, 自底於亡, 蓋天生眞主, 以靖夷我民, 固非人力之所爲也。

太祖康獻大王, 首命輔臣, 纂修麗史。太宗恭定大王, 又命讎正謬誤, 而竟未就緖。世宗莊憲大王, 以神聖之資, 闡文明之化。命臣等, 選辟寮屬, 開局編摩, 謂先修全史, 而次及於編年, 臣等, 祗慄奉承, 不敢小懈, 不幸書未進御, 而奄棄羣臣。

主上殿下恭承先志, 令臣等竣事, 顧嘗受命於先王, 不敢以荒陋固辭, 越辛未秋, 書乃克成, 於是又裒集事跡之關於世敎者, 制度之可爲矜式者, 删煩就簡, 表年敍事, 以便考閱, 然後四百七十五年, 三十二王之事, 包括無遺, 詳略畢擧, 而史家之體, 始若粗備, 雖文辭鄙俚, 紀次不精, 而於善惡勸懲, 小有補乎治道。

淸讌之暇, 時賜省覽, 懋稽古之盛德, 恢經世之大猷, 使斯民咸受其賜, 不勝幸甚, 所撰高麗史節要三十五卷, 謹隨箋以聞, 無任激切屛營之至, 臣宗瑞等, 誠惶誠恐, 稽首稽首謹言。
景泰三年二月日大匡輔國, 崇祿大夫, 議政府右議政, 領集賢殿, 經筵事, 監春秋館事, 世子傅, 臣金宗瑞等, 謹上箋。

10 박제가, 북학의 서문(1778)

北學議 序

城郭室廬車輿器用。莫不有自然之數法。得之則堅完悠久。失之則朝設夕弊。害民國不細。今觀周禮。涂廣有軌。堂脩有尺。車轂三其輻則不泥。屋葺一其峻則易溜。以至金石之劑量。韋革之緩急。絲之漚漆之髹。莫不謹書該載 此可見聖人之識廣大精微。包括萬有之數法。各造其極。何嘗以爲瑣屑而去之乎。自漢以後。儒者不能通萬有之數法。槩曰此百工之事也。

凡當時制度之書。但載其大綱。然中州則業有顓門。技有師授。又四方才智之士因其性之所通。各致其精。互相傳襲。而其城郭室廬車輿器用。違聖人數法者盖寡。是以精緻牢固。無傷財害民之患。而我國則不能然。諸有山澤之利。一皆歸之於修毁補弊之費。及其不能繼。則曰我國貧國也。

嗚呼。國果貧乎。數法失其宜乎。朴齊家次修。奇士也。歲戊戌。隨陳奏使入燕。縱觀其城郭室廬車輿器用。歎曰。此皇明之制度也。皇明之制度。又周禮之制度也。凡遇可以通行於我國者。熟視而竊識之。或有未解。復博訪以釋其疑。歸而筆之於書。爲北學議內外篇。其紀數詳密。布法明暢。且附以同志之論。一按卷可推行。

噫。何其用心勤且摯也。次修。勉之哉。方今聖上欲編輯一部法書。以金聲玉振於國典。而考周公作周禮之例。先命六官庶司。各記其職之所有事者。

以擬淘成一書。無乃是書爲伊時之所採用乎。夫天將風而鳶先嘯。將雨而蟻先垤。是書採用與否。固不可知。而亦未必不爲我朝法書之鳶蟻。故余道其有感於中者。書于卷首而還之。

11 정약용, 애절양(1803)

哀絶陽

蘆田少婦哭聲長　哭向縣門號穹蒼
夫征不復尙可有　自古未聞男絶陽
舅喪已縞兒未燥　三代名簽在軍保
薄言往訴虎守閽　里正咆哮牛去操
磨刀入房血滿席　自恨生兒遭窘厄
蠶室淫刑豈有辜　閩囝去勢良亦慽
生生之理天所予　乾道成男坤道女
騸馬豶豕猶云悲　況乃生民思繼序
豪家終歲奏管弦　粒米寸帛無所捐
均吾赤子何厚薄　客窓重誦尸鳩篇

출전:『목민심서』

12 정약용, 탕론(1830?)

湯論

湯放桀可乎。臣伐君而可乎。曰古之道也。非湯刱爲之也。神農氏世衰。諸侯相虐。軒轅習用干戈。以征不享。諸侯咸歸。以與炎帝戰于阪泉之野。三戰而得志。以代神農。見本紀則是臣伐君。而黃帝爲之。將臣伐君而罪之。黃帝爲首惡。而湯奚問焉。夫天子何爲而有也。將天雨天子而立之乎。抑涌出地爲天子乎。五家爲鄰。推長於五者爲隣長。五鄰爲里。

推長於五者爲里長。五鄙爲縣。推長於五者爲縣長。諸縣長之所共推者爲諸侯。諸侯之所共推者爲天子。天子者。衆推之而成者也。夫衆推之而成。亦衆不推之而不成。故五家不協。五家議之。改鄰長。五鄰不協。二十五家議之。改里長。九侯八伯不協。九侯八伯議之。改天子。九侯八伯之改天子。猶五家之改鄰長。二十五家之改里長。誰肯曰臣伐君哉。

又其改之也。使不得爲天子而已。降而復于諸侯則許之。故唐侯曰朱。虞侯曰商均。夏侯曰杞子。殷侯曰宋公。其絕之而不侯之。自秦于周始也。於是秦絕不侯。漢絕不侯。人見其絕而不侯也。謂凡伐天子者不仁。豈情也哉。舞於庭者六十四人。選於中。令執羽葆。立于首以導舞者。其執羽葆者能左右之。中節則衆尊而呼之曰我舞師。其執羽葆者不能左右之中節。則衆執而下之。

復于列。再選之。得能者而升之。尊而呼之曰我舞師。其執而下之者衆也。而升而尊之者亦衆也。夫升而尊之。而罪其升以代人。豈理也哉。自漢以降。天子立諸侯。諸侯立縣長。縣長立里長。里長立鄰長。有敢不恭其名曰逆。其謂之逆者何。古者下而上。下而上者順也。今也上而下。下而上者逆也。故莽操懿裕衍之等逆也。武王湯黃帝之等。王之明帝之聖者也。不知其然。輒欲貶湯武以卑於堯舜。豈所謂達古今之變者哉。莊子曰蟪蛄不知春秋。

출전: 『여유당전서』

13 정약용, 전론(1799)

田論一

有人焉。其田十頃。其子十人。其一人得三頃。二人得二頃。三人得一頃。其四人不得焉。嘷號宛傳。莩於塗以死。則其人將善爲人父母者乎。天生斯民。先爲之置田地。令生而就哺焉。旣又爲之立君立牧。令爲民父母。得均制其產而竝活之。而爲君牧者拱手孰視其諸子之相攻奪竝呑而莫之禁也。使強壯者益獲。而弱者受擠批。顚于地以死。則其爲君牧者。將善爲人君牧者乎。故能均制其產而竝活之者。君牧者也。不能均制其產而竝活之者。負君牧者也。今國中田地。大約爲八十萬結。英宗己丑。八道時起水田三十四萬三千結零。旱田四十五萬七千八百結零。奸吏漏結及山火田。不在此中。人民大約爲八百萬口。英宗癸酉。京外人口七百三十萬弱。計當時漏口及其間生息。宜不過七十萬。試以十口爲一戶。則每一戶得田一結。然後其產爲均也。今文武貴臣及閭巷富人。一戶粟數千石者甚衆。計其田不下百結。則是殘九百九十人之命。以肥一戶者也。國中富人如嶺南崔氏湖南王氏。粟萬石者有之。計其田不下四百結。則是殘三千九百九十人之命。以肥一戶者也。而朝廷之上。不孶孶焉汲汲焉。唯損富益貧。以均制其產之爲務者。不以君牧之道。事其君者也。

田論二

將爲井田乎。曰否。井田不可行也。井田者旱田也。水利旣興。秔稌旣甘矣。棄水田哉。井田者平田也。柞旣力。山谿旣闢矣。棄餘田哉。將爲均田乎。曰否。均田不可行也。均田者。計田與口而均分之者也。戶口增損。月異而歲殊。今年以甲率分。明年以乙率分。毫忽之差。巧歷莫察。饒瘠之別。頃畝莫限矣。均乎哉。將爲限田乎。曰否。限田不可行也。限田者。買田至幾畝而不得加。鬻田至幾畝而不得減者也。藉我以人之名而加之焉。孰知之乎。藉人以吾之名而減之焉。孰知之乎。故限田不可行也。雖然人皆知井田之不可復。而獨均田限田。明理識務者亦肯言之。吾竊惑焉。且夫盡天下而爲之農。固吾所欲也。其有不盡天下而爲之農者。亦聽之而已。使農者得田。不爲農者不得之則斯可矣。均田限田者。將使農者得田。使不爲農者亦得之。使不爲工商者亦得之。夫使不爲工商者亦得之。是率天下而敎之游也。率天下而敎之游。其法固不能盡善也。

田論三

今欲使農者得田。不爲農者不得之。則行閭田之法而吾志可遂也。何謂閭田。因山谿川原之勢而畫之爲界。界之所函。名之曰閭。周制二十五家爲一閭。今借其名。約於三十家。有出入。亦不必一定其率。閭三爲里。風俗通五十家爲一里。今借其名。不必五十家。里五爲坊。坊邑里之名。漢有九子坊。今國俗亦有之。坊五爲邑。周制四井爲邑。今以郡縣治所爲邑。閭置閭長。凡一閭之田。令一閭之人咸治厥事。無此疆爾界。唯閭長之命是聽。每役一日。閭長注於冊簿。秋旣成。凡五穀之物。悉輸之閭長之堂。閭中之都堂也。分其糧。先輸之公家之稅。次輸之閭長之祿。以其餘配之於日役之簿。假令得穀爲千斛。以十斗爲一斛。而注役爲二萬日。則每一日分糧五升。有一夫焉。其夫婦子媳。注役共八百日。則其分糧爲四十斛。有一夫焉。其注役十日。則其分糧四斗已矣。用力多者得糧高。用力寡者得糧廉。其有不盡力。以賭其高者乎。人莫不盡其力。而地無不盡其利。地利興則民產富。民產富則風俗惇而孝悌立。此制田之上術也。

출전: 『여유당 전서』

4 강화도 조약(1876.2.3)

韓日修好條規

大朝鮮國과 大日本國은 元來 오랫동안 友誼를 두텁게 하였으나 지금 兩國 間

의 情義가 未治함을 보게된 까닭에 舊好를 重修하고 親睦을 굳게 하고자 한다. 이를 爲하여 日本國政府는 特命全權辨理大臣 陸軍中將兼參議開拓長官 黑田淸隆과 特命副全權辨理大臣議官 井上馨을 簡拔하여 朝鮮國 江華府에 派遣하고 朝鮮國政府는 判中樞府事 申櫶과 都總府 副摠管 尹滋承을 簡拔하여 各各 諭旨를 받들어 議立한 條款을 左에 開列한다.

第1款 朝鮮國은 自主之邦이며 日本과는 平等之權을 保有한다. 嗣後에 兩國이 和親의 誠實을 表하려 할 때에는 마땅히 彼此 同等한 禮儀로써 서로 待遇하며 秋毫도 侵越 猜嫌하여서는 안될 것이다. 于先 從前에 交情을 阻塞하는 患이었던 諸例規를 一切 革除하고 寬裕 弘通의 法을 開擴하여 永遠히 相安할 것을 期하려 한다.

第2款 日本國 政府는 지금부터 15個月 後 隨時로 使臣을 朝鮮國 京城에 派遣하여 禮曹判書와 親接 交際事務를 商議할 수 있다. 該 使臣의 駐留 期間의 長短은 모두 時宜에 따른다. 朝鮮國政府도 역시 隨時로 使臣을 日本國 東京에 派遣하여 外務卿과 親接하여 交際事務를 商議할 수 있으며 該 使臣의 駐留期間도 亦是 時宜에 맡긴다.

第3款 嗣後 兩國往來公文은 日本은 自己나라 國文을 쓰되 지금부터 10年 間은 漢文譯本 1通을 따로 갖추며 朝鮮은 眞文을 쓴다.

第4款 朝鮮國 釜山의 草梁項에는 日本公館이 있어 오랫동안 兩國人의 通商地였다. 今後에는 從前의 慣例와 歲遣船等事를 革除하고 新立된 條款에 憑準하여 貿易事務를 措辨할 것이다. 또한 朝鮮國政府는 別途로 第5款所載의 2港口를 開港하여 日本國民人의 往來·通商을 准許한다. 該港 內의 地面을 賃借하여 家屋을 造營하거나 或은 該 所在民人의 家屋에 僑寓함은 각각 便利한 方法대로 한다.

第5款 京畿·忠淸·全羅·慶尙·咸鏡 5道의 沿海 中 通商에 便利한 港口 2處를 擇하여 指名을 指定한다. 港口를 開港하는 時期는 日本曆 明治 9年 2月, 朝鮮曆 丙子年 2月부터 起算하여 共히 20個月 內로 한다.

第6款 嗣後 日本國船隻이 朝鮮國沿海에서 大風을 만나거나 薪糧이 窮竭하여 指定된 港口에 到達하기가 不能할 때에는 沿岸의 어떠한 支港에라도 寄舶하여 避危補缺하고 船具를 修繕하며 柴炭 등을 買得할 수 있다. 그 지방에서 供給한 物品에 對한 費用은 반드시 船主가 賠償해야 되지만 무릇 이러한 사실에 關하여 地方官民들은 특히 憐恤의 뜻으로 救援하여 補給함이 不足하지 않게 하여 주어야 한다. 또한 兩國의 船隻이 大洋 中에서 破壞되어 乘務員이 漂到하였을 때에는 該地方人民은 卽時 그들을 救恤하여 生命을 保全케 하고 地方官에 하여 該官은 그들을 本國으로 護送하거나 或은 近處에 在留하는 本國官吏에게 交付케 한다.

第7款 朝鮮國沿海의 島嶼·巖礁는 從前에 審檢을 거치지 않아 極히 危險하

다. 日本國의 航海者가 自由로이 海岸을 測量하도록 准許하여 그 位置의 深淺을 詳審하며 圖志를 編製하여 兩國의 船客들이 危險을 避하고 安全을 도모할 수 있게 한다.

第8款 嗣後에 日本國政府는 朝鮮國이 指定한 各 港口에 따라 日本國의 商民을 管理할 官員을 設置할 수 있다. 萬若 兩國이 交涉할 案件이 있을 때에는 該管은 所在地方長官과 會商하여 辨理한다.

第9款 兩國은 이미 通好하였으니 彼此人民은 各自 任意로 貿易할 수 있다. 兩國官吏는 조금도 이에 干預하지 못하며 또 制限 禁止하지 못한다. 萬若 兩國의 商民이 欺罔衒賣하거나 貸借한 것을 報償치 아니할 時는 兩國官吏는 그 通商民을 嚴拏因하여 債缺을 追辨할 것이다. 但 兩國政府는 이를 代償할 수 없다.

第10款 日本國人民이 朝鮮國指定의 各港에 在留 中 罪를 犯한 것이 朝鮮國人民에게 關係되는 事件을 일으켰을 때에는 모두 日本官員이 審斷할 것이다. 萬若 朝鮮國人民이 罪를 犯한 것이 日本國人民과 交涉할 일이 생겼을 때에는 朝鮮官員이 查辦할 것이다. 但 各各 其國法律로 訊斷하되 조금도 回護 袒함이 없이 公平允當하도록 해야 한다.

第11款 兩國이 이미 通好하였으므로 따로이 通商章程을 設定하여 兩國商民의 便宜를 圖謀할 것이다. 또한 아울러 現下에 設定한 各 條款 中 다시 細目을 補添하여 條件에 遵照함에 便利케 할 것이다. 이것은 지금부터 6個月 以內에 兩國이 따로 委員을 朝鮮國 京城 또는 江華府에 派遣하여 會商하여 定立케 한다

第12款 右에 設定된 11款의 條約은 此日부터 兩國이 信守遵行한다. 兩國政府는 이를 다시 變革할 수 없으며 永遠히 信遵하여 兩國의 和好를 敦篤히 할 것이다. 이를 爲하여 約書 2通을 作成하여 兩國이 委任한 大臣이 各各 調印하고 互相交付하여 證據를 明確히 한다.

15 을사조약 (1905.11.7)

조선정부 및 일본정부는 양제국을 결합하는 이해공통의 요구를 공고케 함을 욕(欲)하여 한국의 부강지실을 인(認)할 시(時)에 도(到)할 때까지 차(此) 목적으로 좌개(左開) 조관(條款)을 약정함.

제1조 일본국 재(在)동경 외무성이 유(由)하여 금후에 조선이 외국에 대한 관계 및 사무를 감리 · 지휘함이 가하고 일본국의 외교대표자 및 영사는 외국에 재(在)하는 한국의 신민 및 이익을 보호함이 가함.

제2조 일본정부는 조선과 타국간에 현존하는 조약의 실행을 완전히 하는 임(任)

에 당(當)하고 조선정부는 금후에 일본정부의 중재에 유(由)치 아니하고 국제적 성질을 유(有)한 하등 조약이나 우(又) 약속을 아니함을 약(約)함.

제3조 일본정부는 그 대표자로 하여 조선 황제폐하의 궐하에 1명의 통감을 치(置)하되 통감은 전혀 외교에 관하는 사항을 관리함을 위하여 경성에 주재하고 친히 조선 황제폐하에게 내알하는 권리를 유함. 일본정부는 또 조선의 각 개항장 및 일본국 정부가 필요로 하는 지(地)에 이사관을 치하는 권리를 유하되 이사관은 통감의 지휘하에 종래 재조선 일본영사에 속하던 일체 직권을 집행하고 병(竝)하야 본 협약의 조관을 완전히 실행함을 위하야 필요로 하는 일체 사무를 장리(掌理)함이 가함.

제4조 일본국과 조선간에 현존하는 조약 및 약속은 본 협약에 저촉하는 자를 제7하는 외에 총히 그 효력을 계속하는 것으로 함.

제5조 일본정부는 조선황실의 안녕과 존엄을 유지함을 보증함.

우(右) 증거로 하여 하명(下名)은 각 본국정부에서 상당한 위임을 수(受)하여 본 협약에 기명 조인함.

외부대신 박제순(朴齊純)
특명전권공사 하야시 곤스케(林權助)

16 한일합방조약 문건(1910.8.22)

純宗皇帝의 詔勅

朕이 東洋平和를 鞏固케 하기 위하야 韓日 兩國의 親密한 關係로서 彼我가 相合하야 一家를 成함은 互相 萬世의 幸福을 圖하는 所以라. 故로 玆에 韓國의 統治를 擧하야 此를 朕이 極히 信賴하는 大日本 皇帝陛下께 讓與함을 決定하고 仍히 必要한 條章을 規定하야 將來 我皇室의 永久安寧과 生民의 福利를 保障하기 爲하야 內閣總理大臣 李完用을 全權委員에 任命하야 大日本帝國 統監 寺內正毅와 會同하여 商議協定케 하노니 諸臣은 朕意의 確斷한 바를 體하야 奉行케 하라. 御璽

隆熙 4年(1910) 8月 22日

純宗皇帝의 勅諭

朕이 否德으로 艱大한 業을 承하야 臨御 以後로 今日에 至하도록 維新政令에 關하야 亟圖하고 備試하야 用力이 未嘗不至로되 由來로 積弱이 成痼하고 疲弊가 到處에 極하야 時日間에 挽回할 施措無望하니 中夜憂慮에 善後의 策이

茫然한지라 此를 任하야 支離益甚하면 終局에 收拾을 不得하기에 自底할진則 寧히 大任을 人에 托하야 完全한 方法과 革新한 功效를 奏케 함만 不如한 故로 朕이 於是에 瞿然히 內省하고 廓然히 自斷하야 玆에 韓國의 統治權을 從時부터 親信依仰하던 隣國 大日本 皇帝陛下께 讓與하야 外으로 東洋의 平和를 鞏固케 하고 內으로 8域의 生民을 保全케 하노니 惟爾大小臣民을 國勢와 時宜를 深察하야 勿爲煩擾하고 各安其業하야 日本帝國의 文明의 新政에 服從하야 幸福을 共受하라. 朕의 今日의 此擧는 爾有衆을 忘함이 아니라 亶히 爾有衆을 救活코자 하는 至意에서 出함이라. 爾臣民 等은 朕의 此意를 克體하라.

隆熙 4年(1910) 8月29日 御璽

韓日合併條約文

韓國 皇帝陛下 及 日本國 皇帝陛下는 兩國 間의 特殊히 親密한 關係를 顧하야 互相 幸福을 增進하며 東洋 平和를 永久히 確保하기 爲하야 此 目的을 達成코자 함에는 韓國을 日本國에 倂合함에 不如할 者로 確信하야 玆에 兩國 間에 倂合條約을 締結함으로 決定하고 爲此 韓國皇帝陛下는 內閣總理大臣 李完用을 日本國 皇帝陛下는 統監 子爵 寺內正毅를 各其 全權委員에 任命함 仍하야 右 全權委員은 會同協議하야 左開 諸條를 協定함.

第1條 韓國皇帝陛下는 韓國全部에 關한 一切 統治權을 完全且 永久히 日本國 皇帝陛下에게 讓與함.

第2條 日本國 皇帝陛下는 前條에 揭한 讓與를 受諾하고 且 全然 韓國을 日本帝國에 倂合함을 承諾함.

第3條 日本國 皇帝陛下는 韓國 皇帝陛下 皇太子殿下 並其 后妃 及 後裔로 하여금 各其 地位에 應하야 相當한 尊稱 威嚴과 及 名譽를 享有케 하고 且 此를 保持함에 十分한 歲費를 供給함을 約함.

第4條 日本國 皇帝陛下는 前條 以外의 韓國皇族 及 其 後裔에 對하야 各 相當한 名譽 及 待遇를 享有케 하고 且 此를 維持하기에 必要한 資金을 供與함을 約함.

第5條 日本國 皇帝陛下는 勳功이 有한 韓人으로 特히 表彰함을 適當할 줄로 認할 者에 對하야 榮爵을 授하고 且 恩金을 與함.

第6條 日本政府는 前記 倂合의 結果로 全然 韓國의 施政을 擔任하야 該地에 施行할 法規를 遵守하는 韓人의 身體 及 財產에 對하야 十分한 保護를 與하고 且其 福利의 增進을 圖함.

第7條 日本政府는 誠意忠實히 新制度를 尊重하는 韓人으로 相當한 資格이 有한 者를 事情이 許할 範圍에서 韓國에 在한 帝國 官吏에 登用함.

第8條 本條約은 韓國 皇帝陛下 及 日本國 皇帝陛下의 裁可를 經한 者로 公布日로부터 此를 施行함.

右 證據로 하야 兩全權委員은 本條約에 記名調印함이라.

隆熙 4年 8月 22日 內閣總理大臣 李完用 官章
明治 43年 8月 22日 統監 子爵 寺內正毅 官印

17 신채호, 조선혁명선언(1923)

朝鮮革命宣言

강도 일본이 우리의 국호를 없이하며, 우리의 정권을 빼앗으며, 우리의 생존적 필요조건을 다 박탈하였다. 경제의 생명인 산림・천택(川澤)・철도・광산・어장 내지 소공업 원료까지 다 빼앗아 일체의 생산기능을 칼로 베이며 도끼로 끊고, 토지세・가옥세・인구세・가축세・백일세(百一稅)・지방세・주초세(酒草稅)・비료세・종자세・영업세・청결세・소득세… 기타 각종 잡세가 날로 증가하여 혈액은 있는 대로 다 빨아가고, 어지간한 상업가들은 일본의 제조품을 조선인에게 매개하는 중간인이 되어 차차 자본집중의 원칙하에서 멸망할 뿐이오, 대다수 인민과 일반농민들은 피땀을 흘리어 토지를 갈아, 그 일년 내내 소득으로 자기 한 몸과 처자의 호구거리도 남기지 못하고, 우리를 잡아먹으려는 일본 강도에게 갖다 바치어 그 살을 찌워주는 영원한 소・말이 될 뿐이오, 끝내는 그 소・말의 생활도 못하게 일본 이민의 수입이 해마다 높고 빠른 비율로 증가하여 '딸깍발이' 등쌀에, 우리 민족은 발 디딜 땅이 없어 산으로 물로 서간도로 북간도로 시베리아의 황야로 몰리어 가 굶주린 귀신으로부터 떠돌아다니는 귀신이 될 뿐이며, 강도 일본이 헌병정치 경찰정치를 힘써 행하여 우리 민족이 한발짝의 행동도 마음대로 못하고, 언론・출판・결사・집회의 일체 자유가 없어, 고통과 울분과 원한이 있으면 벙어리의 가슴이나 만질 뿐이오, 행복과 자유의 세계에는 눈 뜬 소경이 되고, 자녀가 나면, '일어를 국어라, 일문을 국문이라'하는 노예양성소－학교로 보내고, 조선사람으로 혹 조선사를 읽게 된다 하면 '단군을 속여 스사노오노미코토의 형제'라 하여 '삼한시대 한강 이남을 일본이 다스리는 땅'이라 한 일본놈들의 적은 대로 읽게 되며, 신문이나 잡지를 본다 하면 강도정치를 찬미하는 반(半) 일본화한 노예적 문자뿐이며, 똑똑한 자제가 난다 하면 환경의 압박에서 세상을 비관하고 절망하는 타락자가 되거나 그렇지 않으면 '음모사건'의 명칭 하에 감옥에 구류되어, 주리를 틀고 목에 칼을 씌우고, 단근질・채찍질・전기질, 바늘로 손톱 밑과 발톱 밑을 쑤시는, 팔다리를 달아매는, 콧구멍에 물 붓는, 생식기에 심지를 박는 모든 악형, 곧 야만 전제국의 형률(刑律), 사전에도 없는 갖은 악형을 다 당하고 죽거나, 요행히 살아 감옥문에서 나온대야 평생불구의 폐인이 될 뿐이라. 그렇지 않을지라도 발명 창작의 본능은 생활의 곤란에서 단절하며, 진취 활발의 기상은 처한 형편의 압박에서 소멸되어 '찍도 짹도' 못하게 각 방면의 속박·채찍질·구박·압제를 받아, 바다에 둘러싸인 삼천리가 하나의 큰 감옥이 되어, 우리 민족은 아주 인류의 자각을 잃을 뿐 아니라, 곧 자동적 본능까지 잃어 노예부터 기계가 되어 강도 수중의 사용품이 되고 말 뿐이며, 강도 일본이 우리의 생명을 지푸라기로 보아, 을사 이후 13도의 의병 나던 각 지방에서 일본군대가 행한 폭행도 이루 다 적을 수 없거니와, 즉 최근 3·1운동 이후 수원·선천 등 국내 각지부터 북간도·서간도·노령 연해주 각처까지 도처에 주민을 도륙한다, 촌락을 불지른다, 재산을 약탈한다, 부녀를 능욕한다, 목을 끊는다, 산 채로 묻는다, 불에 사른다, 혹 몸을 두 동가리 세 동가리로 내어 죽인다, 아동을 잔혹하게 다룬다, 부녀의 생식기를 파괴한다 하여, 할 수 있는 데까지 참혹한 수단을 써서 공포와 전율로 우리 민족을 압박하여 인간의 '산송장'을 만들려 하는도다.

이상의 사실에 따라 우리는 일본 강도정치 곧 이족(異族) 통치가 우리 조선민족 생존의 적임을 선언하는 동시에, 우리는 혁명수단으로 우리 생존의 적인 강도 일본을 죽여 없앰이 곧 우리의 정당한 수단임을 선언하노라.

내정독립이나 참정권이나 자치를 운동하는 자—누구이냐?

너희들이 '동양평화' '한국독립보전' 등을 담보한 맹약이 먹도 마르지 아니하여 삼천리 강토를 집어먹던 역사를 잊었느냐? '조선인민 생명재산 자유보호' '조선인민 행복증진' 등을 신명(申明)한 선언이 땅에 떨어지지 아니하여 2천만의 생명이 지옥에 빠지던 실제를 못 보느냐? 3·1운동 이후에 강도 일본이 또 우리의 독립운동을 완화시키려고 송병준·민원식 등 한 두 매국노를 시키어 이 따위 미친 주장을 부름이니, 이에 부화뇌동하는 자—맹인이 아니면 어찌 간사한 무리가 아니냐?

설혹 강도 일본이 과연 관대한 도량이 있어 이들의 요구를 허락한다 하자. 소위 내정독립을 찾고 각종 이권을 찾지 못하면 조선민족은 온통 굶주린 귀신이 될 뿐이 아니냐? 정권을 획득한다 하자. 자국의 무산계급의 혈액까지 착취하는 자본주의 강도국의 식민지 인민이 되어 몇몇 노예 대의사(大議士) 선출로 어찌 굶어죽는 화를 면하겠느냐? 자치를 얻는다 하자. 그 어떤 자치임을 막론하고 일본이 그 강도적 침략주의의 간판인 '제국(帝國)' 이란 명칭이 존재한 이상에는, 여기에 딸려 있는 조선인민이 어찌 구구한 자치의 헛된 이름으로써 민족적 생존을 유지하겠느냐?

설혹 강도 일본이 갑자기 부처·보살이 되어 하루아침에 총독부를 철폐하고 각종 이권을 다 우리에게 돌려주며, 내정과 외교를 다 우리의 자유에 맡기고 일본의 군대와 경찰을 일시에 철수하며, 일본의 이주민을 일시에 소환하고 다만 이름뿐인 종주권만 가진다 할지라도 우리가 만일 과거의 기억이 모두 없어지지 아니하였다 하면 일본을 종주국으로 받든다 함이 '치욕'이란 명사를 아는 인류로는 못할지니라.

일본 강도 정치하에서 문화운동을 부르는 자—누구이냐?

문화는 산업과 문물의 발달한 총적(總積)을 가리키는 명사니 경제약탈의 제도하에서 생존권이 박탈된 민족은 그 종족의 보전도 의문이거든, 하물며 문화 발전의 가망이 있으랴? 쇠망한 인도족·유태족도 문화가 있다 하지만, 하나는 금전의 힘으로 그 조상의 종교적 유업을 계속함이며, 하나는 그 토지의 넓음과 인구의 많음으로 오랜 옛날 자유롭게 발달한 남은 혜택을 지킴이니, 어디 모기와 등에같이, 승냥이와 이리같이 사람의 피를 빨다가 골수까지 깨무는 강도 일본의 입에 물린 조선 같은 데서 문화를 발전 혹 지킨 전례가 있더냐? 검열·압수 모든 압박 중에 몇몇 신문·잡지를 가지고 '문화운동'의 목탁으로 스스로 떠들며, 강도의 비위에 거스르지 아니할 만한 언론이나 주창하여 이것을 문화발전의 과정으로 본다 하면, 그 문화발전이 도리어 조선의 불행인가 하노라.

이상의 이유에 따라 우리는 우리의 생존의 적인 강도 일본과 타협하려는 자(내정독립·자치·참정권 등을 주장하는 자)나 강도 정치하에서 기생하려는 주의를 가진 자(문화운동자)나 다 우리의 적임을 선언하노라.

강도 일본의 구축(驅逐)을 주장하는 가운데 또 다음과 같은 논자들이 있으니, 첫째는 외교론이니, 이조 5백 년 문약(文弱) 정치가 '외교'로써 나라를 지키는 으뜸 계책으로 삼아 그 말세에 더욱 심하여, 갑신(甲申) 이래 유신당 수구당의 성쇠가 거의 외국의 원조 유무에서 판결되며, 위정자의 정책은 오직 이 나라를 끌어들여 저 나라를 제압함에 불과하였고, 그 의뢰하는 습성이 일반 정치사회에 전염되어 즉 갑오(甲午)·갑진(甲辰) 양전쟁에 일본이 수십 만의 생명과 수억 만의 재산을 희생하여 청·러 양국을 물리치고, 조선에 대하여 강도적 침략주의를 관철하려 하는데 우리 조선의 '조국을 사랑한다, 민족을 건지려 한다' 하는 이들은 한 자루의 칼과 한 방의 총알로 어리석고 탐욕스러우며 포악한 관리나 나라의 원수에게 던지지 못하고, 청원서나 여러 나라 공관에 던지며 탄원서나 일본정부에 보내어 국세(國勢)의 외롭고 약함을 슬피 호소하여 국가존망·민족사활의 대문제를 외국인 심지어 적국인의 처분으로 결정하기만 기다리었도다. 그래서 '을사조약' '경술합병' —곧 '조선' 이란 이름이 생긴 뒤 몇 천 년 만의 처음 당하던 치욕에 조선민족의 분노적 표시가 겨우 하얼빈의 총, 종로의 칼, 산림유생(山林儒生)의 의병이 되고 말았도다.

아! 과거 수십 년 역사야말로 용기 있는 자로 보면 침 뱉고 욕할 역사가 될 뿐이며, 어진 자로 보면 상심할 역사가 될 뿐이다. 그리고도 나라가 망한 이후 해외로 나아가는 아무개 지사들의 사상이 무엇보다도 먼저 '외교'가 그 제1장 제1조가 되며, 국내 인민의 독립운동을 선동하는 방법도 '미래의 미일전쟁・러일전쟁 등 기회'가 거의 천편일률의 문장이었고, 최근 3・1운동에 일반 인사의 '평화회의 국제연맹'에 대한 과신의 선전이 도리어 2천만 민중의 용기 있게 분발하여 전진하는 의기를 쳐 없애는 매개가 될 뿐이었도다.

둘째는 준비론이니, 을사조약 당시에 여러 나라 공관에 빗발 돋듯 하던 종이쪽지로 넘어가는 국권을 붙잡지 못하며, 정미년의 헤이그 밀사도 독립 회복의 복음을 안고 오지 못하매, 이에 차차 외교에 대하여 의문이 되고 전쟁 아니면 안되겠다는 판단이 생기었다. 그러나 군인도 없고 무기도 없이 무엇으로써 전쟁하겠느냐? 산림유생들은 춘추대의(春秋大義)에 성패를 생각하지 않고 의병을 모집하여 높은 관을 쓰고 도포를 입은 채로 지휘의 대장이 되며, 사냥 포수의 화승총을 몰아가지고 조일(朝日) 전쟁의 전투선에 나섰지만 신문 조가리나 본 이들—곧 시세를 짐작한다는 이들은 그러할 용기가 아니 난다. 이에 '오늘 이 시간에 곧 일본과 전쟁한다는 것은 망발이다. 총도 장만하고 돈도 장만하고 대포도 장만하고 장관이나 졸병감까지라도 다 장만한 뒤에야 일본과 전쟁한다' 함이니, 이것이 이른바 준비론 곧 독립전쟁을 준비하자 함이다. 외세의 침입이 더할수록 우리의 부족한 것이 자꾸 느껴지고, 그 준비론의 범위가 전쟁 이외까지 확장되어 교육도 진흥해야겠다, 상공업도 발전해야겠다, 기타 무엇 무엇 일체가 모두 준비론의 부분이 되었다. 경술(庚戌) 이후 각 지사들이 혹 서・북간도의 삼림을 더듬으며, 혹 시베리아의 찬바람에 배부르며, 혹 남・북경으로 돌아다니며, 혹 미주나 하와이로 돌아가며, 혹 경향(京鄕)에 출몰하여 십여 년 내외 각지에서 목이 터질 만치 준비! 준비!를 불렀지만, 그 소득이 몇 개 불완전한 학교와 실력 없는 모임뿐이었었다. 그러나 그들의 성의 부족이 아니라 실은 그 주장의 착오이다. 강도 일본이 정치 경제 양방면으로 구박을 주어 경제가 날로 곤란하고 생산기관이 전부 박탈되어 입고 먹을 방법도 단절되는 때에 무엇으로? 어떻게? 실업을 발전하며, 교육을 확장하며, 더구나 어디서? 얼마나? 군인을 양성하며, 양성한들 일본 전투력의 백분의 일에 비교되게라도 할 수 있느냐? 실로 한바탕의 잠꼬대가 될 뿐이로다.

이상의 이유에 의하여 우리는 '외교' '준비' 등의 미몽을 버리고 민중 직접혁명의 수단을 취함을 선언하노라.

조선민족의 생존을 유지하자면 강도 일본을 구축할지며, 강도 일본을 구축하자면 오직 혁명으로써 할 뿐이니, 혁명이 아니고는 강도 일본을 구축할 방법이 없는 바이다.

그러나 우리가 혁명에 종사하려면 어느 방면부터 착수하겠느뇨?

구시대의 혁명으로 말하면, 인민은 국가의 노예가 되고 그 이상에 인민을 지배하는 상전 곧 특수세력이 있어 그 소위 혁명이란 것은 특수세력의 명칭을 변경함에 불과하였다. 다시 말하자면 곧 '을'의 특수세력으로 '갑'의 특수세력을 변경함에 불과하였다. 그러므로 인민은 혁명에 대하여 다만 갑·을 양세력 곧 신·구 양상전 중 누가 더 어질고 누가 더 포악하며 누가 더 선하고 누가 더 악한가를 보아 그 향배를 정할 뿐이요, 직접 관계가 없었다. 그리하여 '임금의 목을 베어 백성을 위로한다'가 혁명의 유일한 근본취지가 되고 '한 도시락의 밥과 한 종지의 장으로써 임금의 군대를 맞아 들인다'가 혁명사의 유일한 미담이 되었거니와, 오늘날 혁명으로 말하면 민중이 곧 민중 자기를 위하여 하는 혁명인 고로 '민중혁명'이라 '직접혁명'이라 칭함이며, 민중 직접의 혁명인 고로 그 비등·팽창의 뜨거운 정도가 숫자상 강약 비교의 관념을 타파하며, 그 결과의 성패가 매양 전쟁학상의 정해진 궤도에서 벗어나 돈 없고 군대 없는 민중으로 백만의 군대와 억만의 부력(富力)을 가진 제창도 타도하며 외국의 도적도 구축하나니, 그러므로 우리 혁명의 첫 걸음은 민중각오의 요구니라.

민중이 어떻게 각오하느뇨?

민중은 신인(神人)이나 성인(聖人)이나 어떤 영웅호걸이 있어 '민중을 각오'하도록 지도하는 데서 각오하는 것이 아니요, '민중아, 각오하자' '민중이여, 각오하여라' 그런 열렬한 부르짖음의 소리에서 각오하는 것도 아니오.

오직 민중이 민중을 위하여 일체 불평·부자연·불합리한 민중향상의 장애부터 먼저 타파함이 곧 '민중을 각오케' 하는 유일방법이니 다시 말하자면 곧 먼저 깨달은 민중이 민중의 전체를 위하여 혁명적 선구가 됨이 민중각오의 첫째 길이니라.

일반민중이 굶주림·추위·피곤·고통, 처의 울부짖음, 어린애의 울음, 납세의 독촉, 사채(私債)의 재촉, 행동의 부자유, 모든 압박에 졸리어, 살려니 살 수 없고 죽으려 하여도 죽을 바를 모르는 판에, 만일 그 압박의 주인 되는 강도정치의 시설자인 강도들을 때려 누이고, 강도의 일체 시설을 파괴하고, 복음이 사해(四海)에 전하며 뭇 민중이 동정의 눈물을 뿌리어, 이에 사람마다 '굶어죽음' 이외에 오히려 혁명이란 한 길이 남아 있음을 깨달아, 용기 있는 자의 그

의분에 못 이기어 약한 자는 그 고통에 못 견디어, 모두 이 길로 모여들어 계속적으로 진행하며 보편적으로 전염하여 거국일치의 대혁명이 되면 간사 교활·잔혹·포악한 강도 일본이 마침내 구축되는 날이라. 그러므로 우리의 민중을 깨우쳐 강도의 통치를 타도하고 우리 민족의 새로운 생명을 개척하자면 양병(養兵) 십만이 한 번 던진 폭탄만 못하며 억천 장 신문 잡지가 한 차례 폭동만 못할지니라.

민중의 폭력적 혁명이 발생치 아니하면 그만이거니와, 이미 발생한 이상에는 마치 낭떠러지에서 굴리는 돌과 같아서 목적지에 도달하지 안하면 정지하지 않는 것이라, 우리 지나온 경과로 말하면 갑신정변은 특수세력이 특수세력과 싸우던 궁중의 한때 활극이 될 뿐이며, 경술 전후의 의병들은 충군애국의 대의로 분격하여 일어난 독서계급의 사상이며, 안중근·이재명 등 열사의 폭력적 행동이 열렬하였지만 그 뒷면에 민중적 역량의 기초가 없었으며, 3·1운동의 만세소리에 민중적 일치의 의기가 언뜻 보였지만 또한 폭력적 중심을 가지지 못하였도다. '민중·폭력' 둘 가운데 하나만 빠지면 비록 천지를 뒤흔드는 장렬한 거동이라도 또한 번개같이 수그러지는도다.

조선 안에 강도 일본이 제조한 혁명 원인이 산같이 쌓이었다. 언제든지 민중의 폭력적 혁명이 개시되어 '독립을 못하면 살지 않으니라' '일본을 구축하지 못하면 물러서지 않으리라'는 구호를 가지고 계속 전진하면 목적을 관철하고야 말지니, 이는 경찰의 칼이나 군대의 총이나 교활한 정치가의 수단으로도 막지 못하리라.

혁명의 길은 파괴부터 개척할지니라. 그러나 파괴만 하려고 파괴하는 것이 아니라 건설하려고 파괴하는 것이니, 만일 건설할 줄을 모르면 파괴할 줄도 모를지며, 파괴할 줄을 모르면 건설할 줄도 모를지니라. 건설과 파괴가 다만 형식상에서 보아 구별될 뿐이요, 정신사에서는 파괴가 곧 건설이니, 이를테면 우리가 일본세력을 파괴하려는 것이,

첫째는 이족 통치를 파괴하자함이다. 왜? '조선'이란 그 위에 '일본'이란 이족 그것이 전제(專制)하여 있으니, 이족 전제의 밑에 있는 조선은 고유적 조선이 아니니, 고유적 조선을 발견하기 위하여 이족 통치를 파괴함이니라.

둘째는 특권계급을 파괴하자 함이다. 왜? '조선민중'이란 그 위에 총독이니 무엇이니 하는 강도단의 특권계급이 압박하여 있으니, 특권계급의 압박 밑에 있는 조선민중은 자유적 조선민중이 아니니, 자유적 조선민중을 발견하기 위하여 특권계급을 타파함이니라.

셋째는 경제 약탈제도를 파괴하자 함이다. 왜? 약탈제도 밑에 있는 경제는

민중 자기가 생활하기 위하여 조직한 경제가 아니요, 곧 민중을 잡아먹으려는 강도의 살을 찌우기 위하여 조직한 경제니 민중생활을 발전하기 위하여 경제 약탈제도를 파괴함이라.

넷째는 사회적 불평등을 파괴하자 함이다. 왜? 약자 위에 강자가 있고 천한 자 위에 귀한 자가 있어 모든 불평들을 가진 사회는 서로 약탈, 서로 박탈, 서로 질투, 서로 원수로 보는 사회가 되어, 처음에는 소수의 행복을 위하여 다수의 민중을 해치다가 마지막에는 또 소수끼리 서로 해치어 민중전체의 행복이 끝내 숫자상의 공(空)이 되고 말 뿐이니, 민중 전체의 행복을 증진하기 위하여 사회적 불평등을 파괴함이니라.

다섯째는 노예적 문화사상을 파괴하자 함이다. 왜? 전해 내려오는 문화사상의 종교・윤리・문학・미술・풍속・습관 그 어느 무엇이 강자가 제조하여 강자를 옹호하던 것이 아니더냐? 강자의 오락에 공급하던 도구가 아니더냐? 일반 민중을 노예화하던 마취제가 아니더냐? 소수계급은 강자가 되고 다수민중은 도리어 약자가 되어 불의의 압제를 반항치 못함은 전혀 노예적 문화사상의 속박을 받은 까닭이니, 만일 민중적 문화를 제창하여 그 속박의 철쇄를 끊지 아니하면, 일반민중은 권리사상이 박약하며 자유향상의 흥미가 결핍하여 노예의 운명 속에서 윤회할 뿐이라. 그러므로 민중문화를 제창하기 위하여 노예적 문화사상을 파괴함이니라.

다시 말하자면 '고유적 조선의' '자유적 조선민중의' '민중적 경제의' '민중적 사회의' '민중적 문화의' 조선을 건설하기 위하여 '이족 통치의' '약탈제도의' '사회적 불평등의' '노예적 문화사상의' 현상을 타파함이니라. 그런즉 파괴적 정신이 곧 건설적 주장이라. 나아가면 파괴의 '칼'이 되고 들어오면 건설의 '깃발'이 될지니, 파괴할 기백은 없고 건설할 어리석은 생각만 있다 하면 5백 년을 경과하여도 혁명의 꿈도 꾸어보지 못할지니라. 이제 파괴와 건설이 하나이요 둘이 아닌 줄 알진대, 민중적 파괴 앞에는 반드시 민중적 건설이 있는 줄 알진대, 현재 조선민중은 오직 민중적 폭력으로 신조선 건설의 장애인 강도 일본세력을 파괴할 것뿐인 줄을 알진대, 조선민중이 한 편이 되고 일본 강도가 한 편이 되어, 네가 망하지 안하면 내가 망하게 된 '외나무다리 위'에 선 줄을 알진대, 우리 2천만 민중은 일치하여 폭력 파괴의 길로 나아갈지니라.

민중은 우리 혁명의 대본영이다.
폭력은 우리 혁명의 유일한 무기이다.
우리는 민중 속에 가서 민중과 손을 잡고
끊임없는 폭력 – 암살・파괴・폭동으로써
강도 일본의 통치를 타도하고,

우리 생활에 불합리한 일체 제도를 개조하여
인류로써 인류를 압박치 못하며,
사회로써 사회를 박탈치 못하는 이상적 조선을 건설할지니라.

18 임화, 청년의 6월 10일로 가자(1946.6)

청년의 6월 10일로 가자
손을 잡으면
어른거리는 별 그림자에도
이런 마음은 조리었으나

죽은 왕자를 위해서가 아니라
산 동포의 자유를 위하여
싸움의 씨를 뿌리던
스무해 전 6월 10일

항일 전선의 긴 대열로
묵묵히 걸어가던 청년의 가슴속엔
조국의 첫여름 하늘이
먼 바다처럼 푸르러

아아 죽음도
오히려 황홀한 영광이었던
영원한 6월 10일을 위하여

조선 정부의 용상을 어루만지며
외국 상관의 늙은 머슴이
꿈꾸는 영화를 위해서가 아니라
또다시 노예가 되려는
동포의 위태로운 자유를 위하여

젊은 동무여
또한번 죽어도 오히려 기꺼운
청년의 6월 10일로 가자

19 반민족행위처벌법(1948.9.22)

제1장 죄

제1조 일본정부와 통모하여 한일합방에 적극 협력한 자, 한국의 주권을 침해하는 조약 또는 문서에 조인한 자와 모의한 자는 사형 또는 무기징역에 처하고 그 재산과 유산의 전부 혹은 2분지 1 이상을 몰수한다.

제2조 일본정부로부터 작을 수한 자 또는 일본제국의회의 의원이 되었던 자는 무기 또는 5년 이상의 징역에 처하고 그 재산과 유산의 전부 혹은 2분지 1 이상을 몰수한다.

제3조 일본치하 독립운동자나 그 가족을 악의로 살상 박해한 자 또는 이를 지휘한 자는 사형, 무기 또는 5년 이상의 징역에 처하고 그 재산의 전부 혹은 일부를 몰수한다.

제4조 좌의 각 호의 일에 해당하는 자는 10년 이하의 징역에 처하거나 15년 이하의 공민권을 정지하고 그 재산의 전부 혹은 일부를 몰수할 수 있다.

1. 습작한 자
2. 중추원 부의장, 고문 또는 참의 되었던 자
3. 칙임관 이상의 관리 되었던 자
4. 밀정행위로 독립운동을 방해한 자
5. 독립을 방해할 목적으로 단체를 조직했거나 그 단체의 수뇌간부로 활동했던 자
6. 군 경찰의 관리로서 악질적인 행위로 민족에게 해를 가한 자
7. 비행기·병기 탄약 등 군수공업을 책임경영한 자
8. 도·부의 자문 또는 결의기관의 의원이 되었던 자로서 일정에 아부하여 반민족적 죄적이 현저한 자
9. 관공리 되었던 자로서 그 직위를 악용하여 민족에게 해를 가한 악질적 죄적이 현저한 자
10. 일본국책을 추진시킬 목적으로 설립된 각 단체본부의 수뇌간부로서 악질적인 지도적 행동을 한 자
11. 종교·사회·문화 기타 각 부문에 있어서 민족적인 정신과 신념을 배반하고 일본 침략주의와 그 시책을 수행하는 데 진력하기 위하여 악질적인 반민족적 언론·저작과 기타 방법으로써 지도한 자
12. 개인으로서 악질적인 행위로 일제에 아부해 민족에게 해를 가한 자

제5조 일본치하에 고등관 3등급 이상, 훈 5등급 이상을 받은 관공리 또는 헌병·헌병보·고등경찰의 직에 있던 자는 본법의 공소시효 경과 전에는 공무원에 임명될 수 없다. 단 기술관은 제외된다.

제6조 본법에 규정한 죄를 범한 자, 개전의 정이 현저한 자는 그 형을 경감 또는

면제할 수 있다.

제7조 타인을 포함한 목적 또는 범죄자를 옹호할 목적으로 본법에 규정한 범죄에 관하여 허위의 신고, 위증, 증거인멸을 한 자 또는 범죄자에게 도피의 길을 협조한 자는 당해 내용에 해당한 범죄규정으로 처벌한다.

제8조 본법에 규정한 죄를 범한 죄로서 단체를 조직하는 자는 1년 이하의 징역에 처한다.

출전 : 김삼웅, 『사료로 보는 20세기 한국사』

20 대한민국 국방부, 북괴군 전면공격에 관한 담화(1950.6.25)

금 25일 조조(朝早) 5시부터 8시 사이에 38선 전역에 걸쳐 이북 괴뢰집단은 대거 불법 남침하고 있다. 즉 옹진 전역으로부터 개성, 장단, 의정부, 동두천, 춘천, 강릉 등 각지 전면의 괴뢰집단은 거의 동일한 시각에 행동을 개시하여 남침하여 왔고 동해안에는 괴뢰집단이 선박을 이용하여 상륙을 기도하여 왔으므로 목하 전기 각지의 우리 국군부대는 이를 요격하여 지금 적절한 작전을 전개하고 있다.

그중 동두천 방면 전투에서는 적측이 전차까지 출동시켜 내습하였으나 대전차포에 격퇴 당하고 말았다. 금차 이들의 무모한 내습은 제2차 총선거 이래 대내 대외하며 가일층 육성 발전되는 우리 대한민국을 침해 파괴함으로써 괴뢰집단 자가(自家)의 퇴세를 만회하려는 의도 아래 조통(祖統)을 통하여 평화통일이니 남북협상이니를 모략 방송하다가 하등의 반향도 없으므로 초조한 끝에 감행하게 된 공산도배의 상투수단임에 틀림없다.

이제 군으로서는 그들의 반역도발에 대하여 확고한 결의 아래 단호응징의 태세를 취하여 각지에서 과감한 작전을 전개하고 있으니 전국민은 우리 국군장병을 신뢰하여 미동도 하지 말고 각자의 직장에서 만단의 태세로 군의 행동과 작전에 적극 협력하기 바라는 바이다.

군에서는 명령이 없이 38선을 넘어 공격작전을 취할 수 없는 고충이 있으니 전국민은 안심하고 국부전황(局部戰況)에 특히 동요하지 말고 이러한 시기를 이용하여 추호라도 후방의 치안이나 민심을 교란하는 자가 있다면 이 또한 엄중히 단속할 것이니 각계각층에서 군의 의도에 적극 협력하기를 부탁하는 바이다.

출전 : 김삼웅, 『사료로 보는 20세기 한국사』

21 김일성, 전체조선 인민에게(1950.6.26)

전체조선 인민에게

친애하는 동포들! 사랑하는 형제자매들! 우리 인민군 군관, 하사관, 병사들! 공화국 남반부에서 활동하는 빨치산들! 조선민주주의 인민공화국 정부를 대표하여 나는 당신들에게 다음과 같이 호소합니다. 매국역적 리승만 괴뢰정부의 군대는 6월 25일 38선 전역에 걸쳐 공화국 북반부 지역에 대한 전면적 진공을 개시하였습니다. 용감한 공화국 경비대는 적들의 침공에 항거하여 가열한 전투를 전개하면서 리승만 군대의 진공을 좌절시켰습니다.

조선민주주의 인민공화국 정부는 조성된 정세를 토의하고 우리 인민군대에게 결정적인 반(反)공격전을 개시하여 적의 무장력을 소탕하라는 명령을 내리었습니다. 인민군대는 공화국 정부의 명령에 의하여 적들을 38선 이북 지역에서 격퇴하고 38선 이남지역으로 10~15키로메터까지 전진하였습니다. 인민군대는 옹진, 연안, 개성, 배천 등 여러 도시들과 많은 부락들을 해방하였습니다.

우리 조국의 전체 애국적 인민은 평화적 방법으로 조국을 통일하기 위하여 모든 노력을 다하고 있음에도 불구하고 리승만 매국역도는 인민을 반대하여 동족상쟁의 내란을 도발하였습니다.

세상이 다 아는 바와 같이 조국의 평화적 통일을 한사코 반대하는 리승만 도당은 벌써 오래 전부터 내란을 준비하여 왔습니다. 그들은 남조선 인민들의 피땀을 짜내어 발광적으로 군비를 확장하였으며 준비에 광분하였습니다. 그들은 전대미문의 테러적 폭압으로써 남조선의 모든 민주주의적 정당, 사회단체를 비법화하고 애국적, 진보적 인사들을 체포, 투옥, 학살하였으며 리승만 반동제도에 대한 사소한 불만의 표현도 가혹하게 탄압하였습니다. 조국의 독립과 자유와 민주주의를 위하여 투쟁한 수십만의 우리 인민의 우수한 아들 딸들이 원쑤들에 의하여 투옥, 학살되었습니다.

리승만 도당은 자기들의 내란도발 음모를 가리기 위하여 끊임없이 38선 충돌사건을 일으켜 우리 인민을 항상 불안하게 하였으며 이 도발적 충돌사건에 대한 책임을 조선민주주의 인민공화국에 넘겨씌우려고 시도하였습니다. 리승만 도당은 소위 '북벌'을 준비하는 과정에서 미제국주의자들의 지시에 따라 조선인민의 철천의 원쑤인 일본 군국주의자들과 결탁하는 길에 들어서는 것도 서슴지 않았습니다. 리승만 매국역도는 우리 조국 남반부를 미제의 식민지로, 군사 전략기지로 팔아먹었으며 남반부의 경제를 미국 독점 자본가들의 지배에 맡겼습니다.

미제국주의자들은 남반부에서 경제의 명맥을 탈취하고 민족경제를 여지없이 파탄시켰습니다. 미제국주의자들은 우리나라에서 절실히 필요한 쌀과 중석, 흑연 등 많은 자연자원을 약탈하여가고 있습니다. 미국자본에 억눌리어 남조선의 중소기업가들과 상인들은 파산 당하지 않을 수 없게 되었습니다. 우리 조국 남반부에서 대부분의 공장, 제조소도 폐쇄되고 실업자 수는 수백만에 달하고 있으며 농민들은 오늘까지도 토지를 얻지 못하고 있으며 농업은 해마다 쇠퇴하여가고 있습니다. 남조선 인민들은 도탄에 빠져 있으며 기아에서 헤매고 있습니다.

친애하는 동포들!

조선민주주의 인민공화국 정부는 우리나라의 전체 애국적, 민주주의적 정당, 사회단체들 그리고 전체인민과 함께 동족상쟁의 내란과 유혈적 참화를 피하고 우리 조국을 평화적 방법으로 통일하기 위하여 모든 노력을 다하였습니다. 벌써 1948년 4월에 남북조선 정당 사회단체들의 대표자 연석회의는 우리나라를 평화적으로 통일하기 위한 첫 기도를 하였습니다. 그러나 리승만 매국역도는 이 기도를 파탄시키고 미제국주의자들과 그의 침략도구인 소위 '유엔 임시조선위원단'의 지시 밑에 1948년 5월 10일 남조선 단독선거를 조작하고 우리 조국 북반부에 대한 무력침공 준비를 강화하였습니다.

조국의 평화적 통일과 완전독립을 성취할 목적으로 작년 6월에 조국전선 산하에 결속된 남북조선의 72개 애국적 정당, 사회단체들은 총선거를 실시하는 방법으로 우리나라를 평화적으로 통일할 것을 제의하였습니다. 전체조선인민은 이 제의를 열렬히 지지하였으나 리승만 역도는 이 제의도 역시 거부하였습니다. 전체인민의 의사를 반영하여 조국통일민주주의전선은 1950년 6월 7일에 또다시 조국의 평화적 통일을 촉진하기 위한 방안을 제의하였습니다.

그러나 리승만 역도는 조국의 평화적 통일을 추진시킬 데 대한 조국전선의 제의를 지지하는 사람들을 반역자로 인정하겠다고 위협하면서 이 제의의 실천도 역시 파탄시켰습니다. 1950년 6월 19일에 조선민주주의 인민공화국 최고인민회의 상임위원회는 민주주의적 정당, 사회단체들의 지망에 의거하여 조국의 통일 독립과 민주주의적 발전에 대한 불굴의 의지를 표명하면서 조선민주주의 인민공화국 최고인민회의와 남조선 '국회'를 단일한 전조선 입법기관으로 연합하는 방법으로 조국의 평화적 통일을 실현할 것을 제의하였습니다.

리승만 역도는 조국을 평화적으로 통일하려는 전체 조선인민의 한결같은 염원과 우리의 정당하고 성의 있는 제의에 대하여 내란을 도발하는 것으로써 대답하였습니다. 이 반역도배는 자기들이 일으킨 동족상쟁의 내란에서 어떠한 목적을 달성하려 하고 있습니까? 리승만 역도는 동족살육 전쟁을 통하여 남반부에서 지배하고 있는 반인민적인 반동 통치제도를 공화국 북반부에서까지 실시하려 하며 우리 인민이 쟁취한 민주개혁의 성과들을 빼앗으려고 합니다.

리승만 반동도배는 공화국 북반부에서 실시된 무상몰수 무상분배의 원칙에 의한 토지개혁의 결과로 토지의 주인으로 된 농민들에게서 토지를 빼앗아 다시 지주들에게 돌려주려 하며 북반부 인민들이 쟁취한 모든 민주주의적 자유와 권리를 박탈하려 합니다. 리승만 역도는 우리 조국을 미제의 식민지로 만들려고 하며 전체 조선인민을 미제의 노예로 만들려고 합니다.

친애하는 형제자매들!

우리 조국과 인민에게는 커다란 위험이 닥쳐왔습니다. 조선인민은 리승만 도당을 반대하는 이 전쟁에서 조선민주주의 인민공화국과 그 헌법을 사수하여야 하며 남반부에 수립된 매국적 괴뢰정권을 소탕하고 우리 조국 남반부를 리승만 역도의 반동통치에서 해방하며 남반부에 진정한 인민정권인 인민위원회들을 부활시키고 조선민주주의 인민공화국의 기치 밑에 조국통일의 위업을 완성하여야 하겠습니다.

리승만 매국역도가 일으킨 내란을 반대하여 우리가 진행하는 전쟁은 조국의 통일 독립과 자유와 민주주의를 위한 정의의 전쟁입니다. 전체 조선인민은 또다시 외래 제국주의자들의 노예가 되기를 원치 않거든 리승만 매국 '정권'과 그 군대를 타도분쇄하기 위한 구국투쟁에 다 같이 일어나야 합니다. 온갖 희생을 무릅쓰고 반드시 최후의 승리를 쟁취하여야 하겠습니다. 전체 조선인민은 리승만 역도의 뒤에 서 있는 미제국주의자들의 일거일동에 대하여 항상 예리하게 살피며 경각성을 높여야 하겠습니다. 우리 인민군대는 공화국 북반부의 민주개혁의 성과들을 사수하며 남반부 동포들을 반동통치에서 해방하며 인민공화국의 기치 밑에 조국을 통일하기 위한 정의의 투쟁에서 용감성과 헌신성을 발휘하여야 하겠습니다.

우리 인민군군관, 하사관, 병사들은 인민들 속에서 나왔습니다. 인민군대는 우리 인민의 우수한 아들딸들로 조직된 조선인민의 진정한 무장력입니다. 인민군대는 조국과 인민을 사랑하는 정신으로 교양 훈련되었으며 현대적 정예무기로 장비되었으며 조국과 인민의 이익을 위하여 생명을 바쳐 싸우려는 숭고한 애국주의 정신으로 무장되어 있습니다. 전체 인민군 장병들은 조국과 인민을 위하여 마지막 꼭 한방울까지 바쳐 싸워야겠습니다.

공화국 북반부 인민들은 자기의 모든 사업을 전시체제로 개편하고 원쑤들을 짧은 기간에 소탕하기 위하여 모든 힘을 전쟁승리에로 동원해야 하겠습니다. 인민군대에 대한 전인민적 원호사업을 조직하며 인민군대를 계속 증원, 보충하며 전선에 대한 일체 필수품과 군수품의 긴급수송을 보장하며 부상병들에 대한 따뜻하고 친절한 구호사업을 조직하여야 하겠습니다. 전선의 승리를 보장하기 위하여 인민군대의 후방을 철옹성같이 다져야 하겠습니다.

후방에서 도피분자, 요언(夭言) 전파분자들과 무자비하게 투쟁하며 밀정, 파괴분자들을 적발 숙청하는 사업들을 민첩히 조직하여야 하겠습니다. 적들은 교활하고 음흉하므로 요언을 퍼뜨리려고 온갖 시도를 다할 것입니다. 인민들은 적들의 이와 같은 악선동에 속지 말아야 할 것이며 공화국 주권기관들은 적에게 도움을 주는 반역자들을 무자비하게 처단하여야 하겠습니다.

공화국 북반부의 노동자, 기술자, 사무원들은 공장, 제조소, 교통운수, 체신기관들을 적들의 침해로부터 수호하며 생산계획과 자기들에게 맡겨진 모든 임무를 충실히 실행하며 전선의 요구를 민첩하게 보장하여야 하겠습니다. 공화국 북반부 농민들은 농산물을 더 많이 생산하여 인민군대에 필요한 식량을 충분히 공급하여야 할 것이며 전쟁의 승리를 보장하기 위하여 인민군대를 백방으로 원조하여야 하겠습니다.

공화국 남반부의 남녀 빨치산들은 유격투쟁을 더욱 맹렬히, 더욱 용감히 전개하며 유격대에 광범한 인민대중을 망라하여 해방구를 창설 또는 확대하여야 하겠습니다. 빨치산들은 적의 후방에서 적들을 공격 소탕하며 적의 참모부들을 습격하며 철도, 도로, 교량들과 전신, 전화선 등을 절단 파괴하며 모든 수단을 다하여 적의 전선과 후방연락을 끊어버리며 도처에서 반역자들을 처단하며 인민의 정권기관인 인민위원회들을 복구하며 인민군대의 작전에 적극 협조하여야 하겠습니다.

공화국 남반부 동포들은 리승만 괴뢰정부의 명령과 지시에 복종하지 말고 그 집행을 태공하며 적의 후반조직을 혼란에 빠뜨려야 하겠습니다. 남반부의 노동자들은 도처에서 파업을 조직하며 폭동을 일으키며 패주하는 적들이 파괴하지 못하도록 공장, 제조소, 광산, 철도 기타 자기의 일터를 수호하며 전쟁의 승리를 보장하기 위하여 인민군대를 적극적으로 원조하여야 하겠습니다.

남반부 농민들은 적들에게 식량을 주지 말며 금년 농작물을 잘 거두며 빨치산 운동에 적극 참가하여 인민군대에 대한 각종 협조와 원호를 아끼지 말아야 하겠습니다. 남반부 중소기업가와 상인들은 리승만 '정권'을 반대하고 인민군대를 원조함으로써 미국 독점자본의 예속에서 우리나라의 민족경제를 구출하는 투쟁에 협력하여야 하겠습니다.

남반부 문화인, 인테리들은 조국의 통일과 자유를 위하여 또한 민족문화를 발전시킬 수 있는 조건들을 얻기 위하여 리승만 역도를 반대하는 전쟁에 적극 협력하여야 하겠습니다. 인민대중 속에서 리승만 역도의 죄악을 철저히 폭로하며 대중적 폭동조직의 선동적 역할을 다하여야 하겠습니다.

남조선 괴뢰정부의 '국방군' 장병들!

당신의 원쑤는 바로 리승만 매국역도입니다. 당신들은 조국과 인민을 위하여 기회를 놓치지 말고 리승만 역도에게 총부리를 돌려야 합니다. 당신들은 인민군대와 빨치산들의 편으로 넘어와서 조국의 통일과 자유를 위한 전인민적 투쟁을 협조하여야 하겠습니다. 당신들은 우리 인민의 원쑤를 반대하여 나섬으로써 조국의 자유와 독립을 위한 투사들의 대열에서 영예로운 자리를 차지하여야 하겠습니다.

친애하는 동포 형제자매들!

리승만 역도의 무력과 그의 경찰제도를 급속히 격멸 소탕하기 위하여 조선민주주의 인민공화국 정부의 주위에 더욱 튼튼히 단결할 것을 전체 조선인민에게 호소합니다. 인류역사는 자기의 자유와 독립을 위한 투쟁에 결사적으로 궐기한 인민들은 언제든지 승리한다는 것을 보여주고 있습니다. 우리의 투쟁은 정의의 투쟁입니다. 승리는 반드시 우리 인민의 편에 있을 것입니다. 조국과 인민을 위한 우리의 정의의 투쟁은 반드시 승리하고야 말리라는 것을 나는 확신합니다. 우리 조국을 통일할 시기는 왔습니다. 승리에 대한 확고한 신심을 가지고 용감히 나아갑시다.

모든 힘을 우리 인민군대와 전선을 원조하는 데 돌리라!

모든 힘을 적들을 격멸 소탕하는 데 돌리라!

전 인민적 정의의 전쟁에 총궐기한 조선인민 만세!

조선민주주의 인민공화국 만세!

승리를 쟁취하기 위하여 앞으로 나아갑시다!

출전: 『조선중앙연감』 1950년판

22 5·16 혁명 제1성(1961.5.16)

5·16혁명 제1성

친애하는 애국동포 여러분!

은인자중하던 군부는 드디어 금조 미명을 기해서 일제히 행동을 개시하여 국가의 행정 입법·사법의 3권을 완전히 장악하고 이어 군사혁명위원회를 조직하였습니다.

군부가 궐기한 것은 부패하고 무능한 현 정권과 기성 정치인들에게 이 이상 더 국가와 민족의 운명을 맡겨둘 수 없다고 단정하고 백척간두에서 방황하는 조국의 위기를 극복하기 위한 것입니다.

군사혁명위원회는

첫째, 반공을 국시의 제1의로 삼고 지금까지 형식적이고 구호에만 그친 반공태세를 재정비 강화할 것입니다.

둘째, 유엔 헌장을 준수하고 국제협약을 충실히 이행할 것이며 미국을 위시한 자유우방과의 유대를 더욱 공고히 할 것입니다.

셋째, 이 나라 사회의 모든 부패와 구악을 일소하고 퇴폐한 국민도의와 민족정기를 다시 바로잡기 위하여 청신한 기풍을 진작할 것입니다.

넷째, 절망과 기아선상에서 허덕이는 민생고를 시급히 해결하고 국가자주경제 재건에 총력을 경주할 것입니다.

다섯째, 민족적 숙원인 국토통일을 위하여 공산주의와 대결할 수 있는 실력의 배양에 전력을 집중할 것입니다.

여섯째, 이와 같은 우리의 과업이 성취되면 참신하고도 양심적인 정치인들에게 언제든지 정권을 갖추겠습니다.

애국동포 여러분!

여러분은 본 군사혁명위원회를 전폭적으로 신뢰하고 동요 없이 각인의 직장과 작업을 평상과 다름없이 유지하시기 바랍니다.

우리들의 조국은 이 순간부터 우리들의 희망에 의한 새롭고 힘찬 역사가 창조되어가고 있습니다. 우리들의 조국은 우리들의 단결과 인내와 용기와 전진을 요구하고 있습니다.

대한민국 만세!

궐기군 만세!

군사혁명위원회 의장
육군중장 장도영

23 박정희, 대통령 긴급조치 제1호(1974.1.18)

1. 대한민국 헌법을 부정 반대 · 왜곡 또는 비방하는 일체의 행위를 금한다.
2. 대한민국 헌법의 개정 또는 폐지를 주장 · 발의 제안 또는 청원하는 일체의 행위를 금한다.
3. 유언비어를 날조, 유포하는 일체의 행위를 금한다.
4. 전 1, 2, 3호에서 금한 행위를 권유, 선동, 선전하거나 방송, 보도, 출판 기타 방법으로 이를 타인에게 알리는 일체의 언동을 금한다.

5. 이 조치에 위반한 자와 이 조치를 비방한 자는 법관의 영장 없이 체포, 구속, 압수, 수색하며 15년 이하의 징역에 처한다. 이 경우에는 15년 이하의 자격정지를 병과할 수 있다.
6. 이 조치에 위반한 자와 이 조치를 비방한 자는 비상군법회의에서 심판, 처단한다.
7. 이 조치는 1974년 1월 8일 17시부터 시행한다.

24 광주시민군 궐기문(1980.5.22)

우리는 왜 총을 들 수밖에 없었는가?

먼저 이 고장과 민주주의를 수호하기 위해 피를 흘리며 싸우다 목숨을 바친 시민 학생들의 명복을 빕니다. 우리는 왜 총을 들 수밖에 없었는가? 그 대답은 너무나 간단합니다. 너무나 무자비한 만행을 더 이상 보고 있을 수만 없어서 너도 나도 총을 들고 나섰던 것입니다. 본인이 알기로는 우리 학생들과 시민들은 과도정부의 중대 발표와 또 자제하고 관망하라는 말을 듣고 학생들은 17일부터 학업에, 시민들은 생업에 종사하고 있습니다.

그러나 정부당국에서는 17일 야간에 계엄령을 확대 선포하고 일부 학생과 민주인사, 정치인을 도무지 믿을 수 없는 구실로 불법 연행했습니다. 이에 우리 시민 모두는 의아해했습니다. 또한 18일 아침에 각 학교에 공수부대를 투입하고 이에 반발하는 학생들에게 대검을 꽂고 "돌격, 앞으로"를 감행하였고, 이에 우리 학생들은 다시 거리로 뛰쳐나와 정부당국의 불법처사를 규탄하였던 것입니다.

그러나, 아! 이럴 수가 있단 말입니까? 계엄당국은 18일 오후부터 공수부대를 대량 투입하여 시내 곳곳에서 학생, 젊은이들에게 무차별 살상을 자행하였으니! 아! 설마, 설마! 설마 했던 일들이 벌어졌으니, 우리의 부모형제들이 무참히 대검에 찔리고, 귀를 잘리고, 연약한 아녀자들이 젖가슴을 잘리우고 차마 입으로 말할 수 없는 무자비하고도 잔인한 만행이 저질러졌습니다. 또한 나중에 알고 보니 군당국은 계획적으로 경상도 출신 제7공수병들로 구성하여 이들에게 지역감정을 충동질하였으며, 더구나 이놈들을 3일씩이나 굶기고 더군다나 술과 흥분제를 복용시켰다 합니다.

시민 여러분!

너무나 경악스런 또 하나의 사실은 20일 밤부터 계엄당국은 발포명령을 내려 무차별 발포를 시작했다는 것입니다. 이 고장을 지키고자 이 자리에 모이신

민주시민 여러분! 그런 상황에서 우리가 할 수 있는 일이 무엇이겠습니까? 우리가 어떻게 해야 되겠습니까? 묻고 싶습니다. 우리는 더 이상 당할 수만은 없었습니다. 그래서 우리는 이 고장을 지키고 우리 부모형제를 지키고자 손에 손에 총을 들었던 것입니다. 그런데도 정부와 언론에서는 계속 불순배, 폭도로 몰고 있습니다.

여러분!

잔인무도한 만행을 일삼았던 계엄군이 폭돕니까? 이 고장을 지키겠다고 나선 우리 시민군이 폭돕니까? 아닙니다. 그런데도 당국에서는 계속 허위 날조, 유포하는 데 혈안이 되어 있습니다.

시민 여러분!

우리 시민군은 온갖 방해에도 불구하고 여러분의 안전을 끝까지 지킬 것입니다. 또한 협상이 올바른 방향대로 진행되면 우리는 즉각 총을 놓겠습니다. 일부에서는 우리 시민군에 대한 오해가 많은 것 같습니다.

민주시민 여러분!

우리 시민군을 절대 믿어주시고 협조해주시기 바랍니다. 감사합니다.

출전: 김삼웅, 『사료로 보는 20세기 한국사』

25 6·10국민대회 선언문과 결의문(1987.6.10)

선언문

국민합의 배신한 4·13 호헌조치는 무효임을 전 국민의 이름으로 선언한다. 오늘 우리는 전세계 이목이 우리를 주시하는 가운데 40년 독재정치를 청산하고 희망찬 민주국가를 건설하기 위한 거보를 전국민과 함께 내딛는다.

국가의 미래요 소망인 꽃다운 젊은이를 야만적인 고문으로 죽여 놓고 그것도 모자라서 뻔뻔스럽게 국민을 속이려 했던 현 정권에게 국민의 분노가 무엇인지를 분명히 보여주고, 국민적 여망인 개헌을 일방적으로 파기한 4·13폭거를 철회시키기 위한 민주장정을 시작한다.

오늘, 광주학살에 참여한 정치군인들 사이의 요식적인 자리바꿈을 위한 영구집권의 시나리오가 수만 전투경찰의 삼엄한 엄호 속에 치러졌다. 이번 민정당 전당대회는 국민 전체의 뜻을 배반한 독재자의 결정사항을 요란한 박수소리로 통과시키려는 또 하나의 폭거요 요식적인 국민 기만행위에 지나지 않는다. 따라서 우리는 그와 같은 민정당의 전당대회는 독재세력의 내부행사일 뿐 국민의 민주적 여망과는 아무 관계가 없는 것임을 전 국민의 이름으로 선언한다.

우리 국민은 민정당이 대단한 결단이나 되는 것처럼 강조하는 현 대통령의 7년 단임 공약에 큰 기대를 걸고 있지 않다. 현 정권이 제1의 통치명분으로 내세워온 평화적 정권교체라는 것도 실은 현 대통령의 형식적 퇴임 이후 친정체제와 수렴청정 하에 광주학살에 참여한 장성들간의 자리바꿈에 지나지 않는다는 것을 지각 있는 국민이라면 상식으로 간주하고 있는 사실이다.

언제부턴가 평화적 '정권교체'라는 말이 '정부이양'이라는 애매모호한 말로 슬쩍 둔갑해버린 것도 저들의 이러한 속셈을 잘 말해주고 있다. 그것은 군부독재의 통치를 영구화하려는 요식 행위에 불과하다.

무엇보다도 우리는 이른바 4·13 대통령의 특별조치를 국민의 이름으로 무효임을 선언한다. 이 나라는 전제군주국가가 아니다. 이 나라의 엄연한 주인은 국민이요, 국민이 국가권력의 주체이다. 따라서 전국민적 여망인 민주헌법쟁취를 통한 민주정부의 수립의지를 정면으로 거부한 이 폭거는 결코 인정될 수 없다. 광주학살 이후 계엄령하에서 급조된 현행헌법에서조차 대통령은 오직 헌법개정에 관한 발의권밖에 가지지 못하도록 되어 있다. 그런데도 행정부의 수반이 국민의 대표기관인 국회의 개헌논의 중지를 선언하고 이를 재개하는 자를 의법 조치하겠다고 엄포를 놓은 것은 위헌적인 월권행위요, 민주주의의 요체인 3권 분립을 파기한 폭군적 망동이었다. 헌법개정의 주체는 오로지 국민이다. 국민 이외의 어느 누구도 이 신성한 권리를 대행하거나 파기할 수 없다. 그러므로 국민적 의사를 전적으로 묵살한 4·13폭거는 시대적 대세인 민주화를 거스르려는 음모요, 국가권력의 주인인 국민을 향한 도전장이 아닐 수 없다.

결국 민주화를 요구하는 국민의 힘에 밀려, "여야가 국회에서 합의하면 개헌에 반대하지 않겠다"고 한 전대통령의 작년 4·30발언은 영구집권음모를 은폐하기 위한 한낱 속임수에 지나지 않았음이 분명해지고 말았다. 애초부터 개헌의 의사는 눈꼽 만치도 없었으며, 그동안 마치 날치기 통과라도 강행할 것 같던 내각책임제 개헌안도 국민의 대통령직선제 개헌열망을 무마하고 민주세력을 이간시켜 탄압하면서 원래의 의도인 호헌의 명분을 만들기 위한 위장전술에 지나지 않았다. 따라서 모든 국민의 기대에 찬물을 끼얹고 국민들을 한없는 배신감과 절망으로 몰아간 4·13폭거는 마땅히 철회되어야 한다. 우리는 이러한 4·13조치에 기초하여 현 정권이 영구집권을 위한 시나리오를 강행한다면, 국내외의 조롱과 비난을 면치 못할 것이며 돌이킬 수 없는 엄청난 사태를 스스로 잉태하는 것임을 경고해둔다.

이제 우리 국민은 이 민족의 40년 숙원인 민주화를 달성하기 위해 일어섰다. 이 민주화라는 과제가 88올림픽을 이유로 연기될 수 없다. 인류평화의 제전이요 민족의 축제가 되어야 할 88올림픽이 민주화를 늦추고 현행헌법대로 독재정권을 연장시키는 데 악용되어서는 안 된다. 우리는 민주화라는 '민족적 대사'를 완수한 이후에 전 국민의 압도적 지지 위에 세워진 튼튼한 민주정부 하에서 다가오는 88올림픽을 민주시민의 감격과 긍지를 가지고 치러야 한다.

결의문

우리는 오늘 6·10 고 박종철군 고문치사 은폐조작 규탄 및 호헌철폐 국민대회를 맞아 아래와 같이 우리의 결의를 거듭 밝힌다.

1. 이 땅에서 권력에 의한 고문 테러 불법연행 불법연금 등 여하한 인권 유린도 영원히 추방되어야 한다는 것은 그 누구도 거스를 수 없는 국민적 요구이다. 그러므로 우리는 현정권하에서 지금까지 헤아릴 수 없이 자행되어온 각종 인권유린 행위의 진상을 낱낱이 파헤칠 것을 다짐함과 동시에 그같은 인권유린의 확산이 마침내 고 박종철군의 고문치사에까지 이르렀음에도 불구하고 아직도 진정으로 뉘우치고 인권유린을 발본색원할 의사를 갖고 있지 않은 현 정권이 앞으로도 자행하게 될 국민의 자유와 권리에 대한 각종 침해에 대해 단호히 거부하고 항거하고 규탄할 것을 결의한다.
2. 우리는 위와 같은 불행한 사태가 소수의 정치군부세력이 국민들의 의사와는 아랑곳없이 그들의 권력을 제멋대로 휘두르며 국민 위에 군림하려고 하고 또 그 같은 독재권력을 물리적 힘으로 영속화하려는 데서 빚어진다는 범국민적 깨달음에 바탕하여 이 땅에 진정한 민주헌법을 확립하고 진정한 민주정부를 수립하기 위해 온 국민이 참여할 수 있는 평화적인 모든 수단과 방법을 총동원할 것임을 결의한다.
3. 그러므로 우리는 위와 같은 국민들의 민주화에 대한 열망을 일방적으로 짓밟고 정치군부세력의 몇몇 핵심자들끼리 독재권력을 무슨 사유물인 것처럼 주고 받으려는 음모에서 비롯된 이른바 4·13호헌 성명이 무효임을 선언하며 앞으로 현행헌법에 의거한 현 정권과 민정당의 일방적 정치일정의 진행을 철폐하기 위한 범국민적 운동을 더한층 가열화 할 것임을 결의한다.
4. 우리는 또한 이 범국민적 민주화 대장정을 마치 불순분자의 폭력주의인 것처럼 매도하고 박정희 독재정권 이래 현정권에 이르기까지 민주화를 위해 온갖 인권유린과 투옥과 고문도 감수하고 심지어 목숨까지 바친 민주 인사들을 그들이 독재권력을 유지하기 위해 전과자로 몰아놓고는 이제 다시 그 민주인사들의 범국민운동 참여를 국사범 운운하며 매도하는 현 정권의 적반하장을 규탄하며 그들이 앞으로도 국민들의 민주화 열망을 계속 거부할 경우 그들을 반민주적 범죄자로 단죄할 것임을 결의한다.
5. 우리는 경찰 군인 공무원 준공무원 등 모든 공공기관에 종사하는 사람들도

국민의 일원으로서 독재권력에 무조건 맹종할 것이 아니라 그들의 행위가 국민들의 자유와 권리를 보장하고 국민들의 권익을 보호하는 행위인가 아닌가를 판단하고 부당한 지시 명령에는 거부할 줄 알기를 호소하며 모든 국민들은 그들을 무조건 적대시할 것이 아니라 먼저 그들에게 우리들의 행위가 민주주의 민주헌법 민주정부를 위한 불가피한 행위임을 기회 있는 대로 설득함으로써 우리 국민들 중 한 사람이라도 더 민주주의의 대도에 동참할 수 있는 기회를 줄 것을 결의한다.

6. 우리는 6・10 대회로써 이 운동이 비로소 본격화하는 만큼 이 땅에 민주헌법이 서고 민주정부가 확고히 수립될 때까지 지칠 줄 모르게 이 운동을 전개해나갈 뿐만 아니라 그렇게 되었을 때 동장에서부터 대통령까지 국민들의 손으로 뽑게 될 수 있을 때에도 그 소중한 국민주권을 신성하게 행사할 것임을 온 국민의 이름으로 결의한다.

출전: 김삼웅, 『사료로 보는 20세기 한국사』

찾아보기

ㅂ

ㅅ